L1/95

D1935406

POMPONIUS MELA

KREUZFAHRT DURCH DIE ALTE WELT

POMPONIUS MELA

KREUZFAHRT DURCH DIE ALTE WELT

Zweisprachige Ausgabe von Kai Brodersen

WISSENSCHAFTLICHE BUCHGESELLSCHAFT

DARMSTADT

Bayerischer Rundfunk

Originaltitel: De chorographia libri tres

Die Deutsche Bibliothek – CIP-Einheitsaufnahme

Mela, Pomponius:
Kreuzfahrt durch die Alte Welt / Pomponius Mela. –
Zweisprachige Ausg. / von Kai Brodersen. –
Darmstadt: Wiss. Buchges., 1994
Einheitssacht.: De chorographia
ISBN 3-534-12349-2
NE: Brodersen, Kai [Hrsg.]

BAYERISCHER RUNDFUNK
EDV
921-8
DD-1688 KA
170/95 SW

Bestellnummer 12349-2

Das Werk ist in allen seinen Teilen urheberrechtlich geschützt.
Jede Verwertung ist ohne Zustimmung des Verlages unzulässig.
Das gilt insbesondere für Vervielfältigungen,
Übersetzungen, Mikroverfilmungen und die Einspeicherung in
und Verarbeitung durch elektronische Systeme.

© 1994 by Wissenschaftliche Buchgesellschaft, Darmstadt
Gedruckt auf säurefreiem und alterungsbeständigem Werkdruckpapier
Satz: Fotosatz Janß, Pfungstadt
Druck und Einband: Wissenschaftliche Buchgesellschaft, Darmstadt
Printed in Germany
Schrift: Linotype Sabon, 10/12

ISBN 3-534-12349-2

Für Rufus,
seine drei Geschwister
und seine weitgereiste Großmama

Inhalt

Vorwort IX

Einführung 1
Autor und Werk 1
Völker und Stätten 2
Wunder und Gegenwelten 6
Mythos und Geschichte 10
Überlieferung und Nachleben 14
Druckausgaben und Karten 20
Text und Übersetzung 26

Pomponii Melae
De Chorographia Libri Tres

Liber / Buch I 32

Liber / Buch II 86

Liber / Buch III 140

Literaturhinweise zur Einführung 189

Abbildungsnachweise 191

Dank 193

Register 195

Vorwort

„Die Lage des Erdkreises zu beschreiben unternehme ich – eine hindernisreiche und für eine elegante Darstellung ganz ungeeignete Arbeit: Sie besteht ja fast nur aus Namen von Völkern und Stätten sowie deren recht komplizierter Anordnung, der nachzugehen eine eher weitschweifige als dankbare Aufgabe ist. Trotzdem verdient sie es sicherlich, betrachtet und kennengelernt zu werden."

Mit diesen Worten beginnt das älteste geographische Werk, das uns auf Lateinisch erhalten ist und hier erstmals zweisprachig vorgelegt wird: Pomponius Mela hat es vor genau 1950 Jahren geschrieben, im Winter 43/44 n. Chr., als gerade Britannien von den Römern erobert wurde.

Die Bedeutung des Werks, das Petrarca und Boccaccio hoch schätzten, das der Entdecker Brasiliens genau durcharbeitete und das seit der frühen Neuzeit jahrhundertelang als Schulbuch verwendet wurde, ist auch für heutige Leser nicht gering: Hier werden zum ersten Mal Trier erwähnt, zum ersten Mal der Taunus, zum ersten Mal der Main, zum ersten Mal die Teile des Bodensees, zum ersten Mal Skandinavien. Es begegnen uns aber auch Amazonen und Argonauten, Druiden und Däumlinge, Menschenfresser und mythische Liebespaare, Vegetarier und Werwölfe – kurz die ganze bunte Welt der Antike.

Nicht minder reizvoll ist gerade für heutige Reisende auch die Anordnung des Stoffes: Pomponius Mela führt uns nämlich auf eine Reise durch die Alte Welt – und das natürlich mit dem klassischen Verkehrsmittel, dem Schiff. So erklärt er uns, auf langweilige Entfernungsangaben verzichtend, die Küstenländer und ihre Sehens- und Merkwürdigkeiten, die vorgelagerten Inseln und auch manches über das Hinterland und seine Bewohner (darunter die für den Geschmack des Römers nicht nur im Sport übereifrigen Germanen). Wir lernen so die Alte Welt vom Heimatland des Autors, Spanien, bis nach Ostasien kennen, vom ewigen Eis im Norden Europas bis zur Gluthitze Afrikas, besonders gut aber die Mittelmeerwelt.

Und wer nicht selbst auf einer Kreuzfahrt den Spuren des Pomponius Mela folgen kann oder mag, für den sind nicht nur mittelalterliche Karten aus Mela-Handschriften und Rekonstruktionen von Melas Weltsicht beigegeben, sondern auch die Karten aus der ältesten illustrierten, 1564 erschienenen Einzelausgabe des Werkes, das es sicherlich verdient, kennengelernt *und* betrachtet zu werden.

Einführung

Autor und Werk

Viel wissen wir über den Autor Pomponius Mela nicht – das wenige müssen wir seinem Werk entnehmen. Mela stammte, wie er II 96 angibt, aus Tingentera, einer sonst unbekannten Stadt nahe Gibraltar, die einst von den gegenüber, also auf der afrikanischen Seite der Meerenge siedelnden Phöniziern gegründet worden war.

Ein gewisser Lokalpatriotismus des romanisierten Spaniers zeigt sich auch in seinem Werk immer wieder: So nimmt bei Mela die Beschreibung seines Heimatlandes mehr Raum ein (II 85–96 und III 3–15) als die Italiens (II 58–72), und gleich zu Beginn dieser Beschreibung II 86 gibt er an, Spanien habe „Überfluß an Männern, Pferden, Eisen, Zinn, Erz, Silber und sogar Gold“ und sei „so fruchtbar, daß es sogar dort, wo es infolge Wassermangels dürr und sich selbst nicht mehr ähnlich ist, dennoch Flachs und Federgras hervorbringt“ (was weniger wunderbar ist, wenn man weiß, daß diese Pflanzen stets auf recht unfruchtbarem Boden wachsen). Und es ist sicher kein Zufall, daß Mela sein Werk nicht etwa mit der Hauptstadt Rom beginnt, sondern mit der seiner Heimatregion benachbarten Meerenge, zu der er am Ende auch zurückkehrt – und die er schließlich III 107 als „Unsere Meerenge“ bezeichnet.

Während Melas Lebensdaten unbekannt bleiben, sind wir über die Entstehungszeit seines Werkes genauer informiert (daß Melas Aussage I 2, er werde „andernorts mehr genauer besprechen“, so zu verstehen ist, daß er ein weiteres Werk plante, ist wenig wahrscheinlich; erhalten ist ein solches Buch ohnehin nicht): Seine im vorliegenden Werk unklaren Angaben über Britannien III 49–52 entschuldigt er nämlich damit, daß „der größte Kaiser“ diese „so lange abgeschlossene Insel“ erst jetzt „geöffnet“ habe und sie nun „durch einen Triumph bestätigt übergeben“ werde. Zwar nennt Mela den Namen des Kaisers nicht, doch wird sein Publikum die im lateinischen Wort für „verschlossen“, *clausus*, versteckte Huldigung an Kaiser *Claudius* erkannt haben. Dieser hatte im dritten

Jahr seiner Herrschaft, 43 n. Chr., einen Feldzug nach Britannien unternommen, durch den Südengland zur römischen Provinz wurde; der Triumph fand im Folgejahr statt. Zum Bezug auf Claudius paßt übrigens auch, daß Mela III 18 sagt, die einst von den Druiden in Gallien geübten Menschenopfer seien „bereits abgeschafft" – gerade Claudius war, wie sein Biograph Sueton (25) angibt, gegen die druidische Religion vorgegangen –, und daß Mela III 23 erklärt, an der gallischen Kanalküste gebe „es nichts Bekannteres als den Hafen, den man Gesoriacum nennt" – also den von Claudius für seinen Britannienfeldzug benutzten Hafen von Boulogne, der *vor* Mela nie genannt wird, doch seinerzeit sicher in aller Munde war. Sind auch nicht alle Angaben in Melas Werk up to date (es fehlt etwa II 54 zu Actium [Aktion] der Hinweis auf Augustus' epochalen Seesieg dort i. J. 31 v. Chr.), so ist doch festzuhalten, daß es insgesamt aus dem Winter 43/44 n. Chr. stammt – und damit genau 1950 Jahre alt ist.

Den Titel des Werkes können wir nicht ihm selbst entnehmen; antike Buchtitel sind notorisch schlecht bezeugt. Der älteste erhaltene Codex nennt es „De chorographia" (Abb. 1), während die jüngeren die ersten Worte des Werks zum Titel „De situ orbis" umwandeln. Mit *chorographia* wird ein griechischer Begriff aufgenommen, der „Beschreibung von Regionen" bedeutet. Er betont im Unterschied zu *geographia* („Beschreibung der Erde") einer- und *topographia* („Beschreibung von Orten") andererseits, daß nicht nur die übergreifenden (von Mela zu Beginn seines Werkes I 3–24 a behandelten) Fragen oder aber nur einzelne Stätten besprochen werden, sondern vor allem die Regionen – weshalb auch die in der vorliegenden Ausgabe abgedruckten Regionalkarten von 1564 (zu ihnen s. u.) eine besonders passende Illustration sind.

Völker und Stätten

Wie Mela I 1 angibt, besteht seine Arbeit „fast nur aus Namen von Völkern und Stätten sowie deren recht komplizierter Anordnung" – eine Arbeit, die noch heute von Interesse für die historische Geographie ist.

Die von Mela gewählte Anordnung soll ein Überblick deutlich machen. Nach einer knappen Einleitung (I 1) erläutert Mela den Plan seines Werks (I 2). Zunächst bietet er eine Übersicht *(summa)* über die Lage der Welt im Universum, ihre fünf durch das Klima unterschiedenen Zonen

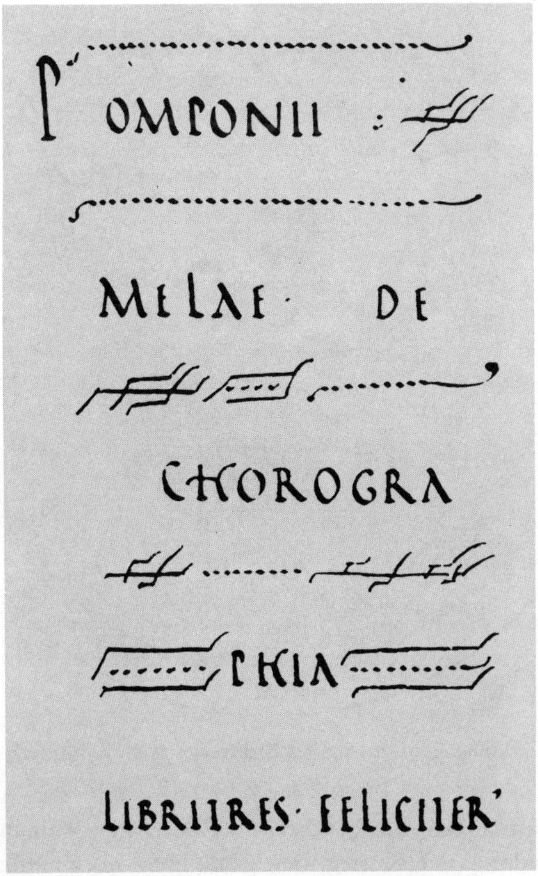

Abb. 1: Titel in Codex Vaticanus latinus 4929, fol. 149v.

und deren eine von ihm behandelte: den von Europa, Afrika und Asien gebildeten und vom Ozean umgebenen Erdkreis mit seinen vier aus dem Ozean in ihn eindringenden Meeren, dem Kaspischen Meer im Norden (das man sich mit dem Ozean verbunden dachte), dem Persischen und Arabischen im Süden und dem als „Unser Meer" bezeichneten Mittelmeer, das im Westen, bei Melas Heimat, in die Landmassen eindringt (I 3–8). Es folgt ein Überblick über die drei Kontinente, in dem bereits einige der später ausführlicher genannten Volksstämme aufgezählt sind (I 9–24a).

Abb. 2: Melas Umfahrung des Erdkreises nach K. Miller (1898).

Nun beginnt (I 24 b) die Beschreibung der Alten Welt in Form einer Schiffahrt entlang der Küsten der genannten Kontinente, die durch Abb. 2 veranschaulicht wird. Die Kreuzfahrt beginnt an der Meerenge von Gibraltar und führt zunächst an Afrikas Mittelmeerküste entlang (I 25–48), dann an den Gestaden Asiens von Ägypten durch den Bosporus ins Schwarze und Asowsche Meer bis zum Don (I 49–117), der die Grenze nach Europa markiert. Von hier kehrt die Fahrt wieder ins Mittelmeer zurück, geht an Griechenland, Italien – das nur sehr knapp beschrieben wird – und Gallien entlang bis nach Spanien an die Meerenge von Gibraltar (II 1–96). Es folgen noch die Inseln im Asowschen, Schwarzen und vor allem im Mittelmeer (II 97–126). Eine weitere Fahrt führt uns von der Meerenge hinaus in den Ozean (III 1–2) und läßt uns die Küsten Europas (III 3–45) und die ihr vorgelagerten Inseln (III 46–58), dann die Küsten Asiens (III 59–84) und schließlich die Afrikas

(III 85–107) passieren, um so auch wieder an der Meerenge von Gibraltar anzukommen.

Die Form der Beschreibung einer Kreuzfahrt – die unter dem Fachbegriff „Periplus“ (Umsegelung) eine lange Tradition hat – bedingt dabei zum einen, daß die Angabe von Himmelsrichtungen und von absoluten Entfernungen weitgehend vermieden wird: Den Seemann interessiert eher, ob er nach links oder rechts schauen muß und wie lange er unterwegs sein wird; dementsprechend gibt Mela häufig Richtungsangaben wie „für die Einfahrenden rechts“ oder „links“ (I 24b. 25. 81. 102. II 1. 59. 60. 85. III 3. 24. 38. 69. 75. 80) und mißt Entfernungen in „Tagesreisen“ (II 6. 104. III 29); auch wird zu vielen Flüssen angegeben, ob oder ab wo sie schiffbar sind (I 50f. 55. 68. 78f. II 6. 8. 32. 78. 81. III 21. 38. 78). Zum anderen ist es auch eine Folge der Form, daß vor allem Küstengebiete beschrieben werden, während das „darüber“ liegende Binnenland weniger detailliert geschildert wird, und daß deshalb eine Region, die an zwei Meere grenzt, doppelt behandelt werden muß, so Spanien (s. o.) oder Gallien (II 74–84 und III 16–23).

Der Idee, eine Schiffahrt zu beschreiben, bleibt Mela dabei sogar bis in die Wortwahl treu: immer wieder verwendet er Wörter aus der Sprache der Seefahrt, etwa um die einzelnen Regionalschilderungen zu verbinden.

Mela hat sicher nicht selbst alle Völker und Stätten bereist, die er beschreibt, sondern folgt natürlich älteren Berichten – mitsamt manchen Angaben, die wir heute als Fehler erkennen: So sieht er, wie schon erwähnt, wie seine Vorgänger das Kaspische Meer als mit dem Ozean verbunden an (III 44f.) und meint, daß ein Arm der Donau in die Adria münde (II 63). Immer wieder zitiert Mela „andere“ (I 60. 76. II 100), insbesondere „griechische“ Autoren (II 83. III 57. 66); ja es zeigt sich wiederholt, daß er griechische Namensformen beibehält und für die Erklärung mancher Ortsnamen nachgerade Griechischkenntnisse voraussetzt (während die vorliegende Ausgabe in der Übersetzung diese Etymologien jeweils in Klammern erläutert). Heute vermutet man, daß Mela zumindest zwei – vielleicht auch von Plinius d. Ä. herangezogene – Werke als Hauptvorlagen verwendete: für Asien, Ägypten und Osteuropa eine Küstenbeschreibung aus den Jahrzehnten vor 27 v. Chr., für Westeuropa und Spanien eine etwas jüngere.

Nur drei Autoren nennt Mela beim Namen, nämlich Homer (I 60. II 104. III 45), Hanno (III 90. 93) und Cornelius Nepos (III 45. 90): Homer, der erste (8. Jh. v. Chr.) und bedeutendste epische Dichter der Griechen, war seit jeher auch als Schulautor weit berühmt; Mela zitiert ihn gleichsam in dieser Eigenschaft als allbekannt. Vom Karthager Hanno, der im 5. Jh. v. Chr. eine Erkundungsfahrt an Afrikas Westküste unternahm, ist durch einen Zufall die griechische Version seines Berichtes über diese Fahrt erhalten – in einer Handschrift, die uns den ebenso einmaligen Reiseführer zu den Sieben Weltwundern des Philon von Byzanz bewahrt hat; der Vergleich mit Melas Angaben zeigt aber, daß jener nicht diese, sondern eine andere Version von Hannos Bericht verwendete. Cornelius Nepos schließlich, „der als modernerer Schriftsteller um so zuverlässiger ist" (III 45), ist wohl der heutigen Lateinschülern wohlvertraute Autor des 1. Jh.s v. Chr., von dessen Werken nur die Biographien berühmter Griechen und Römer erhalten sind, von dem aber offenbar auch Angaben zu geographischen Fragen stammten, wenn nicht gar eine eigene 'Chorographie'.

Melas Verdienst bleibt es also, verschiedenartige Quellen ausgewertet und knapp zusammengefaßt zu haben – immerhin war sogar dem großen Cicero „jede Ausrede recht", den Plan einer Schrift zur Geographie als zu schwierig aufzugeben (Briefe an Atticus II 6). Daß Mela dabei nicht alle Widersprüche beseitigte (so entspringt der Nil laut I 50–54 im Süden, laut III 96 f. im Westen), mindert seine Leistung kaum – eine Leistung, die manchem heutigen Autor kaum besser gelingen dürfte.

Wunder und Gegenwelten

Nicht nur Melas Angaben zu Völkern und Stätten haben das Interesse des Lesepublikums gefunden, sondern auch seine teils phantastischen Vorstellungen von Wundern und Gegenwelten. Das Interesse bestand – und besteht – dabei ganz unabhängig von der Frage nach Melas jeweiligen Vorlagen; daß Mela mit diesem Interesse rechnet, zeigt sich gleich zu Beginn seines Werkes: I 2 verspricht er, den trockenen Stoff durch die Nennung von *memoranda* (Bemerkenswertem) aufzulockern.

Dabei macht Mela immer wieder auch durchaus 'naturwissenschaftliche' Angaben, nicht nur in seiner schon besprochenen einleitenden Übersicht: So erörtert er die Ursachen der Meeresgezeiten (III 1 f.), das Anschwellen des Nils (I 52–54. II 104) sowie die Existenz der Antichthonen auf der anderen Seite der Welt (I 54. III 70); auch beschreibt er Naturerscheinungen wie die Grotte von Korykos (I 72–75), die steinübersäte Ebene von Crau (II 78) und das Wattenmeer (III 55) ebenso wie von Menschen geschaffene Bau- und Kunstwerke (I 55. II 42. 46) und Weltwunder (I 85). Hinzu treten Angaben über Sonnenphänomene (I 94 f. III 57) und über schwimmende Inseln (I 55. II 82), zu Flüssen, die vor lauter Geschwindigkeit über ihr Ziel hinausschießen (III 40), und zu unterseeischen Süßwasserflüssen (II 63. 117), über besonders „dünnflüssiges" Seewasser (III 88), bittere (II 7) und extrem heiße oder kalte Quellen (I 39. II 43), wechselnde Meeresströmungen (II 108) und ausgetrocknete Meere (I 32), außerdem über riesige, für den Bau von Booten geeignete Schilfrohre (III 62) – Mela bleibt mit Sonne, Wasser und Schiffahrt auch bei den Naturwundern dem Element des Seemanns treu.

Auch für den antiken Menschen bemerkenswerte Tiere beschreibt Mela gerne, darunter Flußpferde und Krokodile (I 52), Tiger (III 43), riesige Ameisen (III 62), grätenlose Fische (II 6) und besondere Schlangen (I 99. II 126. III 62. 82), außerdem Tiere mit todbringendem Blick (III 98) und ihre Federn abschießende Vögel (II 98), Vieh, das von überlangen Hörnern am normalen Fressen gehindert wird (I 45), oder solches, das beinahe platzt (III 53), dazu noch Fabelwesen wie Greife (II 1) und den Phönix aus der Asche (III 83 f.). Schließlich wird Mela nicht müde, auch ungewöhnliche Menschen zu nennen, etwa besonders große oder aber kleine (III 63. 81), überall behaarte (III 75. 93) oder solche mit kahlen Köpfen (I 117. III 75), mit nur einem Auge (II 2) oder besonders großen Köpfen (I 107), mit Pferdefüßen oder riesigen Ohren (III 56), mit krummen Beinen (III 103), ohne Zunge oder ohne Mundöffnung (III 91), ja ohne Kopf (I 48) – und nicht zuletzt Werwölfe (II 14).

Auch an der Beschreibung von Gegenwelten, also der eigenen Erfahrungswirklichkeit ganz entgegengesetzten Gebräuchen, fand – und findet – Melas Lesepublikum Gefallen. So äußert sich Mela häufig zur Bekleidung jener Völker: Manche sind völlig nackt (III 26. 63), andere überall bemalt, also wohl tätowiert (I 106. II 10. III 51); manche kleiden sich mit Vogelbälgen (III 63), Fischhäuten (III 75), Tierfellen (I 41. III 63) oder der Haut getöteter Feinde (II 14), mit Rinde (III 26), Leinen und Baumwolle (III 63), mit kurzen Umhängen (I 41. III 26), Mänteln (II 14) oder gar mit für den Römer ungewohnten Hosen (II 10).

Die Wohnstätten der Bewohner waren ebenfalls von Interesse: Die einen leben als Nomaden (I 41. II 11. III 34. 75) oder in Wagen (II 2), andere in Hainen und Wäldern (I 117. III 19. 37), Höhlen und Erdgräben (I 44. II 10. III 19), Holzbauten (I 106. 116) oder aber mehrstöckigen Häusern (II 103). Manche kennen keine Möbel (I 41), andere nutzen einen Raum innerhalb der Wohnstätte für die Verrichtung der Notdurft (I 57), den Raum außerhalb hingegen für Mahlzeiten (I 57. 106) oder zum Beischlaf (I 106).

An Speisen kennen einige statt Fleisch von Haustieren (I 41. III 75) nur Wildbret (I 41. 116), Schlangen (I 44. III 81), Schildkröten (III 75), Fische (III 64. 75) bzw. Fischmehl (II 97) oder rohes Fleisch (III 28), andere leben ganz als Vegetarier (I 43. III 64) oder nähren sich statt von den Früchten des Feldes (III 75) von Beeren (I 117), Eiern und Strandhafer (III 56), wieder andere essen sogar Menschenfleisch (II 9. 14. III 59. 64). Als Getränk verwenden manche keinen Wein (II 21), sondern Milch und Beerensaft (I 41), als Trinkgefäße nicht die üblichen Keramik- oder Metallbecher, sondern Holz- und Rindenhumpen (I 41) – oder die Schädel von Vorfahren (II 9) bzw. von getöteten Feinden (II 13).

Auch das Verhalten mancher Menschen unterscheidet sich von dem Üblichen, etwa weil sie keine Namen (I 43) oder keine Sprache haben (I 44. III 91) oder zumindest „verkehrt herum" schreiben (I 57). Manche kneten Brotmehl mit den Füßen statt den Händen (I 57), andere kennen gar kein Feuer (III 92), wieder andere keine Träume (I 43) – oder keine Tugenden (III 53).

Besonders genau notiert Mela Unterschiede in den Geschlechterbeziehungen und -rollen: Manche Völker kennen keine Altersschranke für heiratswillige Frauen (I 114), manche keine Einehe, sondern Vielweiberei (I 42. II 19) bzw. Promiskuität in der Brautnacht (I 46) oder sogar stets (I 45. 106). Bei anderen sind die Rollen genau anders als üblich verteilt, wenn die Frauen die öffentlichen und privaten Geschäfte besorgen, die Fürsorge für ihre Eltern als Pflicht kennen und Lasten auf den Schultern tragen, während die Männer Haus- und Wollarbeiten nachgehen, die Eltern allenfalls freiwillig versorgen und Lasten auf dem Kopf tragen (I 57); bei wieder anderen kämpfen die Frauen zu Pferd mit dem Lasso, die Männer aber zu Fuß mit Pfeil und Bogen (I 114) – wie überhaupt die Teilnahme von Frauen am Kampf stets bemerkt wird, zumal wenn sie als Voraussetzung für die Eheschließung gilt (I 114. III 34 f.).

Krieg und Kampf ist manchen Völkern unbekannt (III 37), ja manche sehen ihr höchstes Glück in Spiel und Lachen (I 106); manche haben keine Waffen (I 47) oder statt solchen aus Eisen nur Lassos oder Pfeile

(I 114. II 11), andere hingegen besonders gefährliche (III 52). Manche betreiben übereifriges Training (III 26), sind völlig „kampfvernarrt“ sogar um Sold zum Krieg bereit (I 83) oder töten nur um des Tötens willen (II 12), nicht zur Sicherung oder Erweiterung ihrer Herrschaft (III 27, anders III 52). Auch bei der nichtkriegerischen Begegnung mit Fremden wird sowohl der besonders freundliche (I 117. III 28) als auch der besonders rauhe Umgang (I 106. II 11) hervorgehoben.

Manche Völker verwenden kein Geld, sondern leben vom Tauschhandel (II 10. III 60). Ihren Reichtum legen manche nicht in Gold, sondern in Erz an (III 86), andere haben ihn nur in Form von Vieh und Land (III 51), wieder andere nur als Vieh (I 41), noch andere kennen gar keinen Besitz (I 44) oder sind so ehrlich, daß es keinen Diebstahl gibt (II 11) und der Tausch in Abwesenheit stattfinden kann (III 60). Bei manchen sind hingegen sogar die Vertragsschlüsse blutig (II 12) oder es herrschen Faustrecht und Raub (III 28). Mehrfach hebt Mela die besondere Gerechtigkeit fremder Völker hervor (I 117. III 37. 60) – sicher ist auch dies ein Gegenbild zur römischen Wirklichkeit; bei manchen wundert er sich über das Fehlen einer gemeinsamen Beratung (I 42), bei anderen über die *Wahl* von Königen und deren Status (I 106).

Daß manche gar keine Religion kennen (III 53), manche nur die Seelen der Verstorbenen verehren (I 46), andere hingegen Lebewesen und deren Abbilder (I 58), betont Mela ebenso wie die für einen Römer ungewöhnliche Weihung von Waffen statt Götterbildern (II 15) und die Menschenopfer (II 15. III 18); auch den Glauben an die Seelenwanderung notiert er (II 18. III 19).

Zum Umgang mit dem Tod fällt ihm schließlich auf, wie fröhlich manche Völker die Bestattungen feiern (II 9. 18) oder sogar den Freitod suchen (III 37. 65), ja als Angehörige eines Verstorbenen mitsterben wollen (II 19. III 19). An ungewöhnlichen Totenbräuchen erwähnt Mela den Ausdruck von Trauer durch Beschmieren mit Kot (I 57) und das Verzehren der Vorfahren (II 9. III 64), an Bestattungsformen das der üblichen Verbrennung oder Erdbestattung entgegengesetzte Einbalsamieren und Niederlegen im Tempel (I 57) sowie die Beigabe von Gegenständen (III 19).

Nimmt man alle diese Angaben Melas zu den Gegenwelten gleichsam als ‘Folie’ zu der Wirklichkeit, in der er und sein Publikum lebten, wird sein Werk über die bloße Aufzählung von Völkern und Stätten hinaus auch als Kontrast zum römischen Alltag und Denken im 1. Jh. n. Chr. lebendig.

Mythos und Geschichte

Pomponius Mela kann bei seinem Lesepublikum einige Kenntnisse in antiker Mythologie und Geschichte voraussetzen, ja es scheint in seinem Werk immer wieder geradezu das Bestreben durch, die Orte hervorzuheben, an denen solches Bildungswissen festzumachen ist. Da der heutige Leser auf Anhieb kaum alle Anspielungen wird verstehen können, sind im folgenden die wichtigsten von Mela verwendeten Motive zusammengestellt.

Bei den Mythen muß natürlich mit dem Göttervater Zeus begonnen werden, der auf Kreta aufgewachsen und bestattet sein soll (II 112f.). Melas Publikum kennt natürlich auch Zeus' Schwester Demeter (II 41. 118), seine Töchter Aphrodite (II 102. 119), Athene (I 36) und Artemis (II 3), die Nymphen (II 3) und die neun Musen an der Libethra-Quelle (II 36) und am Berg Kithäron (II 40) sowie den Sohn der einen von ihnen, Orpheus, der mit seinem Gesang Tiere und Pflanzen betörte (II 17. 28). Es kennt ebenso Zeus' Söhne Apollon (I 55. 82. 86. 88. II 40. III 37), Ares (II 15. 98), Hermes (II 52), Dionysos (mit seinem Gefolge, den Mänaden: II 17), Kastor und Polydeukes (I 111) und Perseus. Letzterer besiegte die Gorgo (III 99) Medusa, deren Anblick jeden zu Stein werden ließ, mit einer List, befreite dann die Tochter des Königs Kepheus, Andromeda, und rettete sie vor dem Zugriff des Königsbruders Phineus, indem er ihn mit dem abgeschlagenen Haupt der Medusa versteinerte (I 64). Auch der Zeusenkel Pelops (I 90), der bei König Önomaos von Pisa um dessen Tochter warb (II 42), ist Melas Publikum bekannt, ebenso sind es die Aufstände der Giganten (II 36) und des Typhon (I 76) – des Gatten der schrecklichen Echidna (II 11) und Vaters der Chimäre (I 80) – gegen Zeus sowie dessen Versuch, die Menschheit durch eine Sintflut zu vernichten (I 64).

Der Nationalheros von Athen, Theseus (II 45), der den grausamen Skiron besiegte (II 47), vor allem aber die vier großen griechischen Sagenkreise – Kreta, Theben, die Argonauten und Herakles – sind Melas Lesepublikum offenbar ebenso wohlvertraut: Nach Kreta entführte Zeus als Stier die Europa; sie gebar ihm den Minos, der Pasiphaë ehelichte, mit der er u. a. die Tochter Ariadne hatte. Als Minos dem Poseidon einen ihm versprochenen besonders schönen Stier nicht opferte, ließ dieser die Pasiphaë in widernatürlicher Liebe zu dem Stier entbrennen. Dädalos schuf ihr eine metallene Kuhgestalt, die der Stier bestieg; so entstand der Minotauros (II 112). Theben nahmen die Söhne der Sieben gegen Theben ein, worauf die Tochter des Sehers Teiresias, Manto, und ihr Sohn Mopsos nach Ionien flohen (I 88).

Sind diese beiden Sagenkreise regional begrenzt, umfassen die Argonauten- und die Herakles-Sage weitere Gebiete: Als König Athamas als Sühnopfer getötet werden sollte, verhinderte dies sein Enkel Kytisoros, der Sohn des Phrixos (I 104). Den Phrixos hatte ein Widder mit goldenem Fell nach Kolchis gebracht. Das dort aufbewahrte Vlies (I 108) suchten die Minyer (I 98. II 44) unter der Führung des Iason (I 101. 111) mit ihrem Schiff Argo (II 44). In Lemnos vereinigten sie sich mit einem Frauenvolk, das alle seine Männer umgebracht hatte (II 106) – auch die Amazonen werden häufig genannt (I 12 f. 88. 90. 105. 116. III 39) –; in Kyzikos fanden sie Hilfe bei König Kyzikos, den sie versehentlich töteten (I 98). Durch die Symplegaden fuhren sie unbeschadet (II 99) und gelangten schließlich nach Kolchis (II 44). Auf der Rückfahrt hinderte sie der Riese Talos an der Landung in Kreta; ihn brachten sie um (II 112).

Von den zwölf Taten des Herakles erwähnt Mela die Einholung der Rosse des Diomedes (II 29) und der Rinder des Geryoneus (III 47), die Erringung der goldenen Äpfel der Hesperiden (III 100. 103) und die Überwältigung des Höllenhundes Kerberos (I 103) sowie die (für sein Werk besonders wichtige) Trennung der „Säulen des Herakles“ an der Straße von Gibraltar (I 27); außerdem spielt er auf den Kampf mit dem Riesen Antäos (I 26. III 106) und mit den Poseidonsöhnen Alebion und Derkynon (II 78) an. Dabei unterscheidet Mela zwischen dem Argivischen (I 103) bzw. Griechischen Herakles, der sich auf dem Berg Öta auf den Scheiterhaufen warf (II 36), und dem Ägyptischen, der in Gades bestattet war (III 46).

Die Geschichte beginnt für Mela und sein Publikum natürlich mit dem Troianischen Krieg. Nach dem Urteil des Paris, bei dem jener sich nicht für Hera oder Athene (I 94), sondern für Aphrodite entschieden hatte, läßt ihn letztere die schöne Helena (II 109) nach Troia entführen, weshalb deren Gemahl Menelaos (II 103) die Griechen zum Krieg gegen diese Stadt aufruft. Die Flotte kann erst nach Opferung der Iphigenie (II 11) den Hafen Aulis verlassen; unterwegs wird Philoktet (II 35) ausgesetzt. Bei der Landung vor Troia am sog. Achäerhafen (I 93) fällt als erster Protesilaos (II 26). Verschiedene Friedensangebote der Griechen (gegen Herausgabe von Paris und Helena) werden von den – u. a. vom

Zeussohn Sarpedon (I 77), dem Anführer der Lykier, unterstützten – Troianern abgelehnt, da sich Antenor (II 60) nicht durchsetzen kann. Im entscheidenden zehnten Kriegsjahr, in dem Homers Ilias spielt, muß zunächst wegen einer Seuche Agamemnon (II 45) eine erbeutete Sklavin abgeben, woraufhin er sich eine des Achill nimmt; dieser grollt deshalb und beteiligt sich nicht mehr am Kampf, bis sein Freund Patroklos fällt; zu seinen Ehren werden Kampfspiele veranstaltet (II 5). Auch Achill kommt später um (II 98), ebenso Aias (I 96).

Troia fällt schließlich durch die List des Odysseus mit dem Hölzernen Pferd; nur Äneas entkommt mit den Seinen, darunter seinem Sohn Askanios (I 92); er gründet nicht nur Änos am Hellespont (II 28), sondern nach seiner Fahrt mit dem Steuermann Palinuros (II 69) und dem Krieger Misenos (II 70) auch das Aphrodite-Heiligtum auf dem Eryx-Berg in Sizilien (II 119). Hekabe, die Gattin des Königs von Troia, verläßt die Stadt als Sklavin des Odysseus; als sie in Thrakien den Leichnam ihres Sohnes findet, den sein Schutzherr getötet hatte, rächt sie sich an jenem und wird nach ihrem eigenen Tod in einen Hund verwandelt (II 26).

Unter den griechischen Heimkehrern vom Troianischen Krieg nennt Mela die Eretrier und Achäer (II 33), Agamemnon (II 45), dessen Ermordung nach der Heimkehr sein Sohn Orestes (II 11) rächt, vor allem aber Odysseus: Von den Abenteuern dieses Helden erwähnt Mela oft ohne jede nähere Erläuterung – als eben allbekannt – die Begegnung mit den Lotophagen (I 37) und den Kyklopen (II 119), dem von Zeus eingesetzten Verwalter der Winde Äolos (II 120), der Zauberin Kirke (II 71), Skylla und Charybdis (II 115), der Nymphe Kalypso (II 120) und den Sirenen (II 69) sowie schließlich die Heimkehr nach Ithaka (II 110).

Von den Daten der 'eigentlichen' griechischen Geschichte hebt Mela außer einigen Angaben über die Gründung von Kolonien insbesondere die Zeit der Perserkriege hervor: 490 v. Chr. wehrten die Griechen einen persischen Angriff bei Marathon (II 45) ab; zehn Jahre später überbrückte Xerxes den Hellespont (II 26) und zog so mit seiner riesigen Streitmacht (II 28) erneut gegen Griechenland; ja er hatte für die Durchfahrt seiner Flotte den Athos durchstochen (II 32). Vergeblich stellten sich ihm die Spartaner an den Thermopylen (II 45) entgegen; trotz der Niederlage der persischen Flotte bei Salamis (II 109) und trotz der Hilfe von treuen Verbündeten wie Troizen (II 50) wurde Athen zerstört. Den Sieg der Griechen über die Perser bei Platää 479 v. Chr. erwähnt Mela nicht, wohl aber den des Kimon am Eurymedon 468 (I 78). Aus der Zeit der Auseinandersetzungen zwischen Athen und Sparta führt Mela nur einen Seesieg Athens von 411 und einen Spartas von 405 (II 26) an.

An Herrschern anderer Länder nennt Mela u. a. die altägyptischen Könige Psammetichos (I 56) und Amasis (I 59f.), die altassyrische Königin Semiramis (I 63), den karischen Dynasten Mausolos (I 85) und die Perserkönige Kambyses (I 64) und Dareios d. Gr. – letzteren freilich nur im Zusammenhang mit Alexander d. Gr., dem Sohn König Philipps II. von Makedonien (der seinerseits II 34 als „Bezwinger Griechenlands" vorgestellt wird, wenngleich die entscheidende Schlacht von Chäronea 338 v. Chr. unerwähnt bleibt). Von den Taten Alexanders, des „Bezwingers von Asien" (II 34), finden gleich mehrere Erwähnung: die Schlacht am Granikos 334 v. Chr. (I 98), der Sieg über Dareios bei Issos 333 v. Chr. (I 70) und die Belagerung von Tyros 332 (I 66).

Die römische Geschichte beginnt für Mela mit der Gründung Roms „durch Hirten" (II 60), Erwähnung findet dann König Pyrrhos von Epirus (II 54), interessanter wird die römische Geschichte aber erst in der Zeit der Punischen Kriege: So nennt Mela die Seeschlacht an den Ägatischen Inseln 241 v. Chr., die den ersten dieser Kriege mit einem römischen Sieg beendete (II 105; Mela spricht allerdings von einer römischen Niederlage, wobei er – oder ein Abschreiber – wohl die unmittelbar zuvor genannten Ägimurischen Inseln Chyarae und Thylae mit den Ägatischen verwechselt; bei jenen erlitten die Römer 38 Jahre später eine Niederlage), erwähnt die Gründung Neukarthagos in Spanien durch den Karthager Hasdrubal 227 v. Chr. (II 94) sowie mehrfach dessen Schwager, den großen Hannibal: Als dieser 220–219 v. Chr. Sagunt belagerte, hielt es Rom die Treue und unterlag (II 92); nach ihm sind ein Bergrücken (II 89) und ein Hafen (III 7) in Spanien benannt, und selbst, als er 195 v. Chr. auf der Flucht vor den Römern war, führte sein Tun zur Benennung eines Kaps (II 116). Schließlich wird das Ende von Karthago im Dritten Punischen Krieg 146 v. Chr. hervorgehoben (I 34), wie auch der gleichzeitige Fall von Korinth (II 48).

Aus der späteren Geschichte werden der am Ende des 2. Jh.s v. Chr. in Alexandria herrschende ägyptische König Ptolemaios IX. Lathyros (III 90), die mauretanischen Könige des 1. Jh.s Bocchus und sein Schwiegersohn Iugurtha (I 29) sowie der Numiderkönig Iuba genannt (I 30), an Römern Q. Servilius Caepio (III 4), Pompeius Magnus (I 71) und Cato Uticensis (I 34) sowie natürlich Kaiser Augustus (III 11. 13). Daß Mela schließlich (III 49) versteckt „seinem" Kaiser Claudius huldigt, haben wir schon festgestellt.

Schließlich scheint Melas Leserschaft auch einige Dichter, Gelehrte und Künstler gekannt zu haben, die Mela ebenfalls ohne weitere Erläuterung bei den jeweiligen Heimat- oder Wirkungsstätten nennt: Die Philosophen Thales, Anaximander (I 86), Diogenes (I 105) und Arkesilas (I 90), den Musiker Timotheos (I 86), den Bildhauer Phidias (II 42. 46), den Redner Demosthenes (II 109) sowie die Dichter Aratos (I 71) und – als einzigen Römer dieser Reihe – Ennius (II 66).

Und nicht zuletzt waren die Leser(innen) Melas an den mythischen Liebespaaren interessiert – an der Beziehung der Göttin Selene zum Sterblichen Endymion (I 86) ebenso wie am romanhaften Liebespaar Hero und Leander, auf das Mela gleich zweimal (I 97. II 26) anspielt: Leander besuchte seine Geliebte jede Nacht, indem er beim Durchschwimmen des Hellespont dem von ihr aufgestellten Licht folgte; als der Sturm einmal die Lampe löschte, ertrank er, worauf sich Hero umbrachte.

Mehr als Anspielungen sind Melas Angaben tatsächlich nicht; in den allermeisten Fällen kann er offenbar damit rechnen, daß sein Publikum mit Mythos und Geschichte so weit vertraut ist, daß ein Stichwort genügt.

Überlieferung und Nachleben

Tatsächlich war Melas Werk beim Publikum offenbar ein Erfolg: Schon Melas jüngerer Zeitgenosse Gaius Plinius Secundus d. Ä., der beim Ausbruch des Vesuv 79 n. Chr. bei Pompeii ums Leben kam, nennt Mela in seiner enzyklopädischen *Naturalis historia* (Naturgeschichte) mehrfach unter seinen Quellen, und der im 3. Jh. schreibende Kompilator Solinus wertet das Werk für seine *Collectanea rerum memorabilium* (Sammlung von Merkwürdigkeiten) aus. Isolierte Bezugnahmen auf Mela etwa durch einen antiken Kommentator zu den Satiren des Iuvenal (II 160) oder durch Servius zur Aeneis des Vergil im späten 4. Jh. (IX 30f. und IV 146) zeigen, daß Melas Werk weiterhin greifbar war, und am Anfang des 5. Jh.s folgt Martianus Capella für den geographischen Exkurs in seiner für das ganze Mittelalter hochbedeutenden Enzyklopädie *De nuptiis Philologiae et Mercurii* (Über die Hochzeit von Philologie und Merkur) ebenfalls dem Pomponius Mela, freilich ohne ihn zu nennen.

Aus derselben Zeit stammt auch die älteste Abschrift, von deren Existenz wir sicher wissen (das Autograph von Melas Werk ist – wie fast alle aus der Antike – ebenso verloren wie alle antiken Abschriften): Der älteste uns tatsächlich erhaltene Codex mit dem Mela-Text aus dem 9. Jh. (s. u.) übernimmt nämlich aus seiner Vorlage am Schluß des Werkes die Worte: *Fl. Rusticius Helpidius Domnulus v(ir) c(larissimus) et sp(e)c(tabilis) com(es) consistor(ianus) emendavi Rabennae* (Ich, Flavius Rusticius Helpidius Domnulus, Senator und Mitglied des Kaiserlichen Rats im zweithöchsten Rang, habe diese Texte in Ravenna korrigiert). Diesen Rusticius hat man mit einem Gesandten des römischen Kaisers Theodosius II. zum 3. Ökumenischen Konzil in Ephesos im Jahr 449 gleichgesetzt. Rusticius sah also in der Mitte des 5. Jh.s Melas Werk durch, wohl für eine Neuausgabe.

Auf diese stützen sich vielleicht die zehn Zitate in den ein Jahrhundert später geschriebenen und für die mittelalterliche Geschichtsschreibung sehr einflußreichen *Getika* des Iordanes, die das verlorene Geschichtswerk des Cassiodorus (1. Hälfte 6. Jh.) zusammenfassen; möglicherweise kannte also bereits jener Melas Werk. Aus Iordanes' Getika entnahm dann etwa in der Zeit Karls des Großen Bischof Frechulf von Lisieux für seine Weltchronik – die älteste ihrer Art – Angaben aus Melas Werk, das insofern indirekt verbreitet wurde.

Auch die direkte Überlieferung hing an Rusticius' Codex, der irgendwann von einem Iren oder jedenfalls einem den Iren freundlichen Schreiber durchgesehen wurde; schon in der ältesten erhaltenen Abschrift finden sich nämlich nicht nur in den Text aufgenommene 'Glossen' (erläuternde Hinzufügungen von Abschreibern) wie I 57, sondern auch eine Notiz, die ebenfalls ganz offenbar nicht auf Mela selbst zurückgeht und auch nicht Rusticius zuzuweisen ist: Während Mela III 53 angibt, die Iren seien mehr als andere Völker *omnium virtutium ignari* (in allen Tugenden unbewandert), meint der Schreiber des Zusatzes: *aliquatenus tamen gnari* (dennoch einigermaßen bewandert)!

Bis zum 9. Jh. war der Codex des Rusticius nach Ostfrankreich gelangt, wo er dem Kompilator der ältesten erhaltenen Handschrift mit dem Mela-Text vorlag, dem bedeutenden mittelalterlichen Gelehrten Heiric von Auxerre (um 841–876). In ihr sind verschiedene antike Texte überliefert, darunter eine Liste der Sieben Weltwunder und ein weiteres geographisches Werk: eine alphabetische Liste wichtiger Flüsse (Vibius Sequester, *De fluminibus*). Den Mela-Text verglich offenbar Heiric selbst noch einmal mit der Vorlage (weshalb seine Korrekturen auch in unseren Lesetext aufgenommen sind), dann geriet diese in Vergessenheit und ging schließlich verloren. So hing nunmehr das 'Überleben' von Melas Werk in den folgenden Jahrhunderten wieder an nur einem Codex, nun aber nicht mehr an dem des Rusticius aus dem 5. Jh., sondern an der von Heiric veranlaßten Abschrift aus dem 9. Jh.

Diese blieb zunächst in Auxerre, wo sie der Verfasser des 876/7 Kaiser Karl dem Kahlen gewidmeten Werkes *De situ orbis* nutzte; jenes ist nur aus einer Handschrift bekannt, die der in Leiden wirkende Gelehrte Isaac Voß (Vossius, 1618–1689) besaß; den Verfasser nennt man deshalb Anonymus Leidensis. Bereits dieser Autor hatte manche Fehler im Mela-Text erkannt und in seinem eigenen Werk korrigiert.

Bis zum Ende des 10. Jh.s war Heirics Abschrift dann in die Gegend von Orléans gekommen, wo man ihr noch eine Liste von Dörfern aus der Umgebung hinzufügte, Melas Werk also gleichsam in seinen Angaben zu Völkern und Stätten 'aktualisierte'. In Orléans lag der Codex für mindestens drei Jahrhunderte, wurde aber nur selten benutzt: Außerhalb Frankreichs war er – und damit auch der Mela-Text – völlig unbekannt, und auch in Frankreich selbst weiß man nur von drei Abschriften (zwei davon unvollständig) aus dem 12./13. Jahrhundert, deren Schreiber wohl an den Gallien betreffenden Angaben, aber auch an den bunten Nachrichten über Wunder und Gegenwelten Gefallen fanden; ansonsten ruhte der Mela-Text in einer Art 'Dornröschenschlaf'. Schließlich kam Heirics Codex über Avignon nach Italien, wohin ihn sein Käufer, ein Ratsherr aus Novara, 1451 brachte; seit 1612 liegt er als Codex latinus 4929 in der Bibliothek des Vatikan (s. o. Abb. 1).

Das eigentliche Nachleben des Werks beginnt jedoch schon 1335, und zwar in Avignon: Hier sah der große italienische Dichter und Humanist Francesco Petrarca (1304–1374) Heirics Codex und ließ sich eine Abschrift anfertigen; diese ist zwar verloren, doch existiert eine direkte Kopie, die u. a. zu II 75 *(Avennio Cavarum)* Petrarcas Bemerkung bewahrt: *Avinio, ubi nunc sumus 1335* (Avignon, wo wir jetzt, 1335, sind). Das Erwachen des Mela-Textes aus seinem 'Dornröschenschlaf' und die anschließende große Verbreitung in Italien gehen zweifellos auf den 'Kuß' Petrarcas zurück; mit ihm beginnt nun auch die Beschäftigung der italienischen Humanisten mit den antiken Geographen überhaupt. Zum alten Interesse an den Angaben über Völker und Stätten und über Wunder und

Gegenwelten trat nun noch die Faszination der von Mela erwähnten antiken Mythen und Geschichte.

In Italien ließ sich etwa der Verfasser des *Decamerone*, Giovanni Boccaccio (1313–1375), eine Abschrift von Melas Werk anfertigen, die er für sein eigenes, ein Jahr vor seinem Tod gedrucktes Werk *De montibus, lacubus, fluminibus* (Über Berge, Seen und Flüsse) auswertete.

In Frankreich ist vor allem das Werk des Guillaume Fillastre (Philastrius, um 1348–1428) zu nennen, der seit 1392 Dekan an der Kathedrale von Reims war und den Bau der 1411 eröffneten Kapitelsbibliothek überwachte; im selben Jahr machte ihn der in Pisa residierende Gegenpapst Johannes (XXIII.) zum Kardinal. Fillastre ließ nun eine ganze Reihe antiker Autoren für seine Bibliothek abschreiben; gerade auf dem von Johannes 1414 nach Konstanz einberufenen 16. Ökumenischen Konzil (auf dem jener abgesetzt wurde) bot sich für entsprechende Recherchen gute Gelegenheit. In Konstanz gab Fillastre auch den Auftrag zu einer Abschrift von Melas Werk, die er Ende 1417 der Kapitelsbibliothek schenkte und die erhalten ist; ein handschriftlicher Eintrag in dem Codex besagt: *hic cathenatus est 12a aprilis anno 1418* (wurde hier angekettet am 12. 4. 1418). Wertvolle Codices wurden in vielen Bibliotheken nämlich zur Vermeidung von Diebstahl einfach durch eine Kette mit dem Regal verbunden – und noch heute liegt der Codex in Reims.

Wertvoll war diese Handschrift nicht zuletzt, weil Fillastre ihr zwei Karten hinzugefügt hatte, von denen aber nur eine erhalten ist; sie ist in das O des ersten Wortes von Melas Werk, *Orbis*, eingemalt (Abb. 3) und zeigt die drei von Mela beschriebenen Kontinente; der Osten liegt oben. Die andere Karte fehlt im Codex von Reims (der Dieb hatte sie einfach herausgeschnitten, woran ihn die Kette ja nicht hinderte), ist aber in einer seiner Kopien in der Kapitelsbibliothek von St. Peter in Rom erhalten (Abb. 4).

Beide Karten geben freilich die Welt nicht ganz in der von Mela beschriebenen Form wieder, sondern folgen den Angaben der ein Jahrhundert nach Mela entstandenen Geographie des Ptolemaios, von der Fillastre eine Abschrift besaß und die – im Unterschied zu Mela, der ja Maßangaben fast völlig vermeidet – genaue Koordinaten-Angaben bietet, also eine wohlbegründete Rekonstruktion der zugrundeliegenden Karte erlaubt.

Fillastre versah den Mela-Text außerdem mit einer Einführung, die ausführlich die Frage des *alter orbis* behandelt, also die Frage, ob es außer-

Abb. 3: Weltkarte in Codex Reims B. M. 1321, fol. 13r.

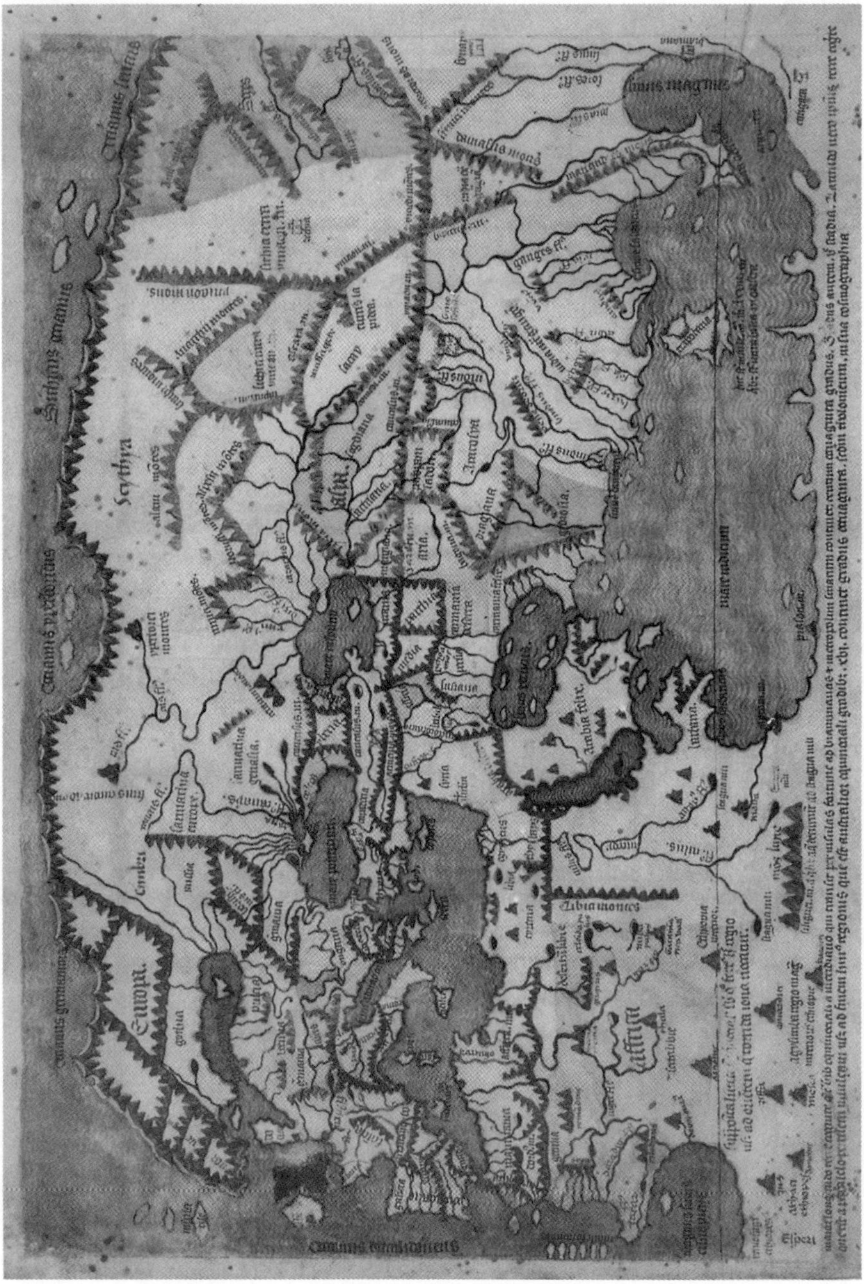

Abb. 4: Weltkarte in Codex Vaticanus, Arch. S. Pietro H 31, fol. 8v.

halb der drei von Mela beschriebenen Kontinente noch andere bewohnte Welten gebe; anders als die in Fillastres Zeit herrschende Lehre gab Mela (I 4, vgl. I 54) an, daß auf der anderen, unerforschten Seite der Welt die Antichthonen lebten. Nicht mehr nur die Angaben zu Völkern und Stätten, zu Wundern und Gegenwelten und zu antikem Mythos und Geschichte galten nun als interessant, sondern auch solche grundsätzlicheren Fragen: Noch war ja die Neue Welt nicht entdeckt, von Australien ganz zu schweigen, doch die Frage, ob es Andere Welten gebe, beschäftigte die Menschen so wie uns die Frage nach dem Leben auf dem Mars.

Wie hoch Pomponius Mela dann übrigens tatsächlich im Zeitalter der Entdeckungen geschätzt wurde, zeigt sich darin, daß der Leibarzt des Königs Manuel von Portugal, der an der Expedition nach Brasilien beteiligt war, der Astronom und Astrologe Joan Faras, im letzten Jahrzehnt des 15. Jh.s eine spanische Übersetzung des Werkes anfertigte. Besonders anschaulich aber wird die Bedeutung, die man Mela in jener Zeit zumaß, an einem abgegriffenen, mit vielen handschriftlichen Anmerkungen versehenen Exemplar der Druckausgabe des lateinischen Textes, die 1498 in Salamanca erschienen war: es gehörte dem portugiesischen Kapitän Pedro Álvares Cabral, dem Entdecker Brasiliens (Abb. 5).

Druckausgaben und Karten

Damit ist bereits eine Druckausgabe von Melas Werk genannt, wenn auch nicht die allererste, die eine Generation zuvor, 1471, in Mailand erschienen war. Mela wurde in der Folgezeit viel gelesen: Mehr als hundert Ausgaben zählte bereits 1807 der Verfasser der monumentalen siebenbändigen und über 4000 Seiten umfassenden kommentierten Edition, Heinrich Tzschucke, auf.

Unter Gelehrten war Mela im 17. Jh. sogar Anlaß für einen ein halbes Jahrhundert währenden erbitterten wissenschaftlichen Streit um die beste Textausgabe und -interpretation, der – weil die Kontrahenten ihre Standpunkte im Druck vertraten – immer weitere Kreise zog: Das 1629 erschienene Werk des Claude de Saumaise (Claudius Salmasius, 1588–1653) über die römische Geographie wurde von dem bereits genannten Isaac Voß in seiner Mela-Edition von 1658 als unvollkommen angegriffen; der ebenfalls in Leiden wirkende Jacob Gronov (Gronovius, 1645–

Abb. 5: Weltkarte in der Mela-Ausgabe Salamanca 1498 aus dem Besitz des Brasilien-Entdeckers Cabral.

1716) folgte in seiner Ausgabe von 1685 teils Voß, teils aber auch Saumaise, was Voß ein Jahr später im Druck kritisierte, worauf Gronov im Folgejahr eine lange Erwiderung publizierte – und in seiner Neuausgabe des Mela-Textes von 1696 alles widerrief, was er je an Gutem über Voß geschrieben habe. Erst 1722 begrub sein Sohn Abraham Gronov den Streit in einer Ausgabe, die alle bisherigen Ausgaben des Mela-Textes, also auch die aller Kontrahenten gleichmäßig berücksichtigte.

Mela galt aber auch als wichtiger Schulautor – schon 1512 erschien in Nürnberg eine Ausgabe von Johannes Dobneck (Cocleus, 1479–1552) mit lateinischen Fragen und Antworten „zum Nutzen besonders der Nürnberger Schuljugend, ferner auch zum Frommen von anderen Studierenden“ (wobei das von Mela leider nicht erwähnte, weil erst ein Jahrtausend später entstandene Nürnberg als das „Zentrum der Welt“ besonders hervorgehoben wird), und die erste deutsche Übersetzung versah 1774 der Gießener Stadtpfarrer Johann Christian Dietz „mit einem vollständigen geographischen Commentar zum Gebrauch in Schulen“.

Die älteren Editionen sind freilich sämtlich überholt durch die Erkenntnis, daß sich alle erhaltenen Handschriften auf den Codex des Heiric von Auxerre zurückführen lassen – eine Erkenntnis, die erstmals in der Ausgabe von Karl Frick (Leipzig 1890) berücksichtigt ist und die den Neuausgaben von Gunnar Ranstrand (Göteborg 1971), Piergiorgio Parroni (Rom 1984) und Alain Silberman (Paris 1988) sowie auch der vorliegenden zugrundeliegt, der ersten zweisprachigen lateinisch-deutschen Ausgabe von Melas Werk überhaupt.

Ob Melas Werk auf einer Karte beruhte oder gar schon in der Antike mit Welt- oder Regionalkarten versehen war, wissen wir nicht, da Mela selbst nichts über eine Karte sagt; einzig seine Hinweise auf die Form mancher Meere oder Länder könnte für einen wie auch immer gearteten großräumigen Überblick sprechen, dessen geometrische Formen wie Dreieck (Sizilien II 115, Britannien III 50) und Rechteck (Sardinien II 123) und Formen aus der Alltagswelt (Platanenblatt II 38, Menschenkopf III 73, Bogen I 102, Langschwert II 5) Mela seinem Publikum vor das ‘geistige’ Auge holen will. Die Existenz von maßstäblichen Regionalkarten ist aber jedenfalls für Melas Zeit fraglich; einzig kleinräumige Katasterkarten sind bereits damals bezeugt. Erst ein Jahrhundert später entstanden die – durch die Überlieferung der Koordinaten rekonstruierbaren – Karten des griechischen Astronomen Ptolemaios.

Abb. 6: Rekonstruktion von Melas Weltsicht durch P. Bertius (1628).

Die ältesten Weltkarten zum Mela-Text, die wir kennen, sind deshalb – wie schon erwähnt – das Werk des französischen Gelehrten Guillaume Fillastre von 1417 (s. o. Abb. 3–4); sie beruhen freilich vor allem auf Ptolemaios. Auch die erste mit einer Karte versehene Druckausgabe wurde schon genannt – der Druck von 1498, den der Entdecker Brasiliens benutzte und der mit einer ebenfalls nach Ptolemaios gearbeiteten Welt-

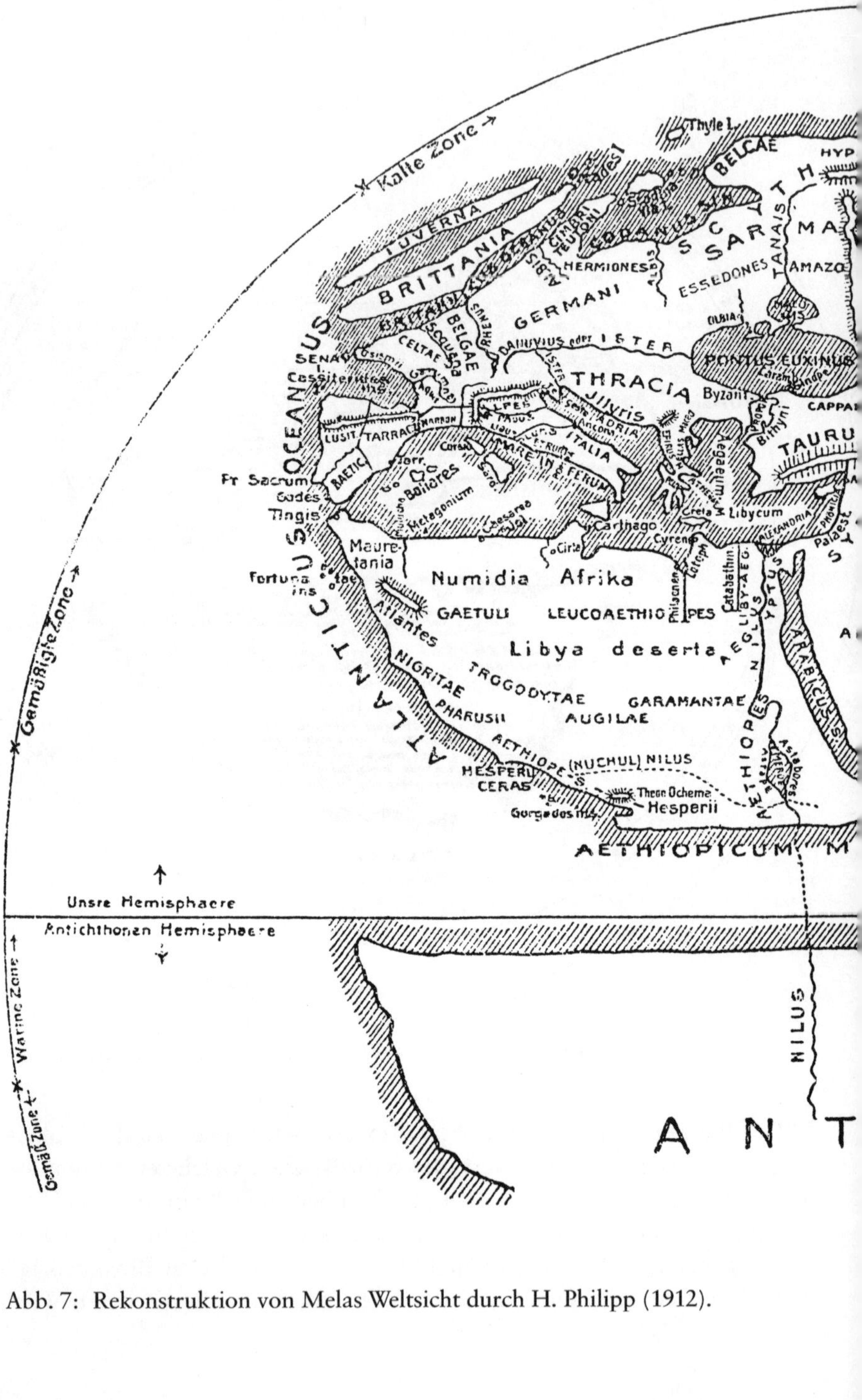

Abb. 7: Rekonstruktion von Melas Weltsicht durch H. Philipp (1912).

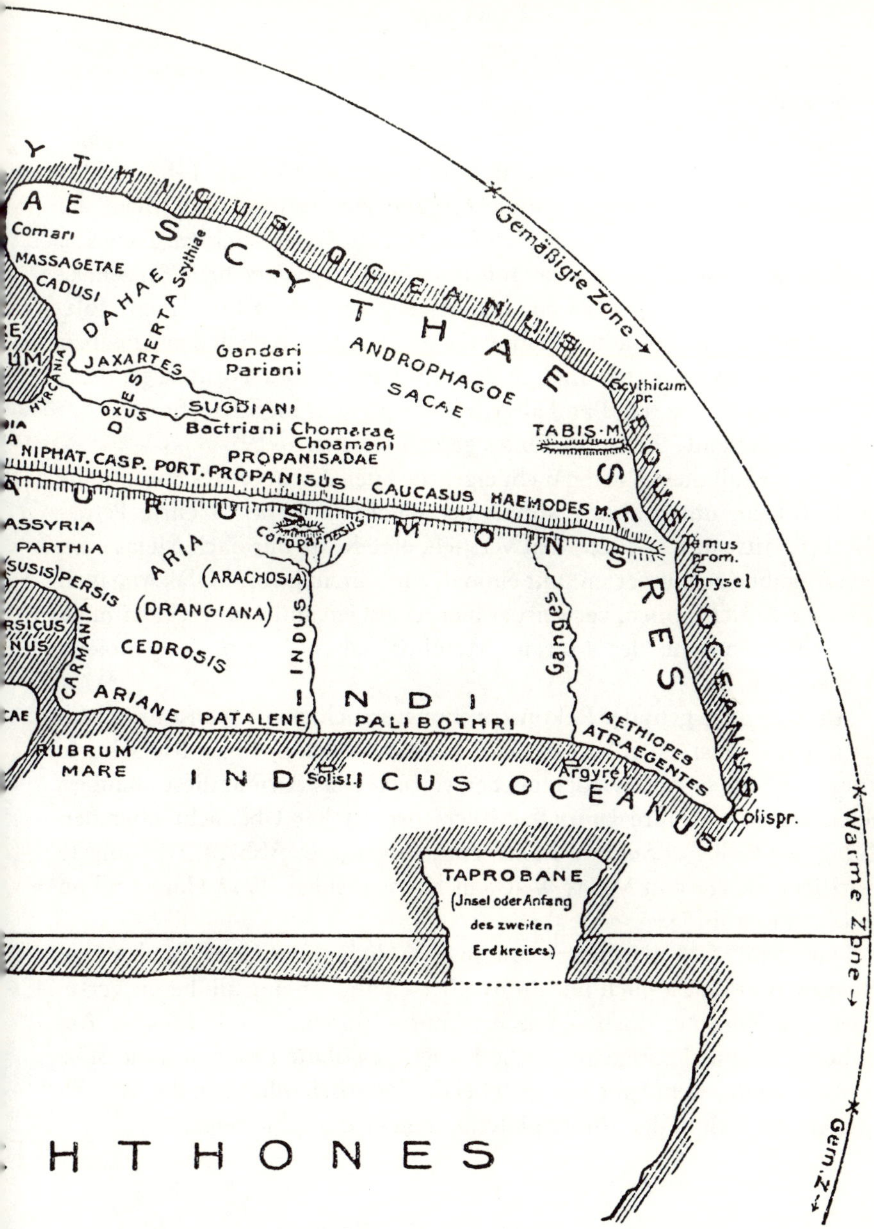

SCYTHICUS OCEANUS
Gemäßigte Zone →
SCYTHAE
Comari
MASSAGETAE
CADUSI
DAHAE
DESERTA Scythiae
HYRCANIA
JAXARTES
OXUS
Gandari
Pariani
ANDROPHAGOE
SACAE
Scythicum pr.
TABIS M.
SUGDIANI
Bactriani Chomarae
Choamani
PROPANISADAE
NIPHAT. CASP. PORT. PROPANISUS
CAUCASUS HAEMODES M.
TAURUS MONS
SERES
EOUS OCEANUS
Tamus prom.
Chryse I.
ASSYRIA
PARTHIA
(SUSIS) PERSIS
ARIA
Coroparnesus
(ARACHOSIA)
(DRANGIANA)
CARMANIA
CEDROSIS
INDUS
Ganges
INDI
ARIANE
PATALENE
PALIBOTHRI
AETHIOPES
ATRAEGENTES
RUBRUM MARE
INDICUS OCEANUS
Solis I.
Argyre I.
Coli spr.
TAPROBANE
(Jnsel oder Anfang des zweiten Erdkreises.)
Warme Zone →
Gem. Z. →
HTHONES

karte versehen war (s. o. Abb. 5); daß der Indische Ozean abgeschlossen dargestellt wird, ist ein Merkmal dieser Ptolemaioskarten.

Regionalkarten in Verbindung mit einer Mela-Ausgabe finden sich hingegen erstmals in der von Sebastian Münster (Munsterus, 1488–1522) anonym herausgegebenen Sammelausgabe von Solinus und Mela, die 1538 bei Münsters Stiefsohn Heinrich Petri in Basel erschien. Derselbe Verleger brachte 1564 die erste mit Regionalkarten versehene Einzelausgabe heraus, die an jeweils passender Stelle zum Mela-Text einen Holzschnitt mit der behandelten Region bietet – wiederum nach den Angaben bei Ptolemaios, was sich auch in der typischen Trapez-Form zeigt; diese Karten sind in unserem Band abgedruckt und ganz im Sinne ihres Autors an die betreffende Stelle des Textes gesetzt (Karten 1–19).

Während all diese Karten nicht eigentlich den Angaben des Pomponius Mela folgen, unternahm erstmals der niederländische Gelehrte Petrus Berti (Bertius, 1565–1629) den Versuch, eine Karte nur nach Melas eigenen Angaben zu entwerfen; nur einmal, zur Stützung von Melas Angaben über die Antichthonen, verweist er hierbei auf ein anderes Werk, nämlich das astronomische des Marcus Manilius, eines älteren Zeitgenossen Melas (Abb. 6).

Am weitesten geht der Rekonstruktionsversuch, den 1898 Konrad Miller mit einer fast einen Viertelquadratmeter großen farbigen Mela-Karte vorgelegt hat; sie hier wiederzugeben verbietet das Format dieses Bandes, doch lassen sich ihre Umrisse Millers praktischer Übersicht über den Gang der Erdbeschreibung Melas entnehmen (s. o. Abb. 2). Die jüngste nützliche Skizze von Melas Weltsicht hat schließlich 1912 Hans Philipp publiziert (Abb. 7).

Daß dem Mela überhaupt eine maßstäbliche Karte vorlag, also eine Rekonstruktion möglich und sinnvoll erscheint, ist eine all diesen Versuchen gemeinsame, doch – wie erwähnt – durchaus unbewiesene Annahme. Für uns heutige an solche Karten gewöhnte Leser sind die Skizzen jedoch in jedem Falle hilfreich bei der Veranschaulichung der Vorstellungen, die sich in der ältesten lateinischen Geographie zeigen.

Text und Übersetzung

Der auf Veranlassung des Heiric von Auxerre im 9. Jh. aus der vier Jahrhunderte älteren, heute verlorenen Handschrift des Rusticius abgeschriebene Codex Vaticanus latinus 4929 ist – wie erwähnt – die direkte oder indirekte Vorlage aller jüngeren Codices gewesen und insofern der einzige Zeuge, aus dem man den Text von Melas Werk rekonstruieren kann. Heiric hat diese Abschrift offenbar selbst noch einmal mit der Vorlage verglichen; nicht wenige Auslassungen und Fehler und manche Eigenarten und Fehler des Abschreibers konnte er dabei korrigieren.

Einfach abdrucken kann man den Text von Heirics Abschrift aber nicht, weil auch er Glossen (s. o. S. 15), Auslassungen und Fehler enthält, die sich in den Jahrhunderten seit der Entstehung von Melas Werk in die Überlieferung eingeschlichen haben. Diese Fehler sind entweder von späteren mittelalterlichen Abschreibern oder von neuzeitlichen Philologen erkannt und soweit möglich korrigiert worden; wo dies nicht gelang, bleiben (im Lesetext durch Kreuze markierte) „verderbte" Passagen. Da freilich mancher solcher Eingriffe umstritten ist, sind in vorliegender Edition alle Abweichungen von Heirics Text kenntlich gemacht: Was diesem Text hinzuzufügen ist, steht in spitzen, was aus ihm zu tilgen ist, in geschweiften Klammern, und in runden, was man statt der korrigierten Lesart im Codex liest.

So ermöglicht die vorliegende lateinische Edition zweierlei: Liest man alles mit, was in geschweiften Klammern steht, dazu die Wörter in runden Klammern statt der ihnen vorausgehenden, und übergeht man das in spitzen Klammern Gebotene, ergibt sich der Text Heirics. Übergeht man hingegen alles, was in runden und geschweiften Klammern steht und liest dafür das in spitzen Klammern Stehende mit, hat man den nach wissenschaftlichen Kriterien neuesten rekonstruierten Text von Melas Werk vor sich und kann zugleich erkennen, was sicher überliefert ist und was auf moderner Rekonstruktion beruht.

Auf diesem rekonstruierten Text basiert auch die Neuübersetzung. Griechische Begriffe, deren Verständnis Mela beim Lesepublikum voraussetzt (vgl. etwa I 97), werden jeweils in runden Klammern erläutert; auch die Götternamen sind in der von Mela vorausgesetzten griechischen Form (also Zeus statt Iupiter) geboten, da man zumal in dieser zweisprachigen Ausgabe die lateinische Form auf der linken Buchseite leicht findet. Über die Angaben in dieser Einführung hinausgehende Erläuterungen des Übersetzers und Querverweise sind in runden Klammern hinzugefügt, nur römische Meilen (je gut 1½ km) sind nicht umgerechnet, um den Lesefluß nicht zu stören. Soweit möglich und sinnvoll, erscheinen die modernen Namen der von Mela genannten Orte in eckigen Klammern.

Ist Melas Stoff auch, wie er selbst (I 1) sagt, „für eine elegante Darstellung ganz ungeeignet", so war es doch das Ziel des Übersetzers, durch eine textnahe, aber auch gut lesbare Version die älteste lateinische Geographie heutigen Historikern und Geographen besser zugänglich zu machen – und nicht zuletzt heutigen Reisenden.

Pomponii Melae
De Chorographia
Libri Tres

Karte 1: Africa.

Liber I

[1] orbis situm dicere aggredior, impeditum opus et facundiae minime capax – constat enim fere gentium locorumque nominibus et eorum perplexo satis ordine, quem persequi longa est magis quam benigna materia – verum aspici tamen cognoscique dignissimum, et quod, si non ope ingenii orantis, at ipsa sui contemplatione pretium operae attendentium absolvat.

[2a] dicam autem alias plura et exactius, nunc {autem} ut quaeque erunt clarissima et strictim; ac primo quidem quae sit forma totius, quae maximae partes, quo singulae modo sint atque habitentur expediam,

[2b] deinde rursus oras omnium et litora ut intra extraque sunt, atque ut ea subit ac circumluit pelagus, additis quae in natura regionum incolarumque memoranda sunt.

[2c] id quo facilius sciri possit atque accipi, paulo altius summa repetetur.

[3] omne (omme) igitur hoc, quidquid est cui mundi caelique nomen indidimus, unum id est et uno ambitu se cunctaque amplectitur. partibus differt; unde sol oritur oriens nuncupatur aut ortus, quo demergitur occidens vel occasus, qua decurrit meridies, ab adversa parte septentrio.

[4] huius (huic) medio terra sublimis cingitur undique mari, eodemque (eademque) in duo latera quae hemisph⟨a⟩eria nominant ab oriente divisa ad occasum zonis quinque distinguitur. mediam aestus infestat, frigus ultimas; reliquae habitabiles paria agunt anni tempora, verum non

Buch I

[1] Die Lage des Erdkreises zu beschreiben unternehme ich, eine hindernisreiche und für eine elegante Darstellung ganz ungeeignete Arbeit – sie besteht ja fast nur aus Namen von Völkern und Stätten sowie deren recht komplizierter Anordnung, der nachzugehen eine eher weitschweifige als dankbare Aufgabe ist. Trotzdem verdient sie es sicherlich, betrachtet und kennengelernt zu werden, und lohnt, wenn schon nicht durch die geistreiche Art des Autors, dann doch durch die Betrachtung an sich aufmerksamen Lesern ihre Mühe.

[2a] Ich werde freilich andernorts (ab I 24b) mehr genauer besprechen, jetzt nur knapp, was am Berühmtesten ist; zuerst werde ich (I 3–8) nämlich darüber sprechen, wie die Gestalt des Ganzen, dann (I 9–24a) was seine Hauptteile und von welcher Art und wie bewohnt diese sind,

[2b] dann wieder (ab I 24b) über all deren Küsten und Gestade inner- und außerhalb und wie sie das Meer bespült und umflutet; hinzufügen will ich hierbei auch, was an der Natur dieser Gegenden und ihrer Bewohner bemerkenswert ist.

[2c] Damit man dies leichter verstehen und aufnehmen kann, soll zunächst die folgende Übersicht etwas weiter ausholen.

[3] All das also, was es auch sei, dem wir die Bezeichnung Welt und Himmel beigelegt haben, ist ein und dasselbe und umschließt sich und alles in einem einzigen Umkreis. In seinen Teilen unterscheidet es sich; wo die Sonne aufgeht, nennt man es Osten oder Sonnenaufgang, wo sie sinkt, Westen oder Untergang, wo sie entlangläuft, Süden, auf der gegenüberliegenden Seite Norden.

[4] In dessen Mitte ist die Erde schwebend allenthalben vom Meer umschlossen; durch es wird sie in zwei Seiten, Hemisphären genannt, geteilt und in fünf von Osten nach Westen (verlaufende) Zonen geschieden. Die mittlere macht Gluthitze unsicher, die beiden äußersten Frost; die übrigen sind bewohnbar und haben die gleichen Jahreszeiten, wenn auch nicht in gleicher Weise. Die eine bewohnen die Antichthonen (griech.: Gegen-Erde-Bewohner), die andere wir. Die genaue Lage jener Zone ist

pariter. antic⟨h⟩thones alteram, nos alteram incolimus. illius situs ob ardorem intercedentis plagae incognitus, huius dicendus est.

[5] haec ergo ab ortu porrecta ad occasum, et quia sic iacet aliquanto quam ubi latissima est longior, ambitur omnis oceano, quattuorque ex eo maria recipit: unum a septentrione, a meridie duo, quartum ab occasu. suis locis illa referentur.

[6] hoc primum angustum nec amplius decem milibus passuum patens terras aperit atque intrat. tum longe lateque diffusum abigit vaste cedentia litora, iisdemque ex diverso prope coeuntibus adeo in artum agitur, ut minus mille passibus pateat. inde se rursus sed modice admodum laxat, rursusque etiam quam fuit artius exit in spatium. quo cum est acceptum, ingens iterum et magnae (magno et) paludi, ceterum exiguo ore, coniungitur. id omne qua venit quaque dispergitur uno vocabulo nostrum mare dicitur.

[7] angustias introitumque venientis nos fretum, Graeci porthmon (partmon) appellant. qua diffunditur alia aliis locis cognomina acceptat. ubi primum se artat, Hellespontus vocatur, Propontis ubi expandit, ubi iterum pressit Thracius Bosphorus, ubi iterum effudit Pontus Euxinus, qua paludi committitur Cimmerius Bosphorus, palus ipsa Maeotis.

[8] hoc mari et duobus inclutis (inclytis) amnibus, Tanai atque Nilo, in tres partes universa dividitur. Tanais a septentrione ad meridiem vergens in mediam fere Maeotida{m} defluit; et ex diverso Nilus in pelagus. quod terrarum iacet a freto ad ea flumina ab altero latere Africam vocamus, ab altero Europen: ad Nilum Africam, ad Tanain Europen. ultra quicquid est, Asia est.

[9] tribus hanc e partibus tangit oceanus, ita nominibus ut locis differens, Eous ab oriente, a meridie Indicus, a septentrione Sc{h}ythicus.

wegen der Gluthitze der dazwischen liegenden Gegend nicht bekannt, von derjenigen der unseren jedoch muß man sprechen.

[5] Diese also erstreckt sich von Osten nach Westen, und weil sie so liegt, mißt ihre Länge um einiges mehr als selbst ihre größte Breite. Sie wird völlig vom Ozean umgeben und nimmt aus ihm vier Meere auf: eines im Norden (Kaspisches Meer: s. III 38), im Süden zwei (Persisches und Arabisches [Rotes] Meer: s. III 73), das vierte im Westen. Die drei erstgenannten sollen an jeweils passender Stelle besprochen werden.

[6] Das letztgenannte (Mittelmeer) ist erst schmal, öffnet das Land nicht weiter als zehn Meilen und tritt in es ein. Dann aber drängt es, lang und breit ausgedehnt, die ihm weiten Raum gebenden Ufer zurück, bis es dadurch, daß sich diese von verschiedenen Seiten her fast vereinigen, so beengt wird, daß es nur mehr weniger als eine Meile offensteht. Danach weitet es sich wieder, aber nur ganz mäßig, und läuft wiederum in einen engeren Raum aus, als es der vorige war. Sobald es hier aufgenommen ist, wird es wiederum riesig und verbindet sich mit einem großen Sumpfsee, übrigens durch eine schmale Öffnung. In seiner Gesamtheit wird es, wohin es auch kommt und sich ausbreitet, mit einem einzigen Wort 'Unser Meer' [Mittelmeer] genannt.

[7] Die Enge sowie den Eintritt des Meeres bezeichnen wir als 'fretum', die Griechen als 'porthmos' (Meerenge) [Straße von Gibraltar]. Wo es breiter wird, erhält es in den verschiedenen Gegenden verschiedene Namen. Wo es sich erstmals verengt, heißt es Hellespont [Dardanellen], wo es sich ausbreitet, Propontis [Marmarameer], wo es sich zum zweiten Mal zusammenzieht, Thrakischer Bosporus, wo es dann wieder breit strömt, Pontus Euxinus [Schwarzes Meer] und wo es sich mit dem Sumpfsee vereinigt, Kimmerischer Bosporus [Straße von Kertsch], der Sumpfsee selbst Mäotis [Asowsches Meer].

[8] Durch dieses Meer und durch zwei berühmte Ströme, Tanais [Don] und Nil, wird die ganze Welt in drei Teile geteilt. Der Tanais läuft von Norden nach Süden und mündet etwa in der Mitte der Mäotis; aus der gegenüberliegenden Gegend fließt der Nil ins Meer. Was (an Landmassen) von der Meerenge [von Gibraltar] an bis zu diesen Flüssen reicht, nennen wir auf der einen Seite Afrika, auf der anderen Europa: bis zum Nil Afrika, bis zum Tanais Europa. Alles, was jenseits davon liegt, ist Asien.

[9] Asien berührt auf drei Seiten der Ozean, der je nach den Gegenden verschiedene Namen hat: der Östliche im Osten, im Süden der Indische,

ipsa ingenti ac perpetua fronte versa ad orientem tantum ibi se in latitudinem (altitudinem) effundit quantum Europe et Africa et quod inter ambas pelagus immissum est. inde cum aliquatenus solida processit, ex illo oceano quem Indicum diximus, Arabicum mare et Persicum, ex Scythico Caspium recipit; et ideo qua recipit angustior, rursus expanditur et fit tam lata quam fuerat. dein cum iam in suum finem aliarumque terrarum confinia devenit, media nostris aequoribus excipitur, reliqua altero cornu pergit ad Nilum, altero ad Tanain.

[10] ora eius cum alveo Nili amnis ripis descendit in pelagus, et diu sicut illud incedit, ita sua litora porrigit; dein fit venienti obviam, et primum se ingenti ambitu incurvat, post se ingenti fronte ad Hellesponticum fretum extendit; ab eo iterum obliqua ad Bosphorum, iterum iterumque ad Ponticum latus curva, aditum Maeotidos transverso margine attingit, ipsa⟨m⟩ gremio ad Tanain usque complexa fit ripa qua Tanais est.

[11] in ea primos hominum ab oriente accipimus Indos et Seras et Scythas. Seres media ferme Eoae partis incolunt, Indi ⟨et Scythae⟩ ultima; ambo late patentes neque in hoc tantum pelagus effusi. spectant enim etiam meridiem Indi, oramque Indici maris, nisi quo⟨a⟩d aestus inhabitabilem efficiunt, diu continuis gentibus occupant. spectant et septentrionem Scythae, ac litus Scythicum, nisi unde frigoribus arcentur, usque ad Caspium sinum possident.

[12] Indis proxima est Aria{d}ne, deinde Aria et Cedrosis et Persis ad sinum Persicum. hunc populi Persarum ambiunt, illum alterum Arabes. ab his quod in Africam restat Aethiopum est. illic Caspiani Scythi⟨s⟩

im Norden der Skythische. Asien selbst wendet sich mit einer riesigen und ununterbrochenen Vorderseite nach Osten und nimmt dort eine so große Breite an, wie sie Europa, Afrika sowie das von diesen beiden eingeschlossene Meer zusammen haben. Nachdem Asien sich von hier aus ein gutes Stück in festgeschlossener Form ausgedehnt hat, nimmt es von jenem Ozean, den wir gerade als den Indischen benannt haben, das Arabische [Rote] und Persische Meer auf, vom Skythischen das Kaspische; und deshalb wird Asien dort, wo es diese aufnimmt, schmaler, dehnt sich dann aber wieder aus und wird schließlich ebenso breit, wie es war. Sobald es darauf an sein Ende und ans Grenzgebiet anderer Länder gekommen ist, wird es in seiner Mitte von Unseren Fluten abgefangen; in seinen übrigen Teilen setzt es sich mit dem einen Horn zum Nil, mit dem anderen zum Tanais fort.

[10] Die Küste Asiens läuft zusammen mit dem Bett des Nil-Stroms an dessen Ufern entlang hinab zum Meer, dann läßt Asien lange so, wie das Meer verläuft, auch seine Gestade sich hinziehen. Danach tritt es ihm entgegen, und zwar buchtet es zunächst in gewaltigem Bogen ein und erstreckt sich sodann mit einer riesigen Vorderseite bis zur Hellespontischen Meerenge. Von hier geht Asien wiederum schräg zum Bosporus, immer wieder gekrümmt zur Pontischen Seite, und berührt dann, nachdem sein Rand eine Wendung gemacht hat, den Eingang zur Mäotis; diese selbst nimmt es in seinem Schoß bis zum Tanais auf; dann wird die Küste Asiens das eine Tanais-Ufer.

[11] In Asien, so erfahren wir, sind die ersten Menschen von Osten aus die Inder, Serer und Skythen. Die Serer wohnen etwa in der Mitte des Ostteils, die Inder und Skythen an dessen Außenrändern – beide Völkerschaften dehnen sich weithin aus, und dies nicht nur zu diesem (Östlichen) Meer hin: Die Inder schauen nämlich auch nach Süden und besetzen lange mit ununterbrochen aufeinanderfolgenden Stämmen die Küsten des Indischen Meeres, soweit nicht die Gluthitze diese Gebiete unbewohnbar macht, und die Skythen schauen auch nach Norden und besitzen das Skythische Gestade, außer wo sie durch die Kälte davon abgehalten werden, bis zum Kaspischen Golf.

[12] Den Indern zunächst liegt Ariane, darauf Areia, Kedrosien und Persien bis zum Persischen Golf. Diesen umgeben die Völker der Perser, jenen anderen (den Arabischen Golf) die Araber. Was von diesen an gerechnet bis Afrika übrigbleibt, gehört den Äthiopen. Auf der anderen Seite liegen den Skythen am nächsten die Kaspianer, die den Kaspischen

proximi sinum Caspium cingunt. ultra Amazones ultraque eas Hyperborei esse memorantur.

[13] interiora terrarum multae variaeque gentes habitant, Gandari et Pariani et Bactri, Sugdiani (Subsiani), Pharmacotrophi, Chomarae, Choamani, Propanisadae (Ropanes), Dahae super Scythas Scytharumque deserta, ac super Caspium sinum Comari, Massagetae, Cadusi, Hyrcani, Hiberi, super Amazonas et Hyperboreos Cim⟨m⟩er{r}ii, Cissiant{h}i, Ac⟨h⟩ae⟨i⟩, Georgili, Moschi, Cercetae (Corsitae), Phoristae, Rimphaces, atque ubi in nostra maria tractus excedit Matian⟨i⟩, Tibarani et notiora iam nomina Medi, Armenii, Commageni, Murrani, Vegeti, Cappadoces, Gallograeci, Lycaones, Phryges, Pisidae, Isauri, Lydi, Syrocilices.

[14] rursus ex his quae meridiem spectant ⟨...⟩ eaedemque gentes interiora litora tenent usque ad sinum Persicum. super hunc sunt Parthi et Assyrii, super illum alterum Babylonii, et super Aethiopas Aegyptii. ripis Nili amnis et mari proxima (proximo) idem Aegypti⟨i⟩ possident. deinde Arabia angusta fronte sequentia litora attingit. ab ea usque ad flexum illum quem supra rettulimus Syria, et in ipso flexu Cilicia, extra autem Lycia et Pamphylia, Caria, Ionia, Aeolis, Troas usque ad Hellespontum. ab eo Bithyni sunt ad Thracium Bosphorum. circa Pontum aliquot populi alio alioque fine uno omnes nomine Pontici. ad lacum M⟨a⟩eotici, ad Tanain Sauromatae.

[15] Europa terminos habet ab oriente Tanain et Maeotida et Pontum, a meridie reliqua nostri maris, ab occidente Atlanticum, a septentrione Britannicum oceanum. ora eius forma litorum ⟨a⟩ Tanai ad Hellespontum, qu{i}a ripa est dicti amnis, qu{i}a flexum paludis ad Ponticum redigit, qu{i}a Propontidi et Hellesponto latere adiacet, contrariis litoribus Asiae non opposita modo verum et similis est.

[16] inde ad fretum nunc vaste retracta nunc prominens tres maximos sinus efficit, totidemque se in altum magnis frontibus evehit. extra fre-

Golf umgeben. Jenseits davon wohnen die Amazonen und jenseits von diesen die Hyperboreer (s. III 16), wie man sagt.

[13] Das Binnenland bewohnen zahlreiche verschiedene Stämme, nämlich Gandarer, Parianer und Baktrer, Sugdianer, Pharmakotropher, Chomaren, Choamanen, Propanisaden und Daher über den Skythen und der Skythen-Wüste; über dem Kaspischen Golf die Komarer, Massageten, Kaduser, Hyrkaner und Hiberer; über den Amazonen und Hyperboreern die Kimmerier, Kissianter, Achäer, Georgiler, Moscher, Kerketen, Phoristen und Rimphaken; und wo jener Landstrich sich zu Unserem Meer hin zieht, die Matianer, Tibaraner sowie – bereits bekanntere Namen – Meder, Armenier, Kommagener, Murraner, Vegeter, Kappadoker, Gallogräker, Lykaonen, Phryger, Pisider, Isaurer, Lyder und Syrokiliker.

[14] Weiter haben von denen, die nach Süden schauen, ⟨...⟩, und die gleichen Stämme auch die inneren Küsten (vom Arabischen Golf an) bis zum Persischen Golf. Über diesem wohnen die Parther und Assyrer, über jenem die Babylonier und über den Äthiopen die Ägypter. Was den Ufern des Nil-Stroms und dem Meer zunächst liegt, besitzen gleichfalls die Ägypter. Darauf stößt Arabien mit seiner schmalen Vorderseite an die folgende Meeresküste. Von Arabien an bis zur bereits (I 10) erwähnten Küstenbiegung liegt Syrien, in der Biegung selbst Kilikien, außerhalb aber Lykien und Pamphylien, Karien, Ionien, die Äolis und die Troas bis zum Hellespont. Auf diesen folgen die Bithyner am Thrakischen Bosporus. Rings am Pontus gibt es eine Anzahl von Volksstämmen in jeweils unterschiedlichen Gebieten, doch insgesamt mit einem Namen als die Pontischen bezeichnet. Am See sitzen die Mäotiker, am Tanais die Sauromaten.

[15] Europa hat als Grenzmarken im Osten den Tanais, die Mäotis und den Pontus, im Süden die übrigen Teile Unseres Meeres, im Westen den Atlantischen, im Norden den Britannischen Ozean. Seine Küste ist in der Form der Gestade vom Tanais an bis zum Hellespont, wo sie das eine Ufer des genannten Stroms bildet, wo sie die Bucht des Sumpfsees zum Pontus fortführt und wo sie mit einer Seite an der Propontis und dem Hellespont anliegt, den entgegengesetzten Küsten Asiens nicht allein gegenüber gelagert, sondern auch ähnlich gestaltet.

[16] Von hier aus bis zur Meerenge (Straße von Gibraltar, s. I 7) bildet die Küste bald sich weit zurückziehend, bald hinausragend drei sehr große Golfe; ebensooft kragt sie mit gewaltigen Vorderseiten ins hohe

tum ad occidentem inaequalis admodum praecipue media procurrit; ad septentrionem, nisi ubi semel iterumque grandi recessu abducitur, paene ut directo limite extenta est.

[17] mare quod primo sinu accipit Aeg⟨a⟩eum dicitur; quod sequenti in ore Ionium, Hadriaticum interius; quod ultimo nos Tuscum {quem} Grai Tyrrhenicum perhibent.

[18] gentium prima est Scythia, alia quam dicta est, a Tana⟨i⟩ in media ferme Pontici lateris, hinc in Aegaei partem pertinens Thracia{e}, huic (ac) Macedonia{e} adiungitur. tum Graecia prominet, Aegaeumque ab Ionio mari dirimit. Hadriatici latus Illyris occupat. inter ipsum Hadriaticum et Tuscum Italia procurrit. in Tusco intimo Gallia est, ultra Hispania.

[19] haec in occidentem diuque etiam ad septentrionem diversis frontibus vergit. deinde rursus Gallia est longe et a nostris litoribus hucusque permissa. ab ea Germani ad Sarmatas porriguntur, illi ad Asiam.

[20] Africa ab orientis parte Nilo terminata, pelago a ceteris, brevior est quidem quam Europe, quia nec usquam Asiae et non totis huius litoribus obtenditur, longior tamen ipsa quam latior, et qua ad fluvium attingit latissima, utque inde procedit ita media praecipue in iuga exurgens pergit incurva ad occasum, fastigatque se molliter; et ideo ex spatio paulatim adductior ubi finitur ibi maxime angusta est.

[21] quantum incolitur eximie fertilis, verum quod pleraque eius inculta et aut harenis sterilibus obducta aut ob sitim caeli terrarumque deserta sunt aut infestantur multo ac malefico genere animalium, vasta est magis quam frequens. mare quo cingitur a septentrione Libycum, a meridie Aethiopicum, ab occidente Atlanticum dicimus.

Meer hinaus. Außerhalb der Meerenge setzt sie sich im Westen besonders in der Mitte recht ungleichmäßig fort. Im Norden verläuft die Grenze, von der einen oder anderen Einbuchtung abgesehen, in fast gerader Linie.

[17] Das Meer, welches Europa in seinem ersten Golf aufnimmt, heißt das Ägäische, das im folgenden (Golf) in seiner äußeren Einbuchtung das Ionische, weiter innen das Adriatische; das in der letzten Bucht nennen wir das Tuskische, die Griechen das Tyrrhenische Meer.

[18] Von den Stammesgebieten ist das erste Skythien, ein anderes als das (I 11) erwähnte, vom Tanais bis etwa in die Mitte der Pontischen Seite; von hier aus erstreckt sich in Richtung des Ägäischen Meeres Thrakien; dem schließt sich Makedonien an. Dann ragt Griechenland vor und scheidet das Ägäische vom Ionischen Meer. Eine Seite des Adriatischen Meeres nimmt Illyrien ein. Zwischen eben diesem Adriatischen Meer und dem Tuskischen tritt Italien hervor. Am innersten Winkel des Tuskischen Meeres liegt Gallien, jenseits davon Spanien.

[19] Dieses hat verschieden ausgerichtete Außenseiten: es neigt sich sowohl nach Westen als auch lange nach Norden. Danach folgt wieder Gallien auf lange Entfernung und vom Gestade Unseres Meeres bis hierhin ausgedehnt. Von hier erstrecken sich die Germanen bis zu den Sarmaten, diese dann bis nach Asien.

[20] Afrika (Karte 1) ist auf seiner östlichen Seite vom Nil begrenzt, auf den übrigen durch das Meer. Zwar ist es kürzer als Europa, weil es weder irgendwo den Meeresküsten Asiens noch den gesamten Küsten Europas gegenüberliegt, doch ist es selbst wieder eher länger als breiter, und zwar da, wo es den Fluß (Nil) berührt, am breitesten. Wie es von dort fortschreitet, so erhebt es sich vor allem in seiner Mitte zu einer Gebirgskette, setzt sich in einem Bogen nach Westen fort und läuft allmählich in eine Spitze aus; so wird es aus seiner großen Breite allmählich schmaler und ist da, wo es endet, am engsten.

[21] Soweit es bewohnt ist, ist es außerordentlich fruchtbar; da aber ein sehr großer Teil nicht bebaut wird und entweder mit unfruchtbaren Sandmassen bedeckt oder wegen der Trockenheit des Klimas und der Böden verlassen ist oder durch eine zahlreiche und böse Art von Tieren unsicher gemacht wird, ist es vielfach eher wüst als bewohnt. Das Meer, von dem es im Norden umgeben wird, nennen wir das Libysche, das im Süden das Äthiopische, das im Westen das Atlantische.

[22] in ea parte quae Libyco adiacet proxima {i}Nil{l}o provincia quam Cyrenas vocant; dein cui totius regionis vocabulo cognomen inditum est Africa. cetera Numidae et Mauri tenent, sed Mauri ⟨et⟩ in Atlanticum pelagus expositi. ultra Nigritae (Zigritae) sunt et Pharusii (Carusii) usque ad Aethiopas. hi et reliqua huius et totum latus quod meridiem spectat usque in Asiae confinia possident.

[23] at super ea quae Libyco mari alluuntur (abluuntur) Libyes Aegypti⟨i⟩ sunt et Leucoaethiopes et natio frequens multiplexque G⟨a⟩etuli. deinde late vacat regio perpetuo tractu inhabitabilis. tum primos ab oriente Garamantas (Gamarantas), post Augilas et Trogodytas, et ultimos ad occasum Atlantas audimus. intra, si credere libet, vix iam homines magisque semiferi Aegipanes et Blemyes et Gamphasantes (Gampasamtes) et Satyri sine tectis ac sedibus passim vagi habent potius terras quam habitant.

[24 a] haec summa nostri orbis, hae maximae partes, hae formae gentesque partium.

[24 b] nunc exactius oras situsque dicturo inde est commodissimum incipere unde terras nostrum pelagus ingreditur, et ab his potissimum quae influenti dextra sunt; deinde stringere litora ordine quo iacent, peragratisque omnibus quae id (in) mare attingunt legere etiam illa quae cingit oceanus; donec cursus incepti operis, intra extraque circumvectus orbem, illuc unde coeperit redeat.

[25] dictum est Atlanticum esse oceanum qui terras ab occidente contingeret. hinc in nostrum mare pergentibus laeva Hispania, Mauretania dextra est, primae partes illa{e} Europae, haec Africae. eius orae finis Mulucha, caput atque exordium est promunturium quod Graeci Ampelusiam, Afri aliter sed idem significante vocabulo appellant.

[22] In dem Teil, der am Libyschen Meer liegt, befindet sich in nächster Nähe des Nils die Provinz, die man Kyrene nennt, dann die, der man nach der Bezeichnung der ganzen Gegend den Beinamen Afrika (griech.: Libye) gegeben hat. Das übrige Gebiet besitzen die Numider und Mauren, doch verbreiten sich die Mauren auch bis zum Atlantischen Meer. Jenseits folgen dann die Nigriten und die Pharusier bis zu den Äthiopen. Diese haben sowohl den Rest dieses Gebiets als auch die gesamte Seite, die nach Süden schaut, bis zum Grenzgebiet von Asien hin in ihrem Besitz.

[23] Über dem Gebiet, das vom Libyschen Meer bespült wird, wohnen die Libyschen Ägypter, die Leuko-Äthiopen (griech.: Weiß-Äthiopen) und die zahlreiche und vielfältige Nation der Gätuler. Darauf bleibt die Gegend weithin leer, in einem zusammenhängenden Streifen unbewohnbar. Dann, so hören wir, folgen im Osten die Garamanten, danach die Augilen und Trogodyten (s. I 44) und als letztes Volk im Westen die Atlanten. Im Binnenland haben – wenn man das glauben mag – Wesen, die kaum noch Menschen, sondern halbe Tiere sind, nämlich die Ägipanen, Blemyer, Gamphasanten und Satyrn, ohne Haus und Wohnsitz überall umherschweifend, die Ländermasse mehr inne als daß sie sie bewohnten.

[24 a] Dies ist die (I 2 angekündigte) Übersicht über unseren Erdkreis, dies seine Hauptteile, dies die Gestalt und Bevölkerung jener Teile.

[24 b] Will man nun genauer die Küsten und Lagen besprechen, ist es am bequemsten, dort anzufangen, wo Unser Meer in die Ländermasse eindringt, und von den Ländern am ehesten mit denen, die in seiner Einflußrichtung rechts liegen; dann die Küsten in der Reihenfolge zu streifen, in der sie liegen, und nach der Durchwanderung von allen Gegenden, die an dieses Meer stoßen, auch jene aufzuführen, die der Ozean umgürtet. Schließlich soll der Gang des Unternehmens, nachdem er den Erdkreis innen und außen umlaufen hat, dorthin zurückkehren, wo er begonnen hat.

[25] Es ist bereits (I 15 und 21) berichtet, daß es der Atlantische Ozean (Karte 2) ist, der die Länder im Westen berührt. Begeben wir uns von hier aus in Unser Meer, dann liegt links Spanien, rechts Mauretanien, jenes der erste Teil von Europa, dieses von Afrika. Das Ende von dessen Küste bildet der (Fluß) Mulucha [Muluja], den Anfang und Beginn das Kap, das die Griechen Ampelusia (Weinberg) und die Afrer anders, doch mit einem Ausdruck, der dasselbe bedeutet, benennen [Kap Spartel].

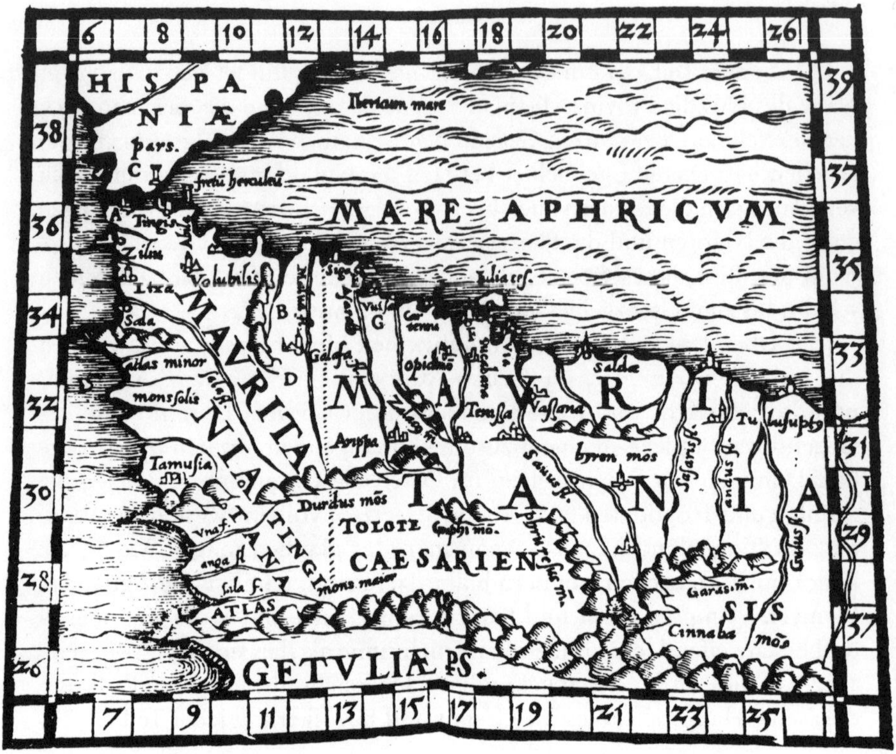

Karte 2: Mauritania.

[26] in eo est specus Herculi sacer, et ultra specum Tinge oppidum pervetus et ab Ant⟨a⟩eo, ut ferunt, conditum. extat rei signum parma elephantino tergori execta ⟨execto⟩ ingens et ob magnitudinem nulli nunc usuro habilis, quam locorum accolae ab illo gestatam pro vero habent traduntque et inde eximie colunt.

[27] deinde est mons praealtus, ei quem ex adverso Hispania attollit obiectus: hunc Abilam, illum Calpen vocant, Columnas Herculis utrumque. addit fama nominis fabulam, Herculem ipsum iunctos olim perpetuo iugo diremisse colles, atque ita exclusum antea mole montium oce-

Karte 3: Numidia.

[26] Hier liegt eine dem Herakles heilige Grotte, jenseits von dieser Tinge [Tanger], eine uralte, der Sage nach von Antäus gegründete Stadt. Es gibt ein Anzeichen für diese Tatsache, einen aus Elefantenfell ausgeschnittenen riesigen Rundschild, wegen seiner Größe für niemanden heute zum Gebrauch geeignet; die Anwohner jener Gegend halten für wahr und überliefern, dieser Schild sei von Antäus getragen worden, und sie schätzen ihn daher außerordentlich.

[27] Darauf folgt ein sehr hoher Berg, der dem, den Spanien auf der Gegenseite aufsteigen läßt, gegenüberliegt: Dieser heißt Abila [Djebel Musa], jener Kalpe [Gibraltar], beide zusammen Säulen des Herakles. Die Sage fügt die Geschichte dieses Namens hinzu: Herakles selbst habe die einst durch einen fortlaufenden Gebirgskamm verbundenen Felsen getrennt und dadurch dem vorher durch die Masse der Berge ausgeschlossenen Ozean zu den Teilen Zutritt gewährt, die er noch heute über-

anum ad quae nunc inundat admissum. hic iam mare latius funditur, summotasque vastius terras magno impetu inflectit.

[28] ceterum regio ignobilis et vix quicquam illustre sortita parvis oppidis habitatur, parva flumina emittit, solo quam viris melior et segnitia gentis obscura.

[29] ex his tamen quae commemorare non piget montes sunt alti qui continenter (continentur) et quasi de industria in ordinem expositi ob numerum Septem, ob similitudinem Fratres nuncupantur. Tumuada fluvius, et Rusigada et Siga parvae urbes, et portus cui Magno est cognomen ob spatium. Mulucha ille quem diximus amnis est nunc gentium olim regnorum quoque terminus, Bocchi Iugurthaeque.

[30] ab eo Numidia ad ripas exposita fluminis Ampsaci spatio quidem quam Mauretania angustior est, verum et culta magis et ditior. urbium quas habet maximae sunt Cirtha procul a mari, nunc Sittianorum colonia, quondam regum domus, et cum Syphacis foret opulentissima, Iol{a} ad mare aliquando ignobilis, nunc quia Iubae regia fuit et quod Caesarea vocitatur illustris.

[31] citra hanc, nam in medio ferme litore sita est, Cartinna et Arsinna sunt oppida et Quiza (Avisa) castellum et Laturus sinus et Sardabale fluvius. ultra monumentum commune regiae gentis, deinde Icosium Ruthisia urbes, effluentes inter eas Aucus et Nabar aliaque quae taceri nullum rerum famaeve dispendium est.

[32] interius et longe satis a litore (altiore), si fidem res capit, mirum ad modum spinae piscium muricum ostrearumque fragmenta, saxa attrita, uti solent, fluctibus et non differentia marinis, infixae cautibus an-

flutet. Hier wird das Meer bereits breiter und drängt die weithin zurücktretenden Landmassen in gewaltigem Anprall zurück.

[28] Sonst ist die Gegend unbedeutend und hat kaum etwas Berühmtes aufzuweisen, wird von nur kleinen Städten besiedelt, läßt bloß kleine Flüsse ins Meer treten und ist eher durch ihre Bodenbeschaffenheit als durch ihre Männer gut, ja durch die Schlaffheit der Bevölkerung unberühmt.

[29] Zu dem aber, was zu erwähnen nicht verdrießt, gehören die hohen Berge, die in einer Folge und gleichsam mit Absicht in Reih und Glied aufgerichtet sind und wegen ihrer Zahl Sieben, wegen der Ähnlichkeit Brüder genannt werden [Ceuta], der Tumuada-Fluß [Martil], die kleinen Städte Rusigada [Melilla] und Siga [Takembrit] sowie ein Hafen, der wegen seiner Fläche Magnus (lat.: der Große) heißt [S. Leu]. Der (I 25) genannte Mulucha-Strom bildet heute die Grenzmarke zwischen Stämmen, einst auch zwischen Königreichen, nämlich denen des Bocchus und des Iugurtha.

[30] Von hier bis zu den Ufern des Flusses Ampsakus [el Kebir] liegt Numidien (Karte 3) ausgebreitet, in seiner Fläche zwar schmaler als Mauretanien, doch zivilisierter und reicher. Seine größten Städte sind Cirtha, fern vom Meer, heute Kolonie der Sittianer, einst königliche Residenz und am blühendsten, als sie dem Syphax gehörte [Constantine], sodann Iol am Meer, einst unbekannt, heute berühmt, weil es Königssitz des Iuba war und jetzt Cäsarea heißt [Cherchell].

[31] Diesseits davon – denn Iol liegt fast in der Mitte der Küste – sind die Städte Kartinna [Ténès] und Arsinna sowie das Kastell Quiza, der Laturus-Golf [Golf von Arzew] und der Sardabale-Fluß. Jenseits davon liegt das gemeinsame Grabmal der königlichen Familie, dann die Städte Ikosium [Algier] und Rhutisia und die Flüsse Aucus [Harrach] und Nabar [Hamiz], die zwischen ihnen ins Meer münden, sowie anderes, was ohne Schaden für die Tatsachen oder die Kunde von ihnen verschwiegen werden kann.

[32] Mehr im Inneren und ziemlich weit von der Küste entfernt sollen, wenn die Sache Glauben verdient, auf wundersame Weise Gräten von Fischen, Reste von Meeresschnecken und Muscheln, Felsbrocken, die in der üblichen Weise von Fluten abgeschliffen und von Strandsteinen nicht zu unterscheiden sind, in Felsen haftende Anker sowie andere solche Anzeichen und Spuren dafür liegen und auffindbar sein, daß einst bis in

chorae et alia eiusmodi signa atque vestigia effusi olim usque ad ea loca pelagi in campis nihil alentibus esse invenirique narrantur.

[33] regio quae sequitur a promunturio Metagonio ad Aras Philaenorum (Filenorum) proprie nomen Africae usurpat. in ea sunt oppida Hippo Regius et Rusiccade et Thabraca.

[34] dein tria promunturia Candidum, Apollinis, Mercurii, vaste proiecta in altum, duos grandes sinus efficiunt. Hipponensem vocant proximum ab Hippone Diarr⟨h⟩yto quod litori eius appositum est. in altero sunt Castra Dellia, Castra Cornelia, flumen Bagrada; Utica et Carthago ambae inclutae (inclytae) ambae a Phoenicibus conditae, illa fato Catonis insignis, haec suo, nunc populi Romani colonia, olim imperii eius pertinax aemula, iam quidem iterum opulenta, etiam nunc tamen priorum excidio rerum quam ope praesentium clarior. Hadrumetum, Leptis, Clupea, Habromacte, Phyre, Neapolis hinc ad Syrtim adiacent ut inter ignobilia celeberrimae.

[35] Syrti⟨s⟩ sinus est centum fere milia passuum qua mare accipit patens, trecenta qua cingit; verum importuosus atque atrox et ob vadorum frequentium brevia, magisque etiam ob alternos motus pelagi a⟨f⟩fluentis ac refluentis infestus.

[36] super hunc ingens palus amnem Tritona recipit, ipsa Tritonis, unde et Minervae cognomen inditum est, ut incolae arbitrantur, ibi genitae; faciuntque ei fabulae aliquam fidem, quod quem natalem eius putant ludicris virginum inter se decertantium celebrant.

[37] ultra est Oea oppidum et Cinyps (Cynips) fluvius per uberrima arva decidens, tum Leptis altera et Syrtis nomine atque ingenio par priori, ceterum altero fere spatio qua dehiscit quaque flexum agit amplior. eius promunturium est Borion, ab eoque incipiens ora, quam Loto-

diese Gegenden Meeresfluten auf die Felder reichten, die deshalb heute nichts mehr ernähren können.

[33] Die Gegend, die nun vom Kap Metagonium [Kap Bugarun] bis zu den Altären der Philänen (s. I 38) folgt, beansprucht im eigentlichen Sinne den Namen Afrika (s. I 22). Hier liegen die Städte Hippo Regius, Rusiccade und Thabraca.

[34] Sodann bilden drei Kaps, Candidum (lat.: das Weiße) [Kap Blanc], das des Apollon [Ras el Mekki] sowie das des Hermes [Kap Bon], die weithin ins hohe Meer hinausragen, zwei gewaltige Golfe. Den Hipponensischen nennt man so, weil die Stadt Hippo Diarrhytus [Bizerte] an seiner Küste liegt. An dem anderen gibt es Castra Dellia, Castra Cornelia und den Fluß Bagrada [Medjerda]; dann Utica und Karthago, beide berühmt, beide von Phöniziern gegründet, jenes bekannt durch Catos Untergang (seinen Freitod 46 v. Chr.), dieses durch seinen eigenen (die Zerstörung 146 v. Chr.), heute eine Kolonie des Römischen Volkes, einst deren hartnäckige Rivalin um die Herrschaft, und obgleich bereits wieder in Blüte, auch jetzt noch berühmter durch die Zerstörung seiner früheren als durch die Bedeutung seiner gegenwärtigen Macht. Hadrumetum [Sousse], Leptis [Lemta], Clupea [Kelibia], Habromakte, Phyre und Neapolis [Nabeul] liegen von hier aus an der Syrte als die bekanntesten unter unbedeutenden.

[35] Die [Kleine] Syrte ist ein Golf, der fast einhundert Meilen weit ist, wo er sich öffnet und das Meer aufnimmt, und dreihundert, wo er es umschließt. Dieser Golf ist hafenlos, unheilvoll und wegen der Untiefen zahlreicher seichter Stellen, noch mehr durch die wechselnden Bewegungen des hin- und zurückflutenden Meeres voller Gefahren.

[36] Über dieser nimmt ein gewaltiger Sumpfsee den Triton-Strom in sich auf, selbst Tritonis genannt; von ihm hat auch Athene ihren Beinamen erhalten, die, wie die Eingeborenen meinen, dort geboren ist; sie verschaffen dieser Sage eine gewisse Glaubwürdigkeit, weil sie den Tag, den sie für ihren Geburtstag halten, durch Wettspiele der Jungfrauen feiern.

[37] Jenseits der Syrte liegt die Stadt Öa [Tripoli] und der Fluß Cinyps [el Khaane], der durch sehr fruchtbare Gefilde fließt, dann ein zweites Leptis (Magna) und eine Syrte, die in Namen und Wesensart der ersten gleicht, im übrigen aber fast den doppelten Raum einnimmt, wo sie sich öffnet und ihren Bogen verlaufen läßt [die Große Syrte]. Ihr Kap heißt Boreion (griech.: Nördliches) [Ras Taiùnes], von diesem aus beginnt die

phagi tenuisse dicuntur, usque ad Phyconta, et id promunturium est, importuoso litore pertinet.

[38] arae ipsae nomen ex Phil⟨a⟩enis fratribus traxere, qui contra Cyrena{e}icos missi Carthagine ad dirimendum condicione bellum diu iam de finibus et cum magnis amborum cladibus gestum, postquam in eo quod convenerat non manebatur, ut ubi legati concurrerent (concurrerant), certo tempore utrimque dimissi, ibi termini statuerentur, pacti de integro ut quidquid citra esset popularibus cederet, mirum et memoria dignissimum facinus, hic se vivos obrui pertulerunt.

[39] inde ad Cat{h}abathmon Cyrenaica (Cyreneica) provincia est, in eaque sunt Hammonis oraculum fidei inclutae (inclytae), et fons quem Solis appellant, et rupes quaedam austro sacra. haec cum hominum manu attingitur, ille immodicus exurgit harenasque quasi maria agens sic saevit ut fluctibus. fons media nocte fervet, mox et paulatim tepescens fit luce frigidus, tunc ut sol surgit ita subinde frigidior per meridiem maxime riget, sumit dein teporem iterum, et prima nocte calidus, atque ut illa procedit ita caldior rursus cum est media perfervet.

[40] in litore promunturia sunt Zephyrion et Naustathmos, portus Par⟨a⟩etonius, urbes Hesperia, Apollonia, Ptolemais (Ptolomais), Arsinoe atque unde terris nomen est ipsa Cyrene. Catabathmos vallis devexa in Aegyptum finit Africam.

[41] orae sic habitantur ad nostrum maxime ritum moratis cultoribus, nisi quod quidam linguis differunt et cultu deum quos patrios servant ac patrio more venerantur. proximis nullae quidem urbes stant, tamen domicilia sunt quae mapalia appellantur. victus asper et munditiis carens.

Küste, die die Lotophagen (Lotos-Esser) in Besitz gehabt haben sollen, und erstreckt sich bis Phykus [Ras Sem] – auch dies ist ein Kap – an hafenloser Küste.

[38] Die (I 33 genannten) Altäre selbst haben ihren Namen von dem Brüderpaar der Philänen: Diese waren von Karthago den Kyrenaikern entgegengeschickt worden, um durch einen Vertrag einem Krieg ein Ende zu machen; dieser war schon lange um die Grenzen unter großen Verlusten beider Seiten geführt worden, nachdem man wiederholt nicht bei dem geblieben war, was zuvor vereinbart worden war – nämlich daß dort, wo die von beiden Seiten zu einer bestimmten Zeit abgeschickten Gesandten aufeinanderträfen, die Grenzmarken gesetzt werden sollten. So schlossen nun die Philänen einen völlig neuen Vertrag, wonach das diesseits liegende Gebiet ihren Stammesbrüdern zufallen sollte, und ließen sich – eine bewundernswerte und des Gedenkens höchst würdige Tat – hier lebendigen Leibes begraben.

[39] Von hier bis zum Katabathmos [Senke am Golf von Sollum] reicht die Kyrenische Provinz (Karte 4). In ihr liegt das Ammon-Orakel von berühmter Zuverlässigkeit, eine Quelle, die man Quelle des Helios nennt, und ein dem Auster (Südwind) heiliger Fels: Wird dieser von Menschenhand berührt, so erhebt sich der Auster mit Ungestüm, treibt die Sandmassen wie Meeresoberflächen und wütet wie mit Meereswogen. Die Quelle kocht mitten in der Nacht auf, kühlt dann bald allmählich ab und ist bei Sonnenaufgang kalt, dann wird sie mit dem Aufsteigen der Sonne langsam noch kühler und ist mittags am kältesten, nimmt dann wieder laue Temperatur an, ist bei Beginn der Nacht warm, wird mit deren Voranschreiten immer wärmer und kocht dann wieder um Mitternacht auf.

[40] An der Küste liegen die Kaps Zephyrion [Ras bou Medad] und Naustathmos [Ras el Hilal], der Hafen Parätonius [Marsa Matrou], die Städte Hesperia, Apollonia [Suza], Ptolemais [Tolmeta], Arsinoë [Tocra] und Kyrene selbst, von der die Landschaft den Namen hat. Das Katabathmos-Tal zieht sich bis nach Ägypten hinab und begrenzt Afrika.

[41] Diese Küsten werden hier von Leuten bewohnt, die meistens unsere Lebensgewohnheiten angenommen haben, außer daß sich manche durch die Sprache und die Verehrung der Götter unterscheiden; diesen dienen sie als denen ihrer Väter und verehren sie in ererbter Weise. In ihrer nächsten Nähe gibt es keine Städte, doch Behausungen, die

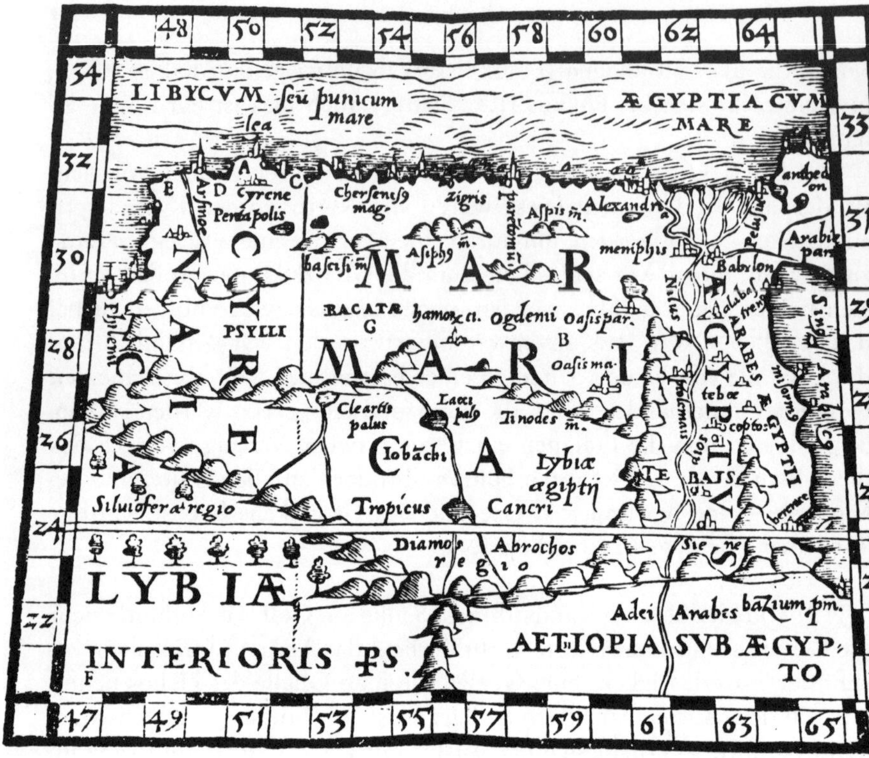

Karte 4: Cyrenaica.

primores sagis velantur, vulgus bestiarum pecudumque pellibus. humi quies epulaeque capiuntur. vasa ligno fiunt aut cortice. potus est lac sucusque bacarum. cibus est caro plurimum ferina: nam gregibus, quia id solum opimum est, quod potest parcitur.

[42] interiores incultius etiam sequuntur vagi pecora, utque ⟨e⟩a pabulo ducta sunt ita se ac (ad) tuguria sua promovent, atque ubi dies deficit ibi noctem agunt. quamquam (quanquam) in familias passim et sine

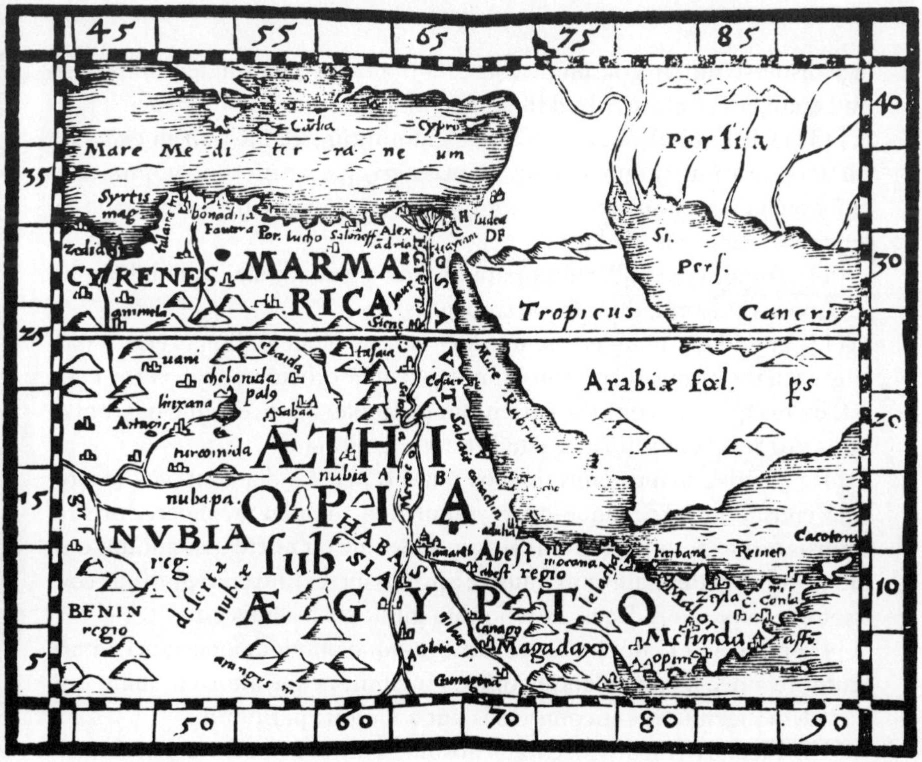

Karte 5: Aegyptus.

'Mapalia' genannt werden. Ihre Lebensweise ist rauh und ohne jede Bequemlichkeit. Die Vornehmeren hüllen sich in kurze Umhänge, das gemeine Volk in die Felle von wilden Tieren oder von Vieh, auf dem nackten Boden ruht man und nimmt seine Mahlzeiten ein, Gefäße fertigt man aus Holz oder Rinde, als Getränk dienen Milch und der Saft wilder Beeren, als Speise meist Wildbret: Die Viehherden nämlich schont man soweit möglich, da sie den einzigen Besitz darstellen.

[42] Die (I 23 aufgezählten) Bewohner des Binnenlandes folgen, noch weniger zivilisiert, unstet ihren Herden; wie diese durch die Futtersuche weitergeführt werden, so bewegen auch sie sich und ihre Hütten weiter, und wo der Tag endet, bringen sie die Nacht zu. Obwohl sie familienweise allenthalben und ohne Gesetzmäßigkeit zerstreut sind und daher nichts gemeinsam beraten, so sind doch, weil der einzelne zugleich einige

lege dispersi nihil in commune consultant, tamen quia singulis aliquot simul coniuges et plures ob id liberi agnatique sunt nusquam pauci.

[43] ex his qui ultra deserta esse memorantur Atlantes solem execrantur et dum oritur et dum occidit ut ipsis agrisque pestiferum. nomina singuli non habent, non vescuntur animalibus, neque illis in quiete qualia ceteris mortalibus visere datur.

[44] Trogodytae nullarum opum domini strident magis quam loquuntur, specus subeunt aluntarque serpentibus.

[45] apud Garamantas etiam armenta sunt eaque obliqua cervice pascuntur, nam pronis directa in humum cornua officiunt. nulli certa uxor est. ex his qui tam confuso parentium coitu passim incertique nascuntur quos pro suis colant formae similitudine agnoscunt.

[46] Augilae manes tantum deos putant, per eos deierant, eos ut oracula consulunt, precatique quae volunt, ubi tumulis incubuere, pro responsis ferunt somnia. feminis eorum sollemne est nocte qua nubunt omnium stupro patere qui cum munere advenerint, et tum cum plurimis concubuisse maximum decus, in reliquum pudicitia insignis est.

[47] nudi sunt Gamphasantes armorumque omnium ignari; nec vitare sciunt tela nec iacere, ideoque obvios fugiunt, neque aliorum quam quibus idem ingenii est aut congressus aut colloquia patiuntur.

[48] Blemyis (Blemyes) capita absunt, vultus in pectore est. Satyris praeter effigiem nihil humani. Aegipanum quae celebratur ea forma est. haec de Africa.

[49] Asiae prima pars Aegyptus inter Catabathmon et Arabas; ab hoc litore penitus immissa donec Aethiopiam dorso contingat ad meridiem refugit. terra expers imbrium mire tamen fertilis et hominum aliorumque

Ehefrauen und daher auch mehr Kinder und sonstige Anverwandte hat, nirgends nur wenige.

[43] Von ihnen verfluchen die Atlanten, die jenseits der Wüste wohnen sollen, die Sonne beim Aufgang und beim Untergang, da sie ihnen und ihren Ländereien Verderben bringt. Einen Eigennamen hat der einzelne nicht; sie essen kein Fleisch; auch ist es ihnen nicht gegeben, wie die anderen Sterblichen im Schlaf Traumbilder zu sehen.

[44] Die Trogodyten (griech.: Höhlenbewohner) besitzen keinerlei Schätze; sie zischen eher als daß sie sprechen; sie kriechen in Höhlen und nähren sich von Schlangen.

[45] Bei den Garamanten gibt es auch Großvieh, das mit seitwärts geneigten Hals weidet, denn eine Neigung nach vorne verhindern die zum Boden gerichteten Hörner. Keiner von ihnen hat eine bestimmte Ehefrau. Von den Kindern, die bei dem so ungeregelten Beischlaf der Eltern allenthalben ohne Kenntnis der Herkunft geboren werden, erkennen sie die, welche sie als die eigenen aufziehen wollen, an ihrer äußeren Ähnlichkeit.

[46] Die Augiler halten nur die Seelen der Verstorbenen für Götter. Bei diesen schwören sie und diese befragen sie als Orakel: Wenn sie ihre Wünsche vorgebracht haben und sich auf den Grabhügeln niedergelegt haben, nehmen sie die Träume als Antwort hin. Für ihre Frauen ist es eine feierliche Sitte, in der Brautnacht all denen zum Beischlaf zur Verfügung zu stehen, die mit einem Geschenk ankommen, und während es als höchste Ehre gilt, dabei mit möglichst vielen geschlafen zu haben, legt man die übrige Zeit großen Wert auf Keuschheit.

[47] Die Gamphasanten sind nackt und kennen auch keinerlei Waffen; Geschossen auszuweichen oder welche zu werfen verstehen sie nicht, sie fliehen daher vor jeder Begegnung und lassen sich auf ein Treffen oder ein Gespräch mit niemandem außer mit Leuten gleicher Wesensart ein.

[48] Den Blemyern fehlen die Köpfe, ihr Gesicht ist auf der Brust. Die Satyrn haben – von ihrer äußeren Erscheinung abgesehen – überhaupt nichts Menschliches an sich. Die Gestalt der Ägipanen ist die bekannte (s. I 23). So viel über Afrika.

[49] Von Asien ist (in der I 14 gegebenen Abfolge der Küstenländer) der erste Teil Ägypten (Karte 5), zwischen dem Katabathmos (s. I 39) und den Arabern; von dieser Küste aus erstreckt es sich ins Innere des Landes und zieht sich, bis es mit der Rückseite Äthiopien berührt, nach Süden zurück. Das Land ist zwar ohne Regen, aber dennoch in wunderbarer

animalium perfecunda generatrix. Nilus efficit, amnium in nostrum mare permeantium maximus.

[50] hic ex desertis Africae missus nec statim navigari facilis nec statim Nilus est, et cum diu simplex saevusque descendit, circa Meroen late patentem insulam in Aethiopiam diffunditur, alteraque parte Astabores altera Astape dictus est. ubi rursus coit ibi nomen hoc capit.

[51] inde partim asper partim navigia patiens in immanem lacum devenit, ex quo praecipiti impetu egressus et Tachempso (Talemso) alteram insulam amplexus usque ad Elephantinen (Elephantilem) urbem Aegyptiam atrox adhuc fervensque decurrit. tum demum placidior et iam bene navigabilis primum iuxta Cercasorum oppidum triplex esse incipit. deinde ⟨iterum⟩ iterumque divisus ad Delta et ad Metelin (Melyn) it per omnem Aegyptum vagus atque dispersus, septemque in ora se scindens singulis tamen grandis evolvitur.

[52] non pererrat autem tantum eam sed aestivo sidere exundans etiam irrigat, adeo efficacibus aquis ad generandum alendumque, ut praeter id quod scatet piscibus, quod hippopotamos crocodil{l}osque vastas beluas gignit, glaebis etiam infundat animas, ex ipsaque humo vitalia effingat. hoc eo manifestum est, quod ubi sedavit diluvia ac se sibi reddidit, per humentes campos quaedam nondum perfecta animalia sed tum primum accipientia spiritum et ex parte iam formata ex parte adhuc terrena visuntur.

[53] crescit porro, sive quod solutae magnis aestibus nives ex immanibus Aethiopiae iugis largius quam ripis accipi queant defluunt, sive quod sol hieme terris propior et ob id fontem eius minuens tunc altius abit, sinitque integrum et ut est plenissimus surgere, sive quod per ea tempora flantes Et{ha}esiae aut actas a septentrione in meridiem nubes super principia eius imbre praecipitant, aut venienti obviae adverso spiritu cur-

Weise fruchtbar und mehr als ergiebig beim Hervorbringen von Menschen und anderen Lebewesen. Das macht der Nil, der gewaltigste aller Ströme, die in Unser Meer münden.

[50] Er entspringt in den Wüsten Afrikas und ist weder sofort schiffbar noch heißt er sofort Nil, sondern erst fließt er auf eine weite Strecke ungeteilt und wild herab, spaltet sich dann bei Meroë, einer weit ausgedehnten Insel, und ergießt sich nach Äthiopien, im einen Teil Astabores, im anderen Astape genannt; erst wo er sich wieder vereinigt, nimmt er diesen Namen (Nil) an.

[51] Darauf fließt er, bald wild, bald Schiffahrt ermöglichend, in einen gewaltigen See, aus dem er in mächtigem Gefälle austritt, und nachdem er Tachempso, eine zweite Insel, umschlossen hat, ergießt er sich bis zur ägyptischen Stadt Elephantine, noch immer schreckenerregend und tosend. Dann erst wird er ruhiger und nunmehr bald Schiffe duldend. Bei der Stadt Kerkasorum [el Arkas] beginnt er, in drei Armen zu fließen. Bald darauf strömt er, immer wieder gespalten bis zum Delta und nach Metelis, weit und breit durch ganz Ägypten, teilt sich schließlich in sieben Mündungsarme und wälzt sich, in jedem einzelnen trotzdem gewaltig, ins Meer.

[52] Durch Ägypten strömt er aber nicht nur, sondern bewässert es auch, wenn er in der Sommerzeit über seine Ufer tritt – und zwar mit zur Befruchtung und Ernährung so wirksamen Wassermassen, daß er abgesehen davon, daß er von Fischen wimmelt und daß er Flußpferde und Krokodile, riesige Untiere, hervorbringt, sogar den Erdschollen Leben eingießt und aus dem Boden selbst Lebendiges schafft. Dies ist daraus ersichtlich, daß man, sobald der Fluß die Fluten sinken läßt und sich in sein Bett zurückgezogen hat, auf den feuchten Feldern gewisse noch nicht ausgebildete Lebewesen zu sehen bekommt, die gerade den belebenden Odem empfangen haben und zum Teil schon ausgebildet sind, zum Teil noch aus Erde bestehen.

[53] Der Nil schwillt an, sei es, weil die in großer Hitze geschmolzenen Schneemassen von den riesigen Gebirgsketten Äthiopiens in größerer Menge abfließen, als sie von den Ufern gefaßt werden können, oder sei es, weil die Sonne im Winter diesen Gebieten näher steht und deshalb die Quelle des Nils (durch Verdunstung) vermindert, dann aber höher steigt und die Quelle unbeeinträchtigt und mit ihrer stärksten Schüttung emporsteigen läßt, oder sei es schließlich, weil die zu dieser Zeit wehenden Etesienwinde die von Norden nach Süden getriebenen Wolken über den

sum descendentis impediunt, aut harenis quas cum fluctibus litori applicant ostia obducunt; fitque maior vel quod nihil ex semet amittit, vel quod plus quam solet accipit, vel quod minus quam debet emittit.

[54] quod si est alter orbis suntque oppositi nobis a meridie antic⟨h⟩thones, ne illud quidem a vero nimium abscesserit, in illis terris ortum amnem, ubi subter maria caeco alveo penetraverit, in nostris rursus emergere, et hac re solstitio accrescere quod tum hiems sit unde oritur.

[55] alia quoque in his terris mira sunt. in quodam lacu Chemmis insula lucos silvasque et Apollinis grande sustinens templum natat, et quocumque venti agunt pellitur. pyramides tricenum pedum lapidibus extructae, quarum maxima – tres namque sunt – quattuor fere soli iugera qua{e} sede⟨t⟩ occupat, totidem in altitudinem erigitur. Moeris, aliquando campus nunc lacus viginti milia passuum in circuitum patens, altior quam ad navigandum magnis onustisque navibus satis est.

[56] Psammetic⟨h⟩i opus labyrinthus, domos mille et regias duodecim perpetuo parietis ambitu amplexus, marmore extructus ac tectus, unum in se descensum habet, intus paene innumerabiles vias, multis ambagibus huc et illuc remeantibus, sed continuo anfractu et saepe revocatis porticibus ancipites: quibus subinde alium super alios orbem agentibus, et subinde tantum redeunte flexu quantum processerat, magno et explicabili tamen errore perplexus est.

[57] cultores regionum multo aliter a ceteris agunt. mortuos fimo obliti plangunt; nec cremare aut fodere fas putant, verum arte medicatos intra penetralia collocant. suis litteris perverse utuntur. lutum inter manus, farinam calcibus subigunt. forum ac negotia feminae, viri pensa ac do-

Nilquellen ihren Regen ausschütten lassen oder den Lauf des herabfließenden Stroms durch ihren Gegenwind behindern, abwärts zu fließen, oder aber mit den Sandmassen, die sie mit den Fluten an das Gestade anlanden, die Mündungen verstopfen. Der Nil wird also größer, entweder weil er kein Wasser aus sich verliert, oder weil er mehr als sonst in sich aufnimmt, oder weil er weniger als eigentlich nötig ausfließen läßt.

[54] Wenn es nun (wie I 4 gesagt) einen zweiten Erdkreis und uns gegenüber im Süden die Antichthonen gibt, dürfte nicht allzusehr von der Wahrheit entfernt sein, daß in jenen Ländern der Strom entspringt und, nachdem er unterhalb des Meeres in einem unsichtbaren Bett durchgebrochen ist, in unseren wieder auftaucht und deshalb zur Sommersonnenwende anschwillt, weil es dann da, wo er entspringt, Winter ist.

[55] Es gibt auch noch andere Merkwürdigkeiten in diesem Land: In einem gewissen See schwimmt die Insel Chemmis mit ihren Hainen, Wäldern und einem gewaltigen Apollon-Tempel und treibt, wohin immer sie die Winde führen. Die Pyramiden sind aus je dreißig Fuß großen Steinen erbaut; die größte von ihnen – es gibt nämlich drei – nimmt mit der Grundfläche etwa vier Iugera (1 Hektar) ein; ebenso weit erhebt sie sich in die Höhe. Moëris, einst eine Ebene, jetzt ein See, hat einen Umfang von zwanzig Meilen und eine größere Tiefe als zum Befahren für große, schwer beladene Schiffe nötig.

[56] Ein Werk des Psammetichos ist das Labyrinth, das tausend Wohnhäuser und zwölf Paläste in seinem ununterbrochenen Mauerring faßt; mit Marmor gebaut und bedeckt hat es nur einen einzigen Abstieg in sein Inneres, innerhalb jedoch fast unzählige Wege, wobei viele Umwege hierhin und dorthin zurücklaufen, aber durch das beständige Umbiegen und häufige Wenden der Laufgänge irreführen: Da sie wiederholt einen Kreis um den anderen beschreiben und jede Windung immer wieder ebenso weit zurückläuft, wie sie vorgelaufen war, so ist es in große, aber doch entwirrbare Irrgänge verschlungen.

[57] Die Bewohner dieser Gegenden führen ein vielfach anderes Leben als die übrigen Menschen. Ihre Toten beklagen sie, indem sie sich mit Kot beschmieren; sie zu verbrennen oder zu begraben halten sie für einen Frevel, vielmehr legen sie sie kunstvoll einbalsamiert innerhalb ihrer Tempel nieder. Ihre Buchstaben setzen sie verkehrt herum. Ziegellehm kneten sie mit den Händen, Brotmehl mit den Füßen. Um öffentliche und private Geschäfte kümmern sich die Frauen, die Männer um die Wollarbeiten und das Haus. Traglasten nehmen die Frauen auf die Schultern, die Män-

mus curant; onera illae umeris, hi capitibus accipiunt; parentes cum egent, illis {mulieribus scilicet} necesse est, his liberum est alere. cibos palam et extra tecta sua capiunt, obscena intimis aedium reddunt.

[58] colunt effigies multorum animalium atque ipsa magis animalia, sed alia alii; adeo ut quaedam eorum etiam per imprudentiam interemisse capital sit, et ubi morbo aut forte extincta sint sepelire ac lugere sollemne sit. Apis populorum omnium numen est: bos niger certis maculis insignis et cauda linguaque dissimilis aliorum. raro nascitur nec coitu pecudis, ut aiunt, sed divinitus et caelesti igne conceptus, diesque quo gignitur genti maxime festus est.

[59] ipsi vetustissimi ut praedicant hominum trecentos et triginta reges ante Amasim, et supra tredecim milium annorum aetates certis annalibus referunt mandatumque litteris servant, dum Aegypti⟨i⟩ sunt, quater cursus suos vertisse sidera ac solem bis iam occidisse unde nunc oritur.

[60] viginti ⟨milia⟩ urbium Amasi regnante habitarunt et nunc multas habitant. earum clarissimae procul a mari Sais, Memphis, Syene, Bubastis, Elephantin{n}e, Thebae utique ⟨quae⟩ ut Homero dictum est centum portas sive ut alii aiunt centum aulas habent, totidem olim principum domos, solitasque singulas ubi negotium exegerat dena armatorum milia effundere; in litore Alexandria Africae contermina, Pelusium Arabiae. ipsas oras secant Canopicum, Bolbiticum (Volbiticum), Sebennyticum (Sevennyticum), Path{a}meticum, Mendesium, Cataptystum, Pelusiacum Nili ostia.

[61] Arabia hinc ad Rubrum mare pertinet, sed illic magis laeta et ditior ture atque odoribus abundat, hic nisi qua Cas{s}io monte attollitur plana et sterilis portum admittit Azotum suarum mercium emporium,

ner auf den Kopf. Wenn ihre Eltern bedürftig werden, ist es für jene (die Frauen) Pflicht, sie zu versorgen, diesen steht es nur frei. Die Mahlzeiten nehmen sie öffentlich und außerhalb ihrer Wohnung ein, ihre Notdurft verrichten sie im Innern ihrer Häuser.

[58] Sie verehren die Abbilder vieler Lebewesen und mehr noch die Lebewesen selbst, jedoch ein jeder andere – so sehr, daß irgendwelche davon auch nur aus Versehen getötet zu haben ein Kapitalverbrechen ist, und daß es, sobald sie an Krankheit oder durch einen Zufall gestorben sind, feierlicher Brauch ist, sie zu bestatten und zu betrauern. Der Apis ist bei allen Volksstämmen Gottheit: Er ist ein schwarzer Stier, durch gewisse Flecken ausgezeichnet und an Schwanz und Zunge von anderen unterschieden. Selten wird einer geboren, und – wie es heißt – nicht durch Begattung des Rindes, sondern durch göttliches Zutun und himmlisches Feuer empfangen; der Tag seiner Geburt ist für das Volk ein hoher Festtag.

[59] Sie selbst sind, wie sie behaupten, die ältesten unter den Menschen; dreihundertdreißig Könige vor Amasis und ein Alter von über dreizehntausend Jahren zählen sie in gewissen Jahrbüchern auf und bewahren in schriftlicher Überlieferung, daß, seit es Ägypter gibt, die Sterne schon viermal ihre Bahnen geändert hätten und die Sonne schon zweimal da untergegangen sei, wo sie jetzt aufgeht.

[60] Zwanzigtausend Städte bewohnten sie unter der Königsherrschaft des Amasis, und noch heute bewohnen sie viele. Davon sind die berühmtesten fern vom Meer Saïs, Memphis, Syene [Assuan], Bubastis, Elephantine und Theben, das jedenfalls – wie Homer (Ilias IX 381) sagt – hundert Tore oder – wie andere berichten – hundert Hallen hat, einst ebenso vieler Fürsten Häuser, jedes Tor daran gewöhnt, sobald es erforderlich war, zehntausend Bewaffnete hervortreten zu lassen; an der Küste Alexandria und Pelusium, gemeinsame Grenzmarken mit Afrika bzw. Arabien. Das Küstengebiet selbst durchschneiden der Kanopische, Bolbitische, Sebennytische, Pathmetische, Mendesische, Kataptystische und Pelusische Mündungsarm des Nils.

[61] Arabien erstreckt sich von hier bis zum Roten [Arabischen] Meer, ist aber auf jener Seite erfreulicher und reicher und hat Überfluß an Weihrauch und Wohlgerüchen; auf dieser Seite ist es außer dort, wo es sich zum Casius-Berg [el Kas] erhebt, flach und unfruchtbar; als Hafen nimmt es nur den Azotus [Esdud] als Handelsplatz für seine Waren auf,

qua in altum abit adeo edita, ut ex summo vertice a quarta vigilia ortum solis ostendat.

[62] Syria late litora tenet, terrasque etiam latius introrsus, aliis aliisque nuncupata nominibus – nam et Coele dicitur et Mesopotamia et Damascene et Adiabene et Babylonia et Iudaea et Commagene et Sophene (Colophone);

[63] hic Pal⟨a⟩estine est qua tangit Arabas, tum (cum) Phoenice, et ubi se Ciliciae committit Antiochia –, olim ac diu potens, sed cum eam regno Samiramis tenuit longe potentissima. operibus certe eius insignia multa sunt; duo maxime excellent: constituta urbs mirae magnitudinis Babylon, ac siccis olim regionibus Euphrates et Tigris immissi.

[64] ceterum in Pal⟨a⟩estina est ingens et munita admodum Gaza – sic Persae aerarium vocant, et inde nomen est, quod cum Cambyses armis Aegyptum peteret, huc belli et opes et pecuniam intulerat –, est non minor Ascalo, est Iope ante diluvium ut ferunt condita, ubi Cephea regnasse eo signo accolae affirmant, quod titulum eius fratrisque Phinei veteres qu⟨a⟩edam arae cum religione plurima retinent; quin etiam rei celebratae carminibus ac fabulis, servataeque a Perseo Andromedae clarum vestigium marinae beluae ossa immania ostentant.

[65] Phoenicen illustravere Phoenices, sollers hominum genus et ad belli pacisque munia eximium: litteras et litterarum operas aliasque etiam artes, maria navibus adire, classe confligere, imperitare gentibus, regnum proeliumque commenti.

[66] in ea est {et} Tyros aliquando insula, nunc annexa terris {deficit}, quod ab impugnante quondam Alexandro iacta opera. vici tenent ulteriora et adhuc opulenta Sidon, antequam a Persis caperetur maritimarum urbium maxima.

und wo es zu der Erhebung ansteigt, wird es so hoch, daß man von der Spitze des Gipfels schon im letzten Viertel der Nacht den Sonnenaufgang sieht.

[62] Syrien (Karte 6) hat weithin die Küste inne und erstreckt sich noch weiter landeinwärts, wobei es mit immer anderen Namen bezeichnet wird: Es heißt nämlich Köle, Mesopotamien, Damaskene, Adiabene, Babylonien, Iudäa, Kommagene und Sophene;

[63] hier ist Palästina, wo Syrien Arabien berührt, dann Phönike, und da, wo es an Kilikien stößt, Antiochia. Syrien also war schon lange mächtig, am weitaus mächtigsten aber, als Semiramis es unter ihrer Herrschaft hielt. Sicher durch ihr Zutun gibt es viel Berühmtes, doch ragen zwei Taten am meisten hervor: die Gründung Babylons, einer Stadt von bewunderswerter Größe, und die Bewässerung eines einst trockenen Gebietes durch die Einleitung von Euphrat und Tigris.

[64] Ferner liegt in Palästina das gewaltige und stark befestigte Gaza – so nennen die Perser ein Schatzhaus; seinen Namen hat es daher, daß Kambyses, als er Ägypten mit Waffen heimsuchen wollte, dorthin seine Kriegsmittel und seinen Schatz gebracht hatte. In Palästina liegt auch das nicht geringere Askalon, außerdem Iope [Tel Aviv-Jaffa], wie es heißt, vor der Sintflut gegründet; daß hier Kepheus als König geherrscht hat, bekräftigen die Anwohner durch das Zeichen, daß einige alte Altäre eine Inschrift mit seinem und seines Bruders Phineus Namen in höchster Verehrung bewahren: Ja, als eine deutliche Spur für die in Dichtung und Sage gefeierte Geschichte, daß nämlich Andromeda durch Perseus gerettet wurde, weisen sie voller Stolz die riesigen Knochen des Seeungeheuers vor.

[65] Phönike haben die Phönizier berühmt gemacht, ein geschickter, für die Werke des Friedens und Krieges gleich ausgezeichneter Volksstamm: Sie sind Erfinder der Buchstaben, der literarischen Beschäftigung und anderer Künste wie die Meere mit Schiffen zu befahren, mit einer Flotte zu kämpfen, über Völker zu gebieten sowie Königsherrschaft und Kampftechnik einzurichten.

[66] In Phönike liegt Tyros, früher eine Insel, jetzt mit dem Festland verbunden, weil einst von Alexander (d. Gr. 332 v. Chr.) bei seiner Belagerung Dämme aufgeschüttet wurden. Das Gebiet dahinter haben Dörfer und das heute noch blühende Sidon inne, das vor der Eroberung durch die Perser die größte aller Seestädte war.

Karte 6: Syria.

[67] ab ea ad promunturium ⟨Th⟩euprosopon duo sunt oppida Byblos (Bubos) et Botrys (Bathros); ultra tria fuerunt singulis inter se stadiis distantia; locus ex numero Tripolis dicitur. tum Simyra castellum et urbs non obscura Marathos.

[68] inde iam non obliqua pelago sed adversa adiacens Asia grandem sinum inflexo tractu litoris accipit. populi dites circumsident; situs efficit: quia regio fertilis crebris et navigabilibus alveis fluminum pervia diversas opes maris atque terrarum facili commercio permutat ac miscet.

[69] in eo prima est reliqua pars Syriae cui Antiochiae cognomen additur, et in ora eius urbes Seleucia, Hypatos, Berytos, Laodicea, R⟨h⟩osos,

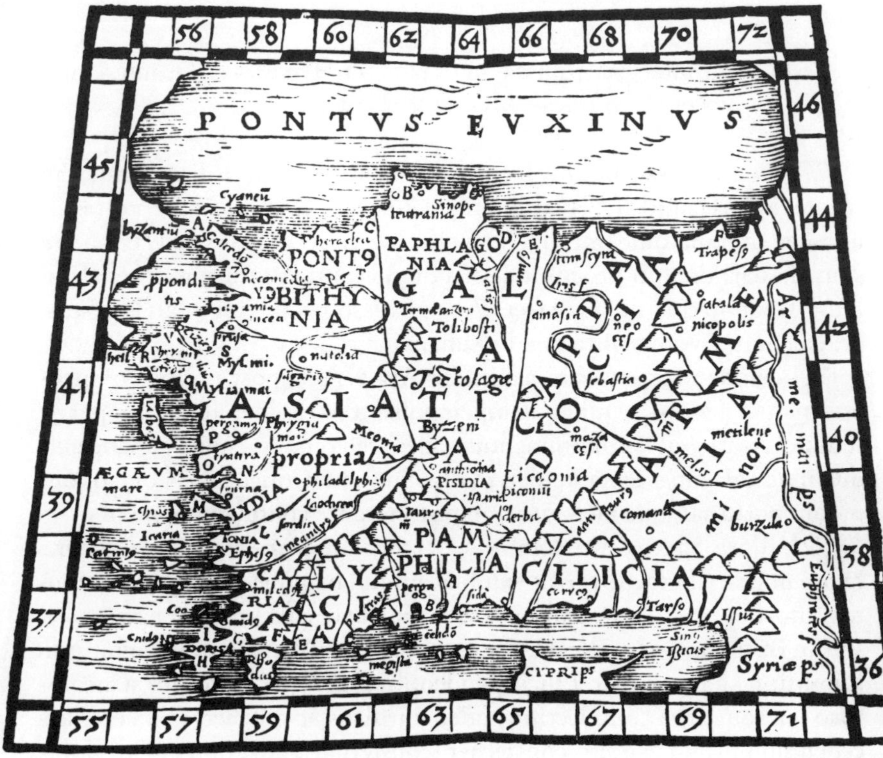

Karte 7: Pamphilia.

[67] Von hier bis zum Kap Theuprosopon (griech.: Gottesantlitz) [Kap Madonna / es-Saq'a] liegen zwei Städte, Byblos [Jebaïl] und Botrys [el Batroun]; jenseits von ihnen gab es noch weitere drei Städte, untereinander je ein Stadion (1/8 Meile) entfernt; die Gegend heißt nach dieser Zahl Tripolis (griech.: Dreistadt). Dann kommt das Kastell Simyra und die nicht unbedeutende Stadt Marathos.

[68] Von hier aus liegt Asien nicht mehr mit der Längs-, sondern mit der Vorderseite am Meer und nimmt so einen großen Golf [von Iskenderun] in der Biegung des Ufers auf. Reiche Völker siedeln um ihn; das macht seine Lage: weil die fruchtbare Gegend durch zahlreiche schiffbare Flußbetten gut zugänglich ist, tauscht sie die verschiedenen Schätze des Meeres und des Landes in bequemem Handel aus und setzt sie um.

[69] Hier liegt als erstes der noch übrige Teil von Syrien, der den Beinamen Antiochia führt, an seiner Küste die Städte Seleukeia, Hypatos,

amnesque qui inter eas eunt Lycos (Lytos) et Hypatos et Orontes; tum mons Amanus et ab eo statim Myriandros et Cilices.

[70] at in recessu intimo locus est magni aliquando discriminis, fusorum ab Alexandro Persarum fugientisque Darii spectator ac testis, nunc ne minima quidem, tunc ingenti urbe celebris. Issos fuit, et hac re sinus Issicus dicitur. procul inde Hammodes promunturium inter Pyramum Cydnumque fluvios iacet. Pyramus Isso pr⟨op⟩ior Mal⟨l⟩o{se}n praeterfluit, Cydnus ultra per Tarsum exit.

[71] deinde urbs est olim a Rhodiis Argivisque, post piratis Pompeio assignante possessa, nunc Pompeiopolis tunc Soloe. iuxta in parvo tumulo Arati poetae monimentum ideo referendum, quia – ignotum quam ob causam – iacta in id saxa dissiliunt. non longe hinc Corycos oppidum portu saloque incingitur, angusto tergore continenti annexum.

[72] supra specus est nomine Corycius singulari ingenio, ac supra quam ut describi facile possit eximius. grandi namque hiatu patens montem litori appositum et decem stadiorum clivo satis arduum ex summo statim vertice aperit. tunc alte demissus (dimissus) et quantum demittitur (dimittitur) amplior, viret lucis pendentibus undique, et totum se nemoroso laterum orbe complectitur: adeo mirificus ac pulcher, ut mentes accedentium primo aspectu consternet (consternat), ubi contemplari duravere non satiet.

[73] unus in eum descensus est angustus asper quingentorum et mille passuum per amoenas umbras et opaca silvae quiddam agreste resonantis, rivis hinc atque illinc fluitantibus. ubi ad ima perventum est, rursum specus alter aperitur ob alia dicendus. terret ingredientes sonitu cymbalorum divinitus et magno fragore crepitantium.

Berytos [Beirut], Laodikeia [Lattakia], Rhosos, und zwischen ihm fließen die Ströme Lykos [el Keb], Hypatos und Orontes [el Asi]; dann der Berg Amanus und gleich hinter ihm Myriandros und die Kiliker.

[70] Jedoch im innersten Winkel des Golfs liegt der Ort einer einst wichtigen Entscheidung, der Schauplatz und Zeuge der Niederwerfung der Perser durch Alexander (d. Gr. 333 v. Chr.) und der Flucht des Dareios; heute auch nicht durch die kleinste, damals durch eine gewaltige Stadt berühmt: Issos war dies; deshalb heißt der Golf der Issische. Fern hiervon liegt das Kap Ammodes zwischen den Flüssen Pyramos [Ceyhan Nehri] und Kydnos [Tarsous Cayi]. Der näher bei Issos gelegene Pyramos fließt an Mallos vorbei; jenseits strömt der Kydnos durch Tarsos.

[71] Darauf folgt eine Stadt, die einst von Rhodiern und Argivern, dann von Seeräubern auf Anweisung des Pompeius (66 v. Chr.) in Besitz genommen wurde: heute Pompeiopolis, damals Soloi. Daneben liegt auf einem kleinen Hügel das Grabdenkmal des Dichters Aratos, deshalb zu erwähnen, weil – aus welchem Grund, ist unbekannt – darauf geworfene Steine bersten. Nicht weit davon ist die Stadt Korykos [Korghoz], vom Hafen und vorgelagerten Ankerplatz umgeben und nur durch einen schmalen Landrücken mit dem Festland verbunden.

[72] Darüber liegt die sogenannte Korykische Grotte; sie ist von einzigartiger Beschaffenheit und zu großartig, als daß man sie leicht beschreiben könnte. Mit gewaltigem Schlund bildet sie in einem nahe der Küste gelegenen und zehn Stadien (1¼ Meilen) lang recht steil ansteigenden Berg gleich oben am Gipfel beginnend eine Öffnung. Sodann führt sie tief abwärts und wird um so geräumiger, je tiefer sie kommt; sie grünt überall mit an den Abhängen wachsenden Hainen und läßt sich ringsum ganz von einem Kranz schattiger Wälder einschließen: So wundervoll und herrlich ist sie, daß sie die Sinne der Besucher auf den ersten Blick gefangennimmt und auch, wenn sie lange zur Betrachtung bleiben, nicht sättigt.

[73] Der einzige Abstieg zur Grotte ist eng und rauh, anderthalb Meilen lang führt er durch liebliches Dunkel und Waldesschatten, aus dem es ländlich ertönt und wo hier und dort Bäche rauschen. Sobald man in der Tiefe angekommen ist, öffnet sie sich wiederum zu einer zweiten Grotte, von der man aus anderen Gründen sprechen muß: Sie schreckt ihre Besucher durch den Klang von Zymbeln, die durch göttliches Zutun mit lautem Getöse erschallen.

[74] deinde aliquamdiu (aliquandiu) perspicuus, mox et quo magis subitur obscurior, ducit ausos penitus, alteque quasi cuniculo admittit. ibi ingens amnis ingenti f{r}onte se extollens tantummodo se ostendit, et ubi magnum impetum brevi alveo traxit, iterum demersus absconditur. intra spatium est magis quam {a}ut progredi quisquam ausit horribile et ideo incognitum.

[75] totus autem augustus et vere sacer, habitarique a diis et dignus et creditus, nihil non venerabile et quasi cum aliquo numine se ostentat.

[76] alius ultra est quem Typhoneum vocant, ore angusto et multum, ut experti tradidere, pressus, et ob id assidua nocte suffusus neque umquam perspici facilis, sed quia aliquando cubile Typhonis fuit et quia nunc demissa (dimissa) in se confestim exanimat natura fabulaque memorandus.

[77] duo deinde promunturia sunt Sarpedon, finis aliquando regni Sarpedonis, et quod Ciliciam a Pamphylia distinguit Anemurium, interque ea Celenderis (Ceiandaris) et Nagidos (Natidos) Samiorum coloniae; sed Celenderis (Ceiandaris) Sarpedoni propior.

[78] in Pamphylia est Melas navigabilis fluvius, oppidum Sida et alter fluvius Eurymedon. magna apud eum Cimonis Atheniensium ducis adversus Phoenicas et Persas navalis pugna atque victoria fuit. mare quo pugnatum est ex edito admodum colle prospectat Aspendos, quam Argivi condiderant, possedere finitimi.

[79] deinde alii duo validissimi Cestros et Ca⟨ta⟩rhactes; Cestros navigari facilis, hic quia se praecipitat ita dictus. inter eos Perga est oppidum, et Dianae quam ab oppido Pergaeam vocant templum. trans eosdem mons Sardemisos (Sardemysos) et Phaselis a Mopso condita finis Pamphyliae.

[80] Lycia continuo, cognominata a Lyco rege Pandionis filio, atque, ut

[74] Dann ist sie eine Strecke lang hell, bald aber wird sie, je tiefer man eindringt, um so düsterer; doch den, der es wagt, geleitet sie weiter ins Innere und läßt ihn in einer Art Schacht in die Tiefe. Ein gewaltiger Strom, der aus einer gewaltigen Quelle hervorbricht, zeigt sich hier nur eben und verschwindet, sobald er voller Wucht eine kurze Strecke dahingetobt ist, wieder abwärts in die Tiefe. Innerhalb davon ist ein Raum, zu grausig, als daß jemand ein Vordringen gewagt hätte, und deshalb unerforscht.

[75] Die ganze Grotte ist majestätisch und wahrhaft heilig; daß sie von Göttern bewohnt wird, ist ihrer würdig und wird auch geglaubt; alles ist ehrwürdig und zeigt sich gleichsam von einer Gottheit beseelt.

[76] Eine weitere Grotte liegt jenseits davon, die man die Typhonische nennt, mit einem schmalen Eingang und, wie ihre Erforscher berichtet haben, sehr niedrig, weshalb sie in ewige Nacht getaucht ist und zu keiner Zeit leicht besichtigt werden kann; da sie aber einstmals die Lagerstätte des Typhon war und heute alles, was man hineinbringt, sofort absterben läßt, ist sie wegen ihrer Natur und ihrer Sage zu erwähnen.

[77] Sodann kommen zwei Kaps: Sarpedon [Kap Incekum], einst die Grenze von Sarpedons Reich, und Anemurion [Kap Anamur], das Kilikien von Pamphylien scheidet; dazwischen liegen Kelenderis und Nagidos, Kolonien der Samier; doch Kelenderis liegt näher an Kap Sarpedon.

[78] In Pamphylien (Karte 7) liegen der schiffbare Fluß Melas [Manavgat], die Stadt Sida [Side] und ein zweiter Fluß, der Eurymedon. An ihm fanden (468 v. Chr.) die große Seeschlacht Kimons, des Feldherrn der Athener, gegen Phönizier und Perser und sein Sieg statt. Auf das Meer, auf dem die Schlacht stattfand, schaut von einem ziemlich hohen Hügel die Stadt Aspendos herab, welche die Argiver gegründet hatten, dann aber ihre Nachbarn in Besitz genommen haben.

[79] Danach folgen zwei weitere, sehr bedeutende Flüsse: Kestros [Ak] und Katarhaktes [Düden]; der Kestros ist für Schiffe gut befahrbar, der andere so benannt, weil er Wasserfälle (griech.: katarrhaktai) bildet. Zwischen ihnen liegt die Stadt Perga [Perge] sowie ein Tempel der Artemis, die nach der Stadt die Pergäische heißt. Jenseits von ihnen liegen der Berg Sardemisos und (die Stadt) Phaselis, von Mopsos gegründet, die Grenze Pamphyliens.

[80] Gleich darauf folgt Lykien, benannt nach dem König Lykos, dem Sohn des Pandion, einst, wie man überliefert, in Schrecken versetzt durch

ferunt, infestata olim Chim⟨a⟩erae ignibus, Sidae portu et Tauri promunturio grandem sinum claudit.

[81] Taurus ipse ab Eois litoribus exurgens vaste satis attollitur, dein dextro latere ad septentrionem, sinistro ad meridiem versus it in occidentem rectus et perpetuo iugo, magnarumque gentium qua dorsum agit terminus; ubi terras diremit (dirimit), exit in pelagus. idem autem et totus, ut dictus est, dicitur, etiam qua spectat orientem, deinde Haemodes et Caucasus et Propanisus, tum Caspiae pylae, Niphates, Armeniae pylae, et ubi iam nostra maria contingit Taurus iterum.

[82] post eius promunturium flumen est Limyra (Lymyra) et eodem nomine civitas, atque ut multa oppida sic praeter Pataram non illustria. illam nobilem facit delubrum Apollinis quondam opibus et oraculi{s} fide Delphico simile. ultra est Xanthus flumen et Xanthos oppidum, mons Cragus (Gracius) et quae Lyciam finit urbs Telmesos.

[83] Caria sequitur. habitant incertae originis. alii indigenas, sunt qui Pelasgos, quidam Cretas existimant. genus usque eo quondam armorum pugnaeque amans, ut aliena etiam bella mercedibus agerent. hic castella sunt aliquot, dein promunturia duo Pedalion et Crya (Cytria), et secundum Calbim (Galbian) amnem Caunus oppidum valetudine habitantium infame.

[84] inde ad Halicarnas⟨s⟩on haec iacent: Rhodiorum aliquot coloniae, portus duo, Gelos et cui ex urbe quam amplectitur Thyssanusa cognomen est, inter eos oppidum Larumna et Pandion collis in mare emissus, tum tres ex ordine sinus, Thymnias Schoenus Bubassius (Bubaesius); Thymniae promunturium Aphrodisium est, Schoenus ambit Hylam, Bubassius (Bubaesius) Cyrnon (Crynon). tum Cnidus in cornu paene insulae, interque eam et Ceramicum (Tetraticum) sinum in recessu posita Euthana (Euciana).

[85] Halicarnassos Argivorum colonia est, et cur memoranda sit, praeter conditores, Mausoleum efficit regis Mausoli monimentum, unum de miraculis septem, Artemisiae opus. trans Halicarnasson illa sunt: litus

die Feuer der Chimäre; es umschließt mit dem Hafen von Sida und dem Vorgebirge des Taurus einen großen Golf.

[81] Der Taurus selbst erhebt sich an den Küsten des Östlichen Meeres (s. I 9), erreicht eine ziemlich gewaltige Höhe und läuft mit der rechten Längsseite nach Norden und der linken nach Süden gewandt nach Westen in gerader Linie und ununterbrochenem Gebirgszug. Für große Volksstämme bildet er dort, wo er seinen Kamm zieht, die Grenzmarke; sobald er aufhört, Länderscheide zu sein, verläuft er ins Meer. Er wird in seiner ganzen Ausdehnung, wie gesagt, genauso genannt, auch da, wo er nach Osten schaut, dann ferner Hämodes, Kaukasus und Propanisus [Paropamisus], dann Kaspische Pforte, Niphates und Armenische Pforte, und wo er dann Unser Meer berührt, wieder Taurus.

[82] Auf sein Kap folgt der Fluß Limyra sowie eine Gemeinde gleichen Namens, sodann zwar viele, aber mit Ausnahme von Patara unbedeutende Städte. Jenes macht sein Heiligtum des Apollon berühmt, einst an Reichtum und Zuverlässigkeit seines Orakels dem Delphischen ähnlich. Jenseits davon liegen der Fluß Xanthus [Koca Cayi] und die Stadt Xanthos, der Berg Kragos [San] sowie die Stadt Telmesos [Fethiye], die Lykiens Grenze bildet.

[83] Es folgt Karien. Der Ursprung seiner Bewohner ist ungewiß: die einen halten sie für Ureinwohner, andere für Pelasger, manche für Kreter. Dieses Volk war einst bis zu einem solchen Grade waffen- und kampfvernarrt, daß es um Sold sogar fremde Kriege führte. Hier liegen einige Kastelle, sodann zwei Kaps, Pedalion und Krya, und beim Kalbis-Strom die Stadt Kaunos, berüchtigt wegen der Krankheiten ihrer Bewohner.

[84] Von hier bis nach Halikarnassos [Bodrum] liegt folgendes: einige Kolonien der Rhodier, zwei Häfen, nämlich Gelos und der, welcher nach der Stadt, die er umfängt, den Beinamen Thyssanusa hat, zwischen diesen beiden die Stadt Larumna und der ins Meer vorspringende Hügel Pandion, weiter drei Golfe in der Abfolge Thymnias, Schoinos und Bubassius; das Kap beim Thymnias heißt Aphrodision; der Schoinos umspült die Stadt Hyla, der Bubassius Kyrnos. Darauf folgt Knidos auf dem Horn einer Halbinsel, zwischen ihr und dem Keramischen Golf in einem Winkel liegt Euthana.

[85] Halikarnassos ist eine Kolonie der Argiver; warum sie erwähnenswert ist, liegt außer an seinen Gründern am Mausoleum, dem Grabdenkmal des Königs Mausolus, einem der Sieben Weltwunder, der Artemisia

Leuca, urbes Myndos (Myridos), ⟨C⟩aruanda, Neapolis, sinus Ias⟨i⟩us et Basilicus. in Ias⟨i⟩o est Bargylos (Barcylos).

[86] post Basilicum Ionia aliquot se ambagibus sinuat, et primum a Posideo promunturio flexum inchoans cingit oraculum Apollinis dictum olim Branchidae (Bramaciae), nunc Didym⟨e⟩i; Miletum, urbem quondam Ioniae totius belli pacisque artibus principem, patriam Thaletis astrologi et Timothei musici et Anaximandri physici, aliorumque civium inclutis ingeniis merito inclutam, utcumque Ioniam vocant; urbem Hippin, amnis M⟨a⟩eandri exitum, Latmium montem, Endymionis a Luna, ut ferunt, adamati fabula nobilem.

[87] dein rursus inflexa cingit urbem Prienen (Prienem) et Gaesi fluminis ostium, moxque ut maiore circuitu ita plura complectitur. ibi est Panion⟨i⟩um sacra regio, et ob id eo nomine appellata quod eam communiter Iones colunt.

[88] ibi a fugitivis, ut aiunt, condita – nomen famae annuit – Phygela (Phygeta). ibi Ephesus et Dianae clarissimum templum, quod Amazones Asia potitae consecrasse traduntur; ibi Caystros amnis; ibi Lebedos (Libedos) Clariique Apollinis fanum, quod Mant{h}o Tiresiae filia fugiens victores Thebanorum Ep{h}igonos, et Colophon, quam Mopsus eiusdem Mantus filius statuit.

[89] at (ad) promunturium quo sinus clauditur, qui⟨a⟩ altera parte alium quem Smyrnaeum vocant efficit, angustisque cervicibus reliqua extendit in latius, abit in paene insulae faciem. super angustias hinc Teos (Ceos) illinc Clazomena{a}e{t}, qu{i}a terga agunt confinio annexa, {mari} diversis frontibus diversa maria prospectant. in ipsa paene insula est Coryna. in sinu Smyrnaeo est Thermodon amnis et urbs Leuca, extra Pho⟨ca⟩ea{cris}, Ioniae ultima{e}.

[90] proxima regio, ex quo ab Aeolis incoli coepit Aeolis facta, ante

Werk. Jenseits von Halikarnassos liegt folgendes: die Küste Leuca, die Städte Myndos, Karyanda und Neapolis sowie der Iasische und der Basilische Golf. Am Iasischen liegt Bargylos.

[86] Nach dem Basilischen Golf bildet Ionien durch eine Reihe von Windungen Buchten. Die erste Küstenkrümmung, die beim Kap Posideon beginnt, schließt in sich das Orakel des Apollon, einst der Branchidische genannt, heute der Didymeische; dann Milet, einst die führende Stadt ganz Ioniens in allen Kriegs- und Friedenskünsten, die Heimat des sternkundigen Thales, des Musikers Timotheus sowie des Naturphilosophen Anaximander und auch durch die berühmten Begabungen anderer Bürger zu Recht berühmt, jedenfalls soweit man von Ionien spricht; dann die Stadt Hippis, die Mündung des Mäander-Stroms, der Berg Latmius, bekannt durch die Sage vom Endymion, der von Selene geliebt worden sein soll.

[87] Darauf beschreibt die Küste wieder eine Krümmung und umschließt die Stadt Priene sowie die Mündung des Gäsus-Flusses; je weiter diese Bucht bald darauf wird, desto mehr umfaßt sie: Hier ist ein heiliges Gebiet, das Panionion (griech.: ganz Ionien), deshalb so benannt, weil es die Ionier gemeinsam in Ehren halten.

[88] Hier liegt das, wie erzählt wird, von Flüchtlingen gegründete Phygela; der Name (griech.: phygein = fliehen) bestätigt die Sage. Hier liegen Ephesos und der hochberühmte Artemis-Tempel, den die Amazonen bei der Eroberung Asiens geweiht haben sollen; hier der Kaÿstros-Strom; hier Lebedos und das Heiligtum des Apollon Klarios, das Manto, die Tochter des Teiresias, auf ihrer Flucht vor den Siegern über die Thebaner, den Epigonen, sowie Kolophon, das Mopsus, eben dieser Manto Sohn, erbaut haben.

[89] Weil das Kap aber, durch das der Golf abgeschlossen wird, auf der anderen Seite einen anderen, nämlich den sogenannten Smyrnäischen Golf bildet, hat es bei seinem schmalen Hals sonst eine größere Breite und läuft in die Gestalt einer Halbinsel aus. Oberhalb der Schmalstelle liegt auf dieser Seite Teos, auf jener Klazomenai; beide stoßen mit ihrer Rückseite an der Grenzscheide aneinander und schauen mit entgegengesetzten Außenseiten auf entgegengesetzte Meere. Auf der Halbinsel selbst liegt Koryna. Im Smyrnäischen Golf sind die Mündung des Thermodon-Stroms und die Stadt Leuca, außerhalb Phokäa als letzte Stadt Ioniens.

[90] Die nächste Landschaft ist seit ihrer Besiedlung durch die Äoler

Mysia, et qua Hellespontum attingit, Troianis possidentibus Troas fuit. primam urbium a Myrino conditore Myrinam vocant, sequentem Pelops statuit, victo Oenomao reversus ex Graecia; Cymen nominavit pulsis qui habitaverant dux Amazonum Cyme. supra Caicus inter El⟨a⟩ean decurrit et Pitanen, illam quae Arc{h}esilan tulit, nihil affirmantis Academiae clarissimum antistitem.

[91] tum in promunturio est Cyna oppidum, quod praetervectos sinus excipit non parvos sed longe ac molliter flexus, retrahensque paulatim oras usque ad ima montis Idaei. is primo parvis urbibus aspersus est, quarum clarissima est Cist⟨h⟩ena. gremio interiore campus Theb{a}e nomine Adramytion (Adrymetion), Asturam (Austram), Chrysam (Cressam) oppida eodem quo dicta sunt ordine adiacentia contine{n}t, in altero latere Antandrum.

[92] duplex causa nominis iactatur. alii Ascanium Aeneae filium cum ibi regnaret captum a Pelasgis ea se redemisse commemorant, alii ab his putant conditam quos ex Andro insula vis et seditio exegerat. hi Antandrum quasi pro Andro, illi quasi pro viro accipi volunt.

[93] sequens tractus tangit Gargara et Asson{a} Ae{t}olorum colonias. tum sinus alter Achaeon limen non longe ab Ilio litora incurvat, urbe bello excidioque clarissima. hic Sig{a}eum fuit oppidum, hic Achivorum fuit bellantium statio. huc ab Idaeo monte demissus Scamander exit et Simois, fama quam natura maiora flumina.

[94] ipse mons, vetere divarum certamine et iudicio Paridis memoratus, orientem solem aliter quam in aliis terris solet aspici ostentat. namque ex summo vertice eius speculantibus paene a media nocte sparsi ignes passim micare, et ut lux appropinquat ita coire ac se coniungere videntur, donec magis magisque collecti pauciores subinde et una ad postremum flamma ardeant.

zur Äolis geworden, zuvor hieß sie Mysien bzw. wo sie an den Hellespont stößt, wegen ihrer Besitzer, der Troianer, Troas. Die erste ihrer Städte heißt nach ihrem Gründer Myrinus Myrina, die nächstfolgende hat Pelops erbaut, als er nach seinem Sieg über Önomaos aus Griechenland heimkehrte; Kyme nannte sie nach der Vertreibung aller Bewohner die Amazonen-Anführerin Kyme. Darüber strömt der Kaïkos zwischen Eläa und Pitane abwärts; letzteres brachte den Arkesilas hervor, den hochberühmten Vorsteher der akademisch-skeptischen Schule.

[91] Sodann liegt auf einem Kap die Stadt Kyna; fährt man daran vorüber, so nimmt einen ein Golf auf, nicht klein, sondern lange und allmählich ausbuchtend; er läßt die Küste nach und nach bis an den Fuß des Ida-Berges [Kaz] zurücktreten. Zuerst ist er mit kleinen Städten bestreut, deren berühmteste Kisthena ist; in der innersten Biegung enthält ein Gefilde namens Thebe die Städte Adramytion, Astura und Chrysa in der genannten Reihenfolge auf dieser und Antandros auf der anderen Seite.

[92] Zwei Gründe werden für den Namen dieser Stadt angegeben: Die einen sagen, daß Ascanius, der Sohn des Äneas, während seiner Königsherrschaft hier von Pelasgern gefangengenommen worden sei und sich mit dieser Stadt freigekauft habe, andere meinen, sie sei von Leuten gegründet worden, die von der Insel Andros ein gewaltsamer Aufstand vertrieben habe. Diese wollen also Antandros verstanden wissen als ‘für Andros’, jene als ‘für den Mann’ (griech.: ant’ andrós).

[93] Der folgende Landstrich berührt Gargara und Assos, Kolonien der Äoler. Sodann bildet ein zweiter Golf, der Achaion Limen (Achäerhafen), nicht weit von Ilion eine Einbuchtung in die Küste, der durch den (Troianischen) Krieg und ihren Untergang berühmten Stadt. Hier lag die Stadt Sigeion, hier der Ankerplatz der Achiver während jenes Krieges. Hier münden der vom Ida-Berg herabströmende Skamander und der Simoïs – Flüsse, die durch ihre (Rolle in den) Sagen bedeutender sind als durch ihre Natur.

[94] Der Berg selbst, durch jenen alten Streit der Göttinnen und durch das Urteil des Paris bekannt, läßt einen die aufgehende Sonne anders schauen, als man sie in anderen Ländern erblickt. Wer nämlich von der Gipfelspitze aus schaut, dem scheinen etwa von Mitternacht an allenthalben Feuergarben aufzublitzen, und zwar, je näher das Tageslicht kommt, um so mehr zusammenzustreben und sich zu vereinigen, bis sie, mehr und mehr gebündelt, allmählich an Zahl abnehmen und schließlich als eine einzige Flamme erglühen.

[95] ea cum diu clara et incendio similis effulsit, cogit se ac rotundat et fit ingens globus. diu is quoque grandis et terris annexus apparet, dein paulatim decrescens et quanto decrescit eo clarior fugat novissime noctem, et cum die iam sol factus attollitur.

[96] extra sinum sunt Rhoet{h}ea litora, Rhoeteo (a Rhytaeo) et Dardania claris urbibus, Aiacis tamen sepulcro maxime illustria. ab his fit artius mare, nec iam alluit terras, sed rursus dividens angusto Hellesponti freto litus obvium findit, facitque ut iterum terrae qua fluit latera (altera) sint.

[97] interius Bithyni sunt et Mariandyn{e}i, in ora Graiae urbes Abydos et Lampsacum et Parion et Priapos. Abydos magni quondam amoris commercio insignis est. Lampsacum Phocaeis appellantibus nomen ex eo traxit, quod consulentibus in quasnam terras potissimum tenderent responsum erat, ubi primum fulsisset, ibi sedem capessere⟨nt⟩.

[98] tum rursus fit apertius mare Propontis. in id Granicus effunditur, pugna quae primum inter Persas et Alexandrum fuit nobilis. trans amnem sedet in cervice paene insulae Cyzicum; nomen Cyzicus indidit, quem a Minyis imprudentibus, cum Colchos peterent, fusum acie caesumque accepimus. post Placia (Plagaea) et Scylace (Scydace) parvae Pelasgorum coloniae, quibus a tergo imminet mons Olympus, ut incolae vocant Mysius.

[99] flumen Rhyndacos (Ryndaces) in quae sequuntur emittit⟨ur⟩. circa angues nascuntur immanes, neque ob magnitudinem modo sed ob id etiam mirabiles, quod ubi in alveum eius aestus solemque fugerunt, emergunt atque hiant, supervolantesque aves quamvis alte et perniciter ferantur absorbent. trans R⟨h⟩yndacum est Dascylos et quam Colophoni⟨i⟩ collocavere Myrlea (Mysrela).

[100] duo sunt inde modici sinus. alter sine nomine C{h}ion amplecti-

[95] Sobald diese lange hell und einem Feuerbrand gleich aufgelodert ist, zieht sie sich zusammen, bildet eine Kugel und wird zu einem gewaltigen Ball. Lange erscheint auch dieser als riesig und an der Erde haftend, dann nimmt er allmählich ab, leuchtet, je kleiner er wird, um so heller und vertreibt schließlich die Nacht; mit dem Tage bereits zur Sonne geworden erhebt er sich schließlich.

[96] Außerhalb des Golfs liegen die Rhöteischen Gestade mit den berühmten Städten Rhöteon und Dardania, besonders bekannt durch das Grabmal des Aias. Von hier an wird das Meer enger und bespült nicht mehr die Landmassen, sondern teilt sie wieder auf, spaltet durch die Meerenge des Hellespont das ihm entgegentretende Gestade und bewirkt, daß die Länder dort, wo es fließt, wiederum seine Seiten bilden.

[97] Mehr im Binnenland wohnen die Bithyner und Mariandyner; an der Küste liegen die griechischen Städte Abydos, Lampsakos, Parion und Priapos. Abydos ist berühmt durch die Überquerungen (des Hellespont), die einst aus großer Liebe erfolgten (s. II 26). Lampsakos erhielt seinen Namen von den Phokäern aus folgendem Grunde: Als sie fragten, in welche Länder sie am ehesten ihre Fahrt richten sollten, erhielten sie als Antwort, sie sollten da, wo es zuerst geblitzt (griech.: lampein) hätte, ihren Wohnsitz aufschlagen.

[98] Dann wird das Meer wieder breiter: die Propontis. In sie mündet der Granikos, bekannt durch die erste Schlacht zwischen den Persern und Alexander (d. Gr. 334 v. Chr.). Jenseits des Stroms liegt auf dem Hals einer Halbinsel Kyzikos; den Namen gab ihm Kyzikos, der – wie wir erfahren – von den Minyern auf ihrer Fahrt nach Kolchis aus Versehen im Kampf geschlagen und getötet wurde. Danach folgen Plakia und Skylake, kleine Kolonien der Pelasger, in deren Rücken der Berg Olympos emporragt, und zwar, wie ihn die Einwohner nennen, der Mysische.

[99] Der Rhyndakos-Fluß mündet im folgenden Gebiet. Hier werden ringsum gewaltige Schlangen hervorgebracht, die nicht nur wegen ihrer Größe, sondern auch aus folgendem Grund wundersam sind: Wenn sie sich in das Bett dieses Flusses vor der Sonnenhitze geflüchtet haben, tauchen sie wieder empor, sperren ihre Rachen auf und schnappen die vorüberfliegenden Vögel weg, so hoch und schnell jene auch fliegen. Jenseits des Rhyndakos liegen Daskylos und das von den Kolophoniern angelegte Myrlea.

[100] Zwei mäßig große Golfe folgen hierauf; der eine, namenlose,

tur, Phrygiae haud longe iacentis opportunissimum emporium, alter Olbianos in promunturio fert Neptuni fanum, in gremio Astacon a Megarensibus conditam.

[101] dein pr⟨op⟩iores terrae iterum iacent, exiturique in Pontum pelagi canalis angustior Europam ab Asia stadiis quinque disterminat, Thracius, ut dictum est, Bosphorus. ipsis in faucibus oppidum, in ore templum est: oppidi nomen Calchedon, auctor Archias Megarensium princeps, templi numen Iuppiter, conditor{e} Iaso.

[102] hic iam sese ingens Pontus aperit, nisi qua promunturia sunt, huc atque illuc longo rectoque limite extentus, sinuatus cetera, sed quia contra minus quam ad laevam et dextram abscessit, mollibusque fastigiis donec angustos utri⟨m⟩que angulos faciat inflectitur, ad formam Scythici arcus maxime incurvos. brevis, atrox, nebulosus, raris stationibus, non molli neque arenoso circumdatus litore, vicinus aquilonibus, et quia non profundus est fluctuosus atque fervens, olim ex colentium saevo admodum ingenio Axenus, post commercio aliarum gentium mollitis aliquantum moribus dictus Euxinus.

[103] in eo primum Mariandyn{ae}i urbem habitant ab Argivo, ut ferunt, Hercule conditam (datam). Heraclea vocitatur, id famae fidem adicit. iuxta specus est Acherusia ad manes, ut aiunt, pervius, atque inde {unde} extractum Cerberum existimant.

[104] tum Tios oppidum, Milesiorum quidem colonia, sed iam soli gentisque Paphlagonum; quorum in litoribus paene mediis promunturium est Carambis, citra Parthenius amnis, urbes Sesamus et Cromnos et a Cyt{h}isoro Phrixi filio posita Cyt{h}oros; tum (tunc) Cinolis (Cynobus) et Collyris et quae Paphlagoniam finit Armene.

[105] C⟨h⟩alybes proximi clarissimas habent Amison et Sinopen, Cynici Diogenis patriam, amnium Halyn et Thermodonta. secundum Halyn urbs est Lycasto⟨s⟩, ad (at) Thermodonta campus. in eo fuit Themis-

umschließt Kios, einen äußerst günstigen Handelsplatz für das nicht fern gelegene Phrygien, der andere, Olbianos, trägt auf einem Kap ein Heiligtum des Poseidon und an seiner Biegung das von Megarensern gegründete Astakos.

[101] Dann liegen die Landmassen wiederum näher aneinander, und die recht schmale Rinne, in der das Meer hinaus in den Pontus kommt, trennt mit fünf Stadien (5/8 Meilen) Breite Europa von Asien; sie heißt, wie (I 7 und 14) gesagt, Thrakischer Bosporus. Am Eingang selbst liegt eine Stadt, an der Mündung ein Tempel: Der Name der Stadt ist Kalchedon, ihr Urheber Archias, der Fürst der Megarenser; des Tempels Gottheit ist Zeus, sein Gründer Iason.

[102] Hier öffnet sich bereits der gewaltige Pontus; abgesehen von den Stellen, an denen Kaps liegen, erstreckt er sich auf beiden Seiten in langer, gerader Uferlinie, ist aber sonst gekrümmt, doch weil er auf der gegenüberliegenden Seite weniger zurücktritt als links und rechts, und weil er sich in schwacher Neigung biegt, bis er auf beiden Seiten spitze Winkel bildet, ist er ganz in der Form eines skythischen Bogens gekrümmt. Er ist kurz, wild und neblig, hat wenige Ankerplätze, ist von keinem weichen oder sandigen Ufer umgeben, liegt im Bereich der Nordwinde und ist, weil er nicht tief ist, wellenreich und aufbrausend; einst nannte man ihn nach der rauhen Wesensart seiner Anwohner Axenos (griech: ungastlich), später, nachdem durch den Verkehr mit anderen Völkern die Sitten um einiges gemildert waren, Euxeinos (griech: gastfreundlich).

[103] An ihm bewohnen zuerst die Mariandyner eine Stadt, wie man erzählt, vom Argivischen Herakles gegründet; Herakleia [Eregli] wird sie genannt, was der Sage Glaubwürdigkeit verleiht. Daneben liegt die Acherusische Höhle, die – wie man sagt – zu den Geistern der Verstorbenen führt; hier soll der Kerberos herausgezerrt worden sein.

[104] Danach folgt die Stadt Tios, zwar eine Kolonie der Milesier, aber bereits zum Grund und Stamm der Paphlagonen gehörig; etwa in der Mitte von deren Küste liegt Kap Karambis [Kap Kerempe], diesseits davon der Strom Parthenios sowie die Städte Sesamos, Kromnos und das vom Sohn des Phrixos, Kytisoros, angelegte Kytoros; weiter Kinolis, Kollyris und Armene, die Grenze Paphlagoniens.

[105] Die nächstfolgenden Chalyber haben als berühmteste Städte Amisos und Sinope [Sinop], die Heimat des Kynikers Diogenes, als Ströme den Halys und Thermodon. Nahe am Halys liegt die Stadt Lyka-

curum (Themyscurum) oppidum, fuere et Amazonum castra, ideo Amazonium vocant.

[106] Tibareni (Tabereni) Chalybas attingunt, quibus in lusu risuque summum bonum est. ultra {carambim} Mossyni turres ligneas subeunt, notis corpus omne persignant, propatulo vescuntur, promisce concumbunt et palam, reges suffragio deligunt, vinculisque et artissima custodia tenent, atque ubi culpam prave quid imperando meruere, inedia diei totius afficiunt, ceterum asperi inculti pernoxii appulsis.

[107] dein minus feri, verum et hi inconditis moribus, Macrocephali (Macrocefali), Bechiri (Discheri), Buxeri (Buxedi). rarae urbes: Cerasunta et Trapezos maxime illustres.

[108] inde is locus est ubi finem ductus a Bosphoro tractus accipit, atque inde se in sinu adversi litoris flexus attollens angustissimum Ponti facit angulum. hic sunt Colchi, huc Phasis erumpit, hic eodem nomine quo amnis est a Themistagora Milesio deductum oppidum, hic Phrixi templum et lucus, fabula vetere pellis aureae nobilis.

[109] hinc orti montes longo se iugo et donec Riphaeis coniungantur exporrigunt; qui altera parte in Euxinum et Maeotida et Tanain, altera in Caspium pelagus obversi, Cerauni⟨i⟩ dicuntur, idem aliubi Taurici Moschi⟨ci⟩ Amazonici Caspi⟨i⟩ Coraxici Caucasi⟨i⟩, ut aliis aliisve appositi{s} gentibus ita aliis aliisque dicti nominibus.

[110] at in primo flexu iam curvi litoris oppidum est quod Graeci mercatores constituisse, et quia cum caeca tempestate agerentur, ignaris qua{e} terra esset cycni vox notam dederat, Cycnum appellasse dicuntur. reliqua eius ferae incultaeque gentes vasto mari assidentes tenent, Melanchlaena (Menanclea), Toretica (Terrestrea), sex Colicae (Sexsolicae),

stos, am Thermodon eine Ebene; hier war die Stadt Themiscurum, hier das Lager der Amazonen – deshalb nennt man die Ebene Amazonium.

[106] An die Chalyber grenzen die Tibarener, deren höchstes Glück in Spiel und Lachen liegt. Jenseits suchen die Mossyner in Holztürmen Unterschlupf, bringen sich am ganzen Körper Zeichen an, nehmen unter freiem Himmel Nahrung auf, üben den Beischlaf gemeinschaftlich und in voller Öffentlichkeit aus, wählen ihre Könige aufgrund einer Abstimmung und halten sie in Banden und sehr strenger Haft; sobald sie für eine schlechte Anordnung eine Strafe verdienen, lassen sie sie einen ganzen Tag lang hungern; im übrigen sind sie roh, unzivilisiert und Verbrecher gegen Ankömmlinge.

[107] Dann folgen weniger wilde Menschen, aber auch sie von plumpen Sitten, die Makrokephalen (griech.: Großschädel), Bechiren und Buxerer. Städte sind selten: Kerasunta und Trapezus [Trabzon] sind die bekanntesten.

[108] Dahinter ist die Stelle, wo der vom Bosporus ausgehende Landstrich sein Ende erreicht; hier bildet die Biegung, die sich der Krümmung der gegenüberliegenden (Nord-)Küste anpaßt, den spitzesten Winkel des Pontus. Hier wohnen die Kolcher, hier mündet der Phasis [Rioni], hier liegt auch eine Stadt mit demselben Namen wie der Strom, von Themistagoras aus Milet gegründet, hier ist der Tempel des Phrixus und der Hain, berühmt durch die alte Sage vom Goldenen Vlies.

[109] Die hier beginnenden Berge ziehen sich in langer Kette hin, bis sie sich mit den Riphäen [Gebirge am Nordrand des Erdkreises] verknüpfen; sie wenden sich auf der einen Seite dem Pontus Euxinus, Mäotis und Tanais zu, auf der anderen dem Kaspischen Meer, und heißen die Keraunischen Berge; andernorts nennt man sie die Taurischen, Moschischen, Amazonischen, Kaspischen, Koraxischen und Kaukasischen – je nachdem, am Gebiet welcher Völker sie liegen, mit immer wieder anderen Namen bezeichnet.

[110] An der ersten Einbuchtung des bereits gekrümmten Ufers liegt eine Stadt, die griechische Händler gegründet haben sollen, und weil ihnen, als sie von einem den Ausblick hindernden Sturm getrieben wurden und nicht wußten, wo Land wäre, die Stimme eines Schwanes (griech.: kyknos) ein Zeichen gegeben hatte, sollen sie sie Kyknos genannt haben. Das übrige Gebiet davon haben wilde, unzivilisierte Völkerstämme in ihrem Besitz, die am weiten Meer wohnen: die Melanchlänen (s. II 14), Toretiken und die sechs Koliken-Stämme, Koraxiker, Phthirophagen,

Coraxi⟨ci⟩, Phthirophagi (Cleptyrophagi), H{a}eniochi, Achaei, Cercetici, et iam in confinio Maeotidis Sindones.

[111] in H{a}eniochorum finibus Diosc{h}orias a Castore et Polluce Pontum cum Iasone ingressis, Sindos in Sindonum ab ipsis terrarum cultoribus condita est.

[112] obliqua tunc regio et in latum modice patens inter Pontum paludemque ad Bosphorum excurrit; quam duobus alveis in lacum et in mare profluens Coracanda paene insulam reddit. quattuor urbes ibi sunt Hermonassa, Cepoe (Hermonos Saccephoe), Phanagorea (Spanacorea), et in ipso ore Cimmerium.

[113] hac ingressos lacus accipit longe lateque diffusus, qua terras tangit incurvo circumdatus litore, qua mari propior est, nisi ubi aperitur, quasi margine obductus, citra magnitudinem prope Ponto similis.

[114] oram quae a Bosphoro ad Tanain usque deflectitur Maeotici incolunt, Thatae, Sirachi (Serachi), Phicores et ostio fluminis proximi ⟨I⟩xamatae. apud eos easdem artes feminae quas viri exercent, adeo ut ne militia quidem vacent. viri pedibus merent sagittisque depugnant, illae equestre proelium ineunt nec ferro dimicant, sed quos laqueis intercepere trahendo conficiunt. nubunt tamen, verum ut nubiles habeantur non in aetate modus est; nisi quae hostem interemere virgines manent.

[115] ipse Tanais ex Riphaeo monte deiectus adeo praeceps ruit, ut cum vicina flumina, tum Maeotis et Bosphorus tum Ponti aliqua brumali rigore durentur, solus aestus hiememque iuxta ferens idem semper et sui (sub) similis incitatusque decurrat.

[116] ripas eius Sauromatae et ripis haerentia possident, una gens aliquot populi et aliquot nomina. primi Maeotidae Gynaecocratumenoe regna Amazonum, fecundos pabulo ad (at) alia steriles nudosque campos tenent. Budini Gelon{i}on urbem ligneam habitant. iuxta Thyssagetae Turcaeque vastas silvas occupant alunturque venando.

Heniocher, Achäer, Kerketiker und die bereits im Grenzgebiet zur Mäotis wohnenden Sindoner.

[111] Im Gebiet der Heniocher liegt Dioskorias, von (den Dioskuren) Kastor und Polydeukes gegründet, als sie mit Iason in den Pontus fuhren, und Sindos im Land der Sindoner, von den Landesbewohnern selbst gegründet.

[112] Darauf verläuft die Landschaft schräg und in mäßiger Breite zwischen Pontus und (Mäotischem) Sumpfsee bis zum Bosporus; es macht sie der Fluß Korakanda, der durch zwei Flußbetten in den Sumpfsee bzw. ins Meer abfließt, zur Halbinsel. Vier Städte liegen hier, nämlich Hermonassa, Kepoi, Phanagorea und ganz an der Mündung Kimmerion.

[113] Wer hier einfährt, den nimmt der See auf, der sich lang und breit ausdehnt. Wo er die Landmassen berührt, ist er von einer gekrümmten Küste umgeben, wo er dem Meer näher ist, wirkt er, abgesehen von der Stelle seiner Einmündung, wie von einem Saum umlegt; er ist bis auf die Größe fast dem Pontus ähnlich.

[114] Die Küste, die sich vom Bosporus bis zum Tanais in einer Bogenlinie hinzieht, bewohnen Mäotiker: Thaten, Sirachen, Phikorer und nächst der Flußmündung die Ixamaten. Bei ihnen üben die Frauen dieselben Beschäftigungen aus wie die Männer, so daß sie nicht einmal vom Kriegsdienst befreit sind. Die Männer dienen zu Fuß und fechten mit Pfeilen, jene nehmen den Kampf zu Pferde auf sich und kämpfen nicht mit Eisenwaffen, sondern ziehen die, die sie mit ihren Schlingen fangen, an sich und töten sie. Dennoch heiraten sie, ja es gibt keine Altersbeschränkung dafür, daß man sie für heiratsfähig hält; wenn sie nicht einen Feind getötet haben, bleiben sie Jungfrauen.

[115] Der Tanais selbst strömt vom Riphäen-Berg abwärts und stürzt so jäh dahin, daß allein er, während die benachbarten Flüsse und auch die Mäotis und der Bosporus sowie Teile des Pontus durch die Winterkälte erstarren, Sommer und Winter ebensogut erträgt, stets derselbe und immer sich selbst ähnlich bleibt und reißend dahinbraust.

[116] Seine Ufer sowie deren Hinterland besitzen die Sauromaten, ein einheitlicher Stamm aus einigen verschiedenen Völkern und Namen; zuerst die Mäotider, die Gynaikokratumener (griech.: von Frauen Beherrschte) und die Königreiche der Amazonen haben Ländereien, die ertragreich an Viehfutter, doch für anderes unfruchtbar und öde sind. Die Budiner bewohnen die hölzerne Stadt Gelonos. Daneben besitzen die Thyssageten und Turken weite Wälder und nähren sich von der Jagd.

[117] tum continuis rupibus late aspera et deserta regio ad Aremphaeos usque permittitur. his iustissimi mores, nemora pro domibus, alimenta bacae, et feminis et maribus nuda sunt capita. sacri itaque habentur, adeoque ipsos nemo de tam feris gentibus violat, ut aliis quoque ad eos confugisse pro asylo sit. ultra surgit mons Riphaeus ultraque eum iacet ora quae spectat oceanum.

[117] Sodann erstreckt sich das Land durch ununterbrochene Felsmassen weithin rauh und verlassen bis zu den Arimphäern. Diese haben höchst gerechte Sitten, Haine statt Häusern, als Nahrungsmittel Beeren, und Frauen wie Männer sind am Kopf nackt. Sie gelten daher als heilig, und so wenig tut ihnen jemand von den sonst so rohen Völkern etwas zuleide, daß sie anderen zu ihnen Geflüchteten Asyl gewähren. Jenseits erhebt sich der Riphäen-Berg, und jenseits von diesem liegt die Küste, die zum Ozean schaut.

Liber II

[1] Asiae in nostrum mare Tanainque vergentis quem dixi finis ac situs est, ac per eundem amnem in Maeotida remeantibus ad dexteram Europa e⟨st⟩, modo sinistro lateri (latere) innavigantium apposita. in ea (inae) Riphaeis montibus proxuma, – et huc enim pertinent – , cadentes assidue nives adeo invia efficiunt, ut ultra ne visum quidem intendentium admittant. deinde est regio ditis admodum soli, inhabitabilis tamen, quia grypi, saevum et pertinax ferarum genus, aurum terra penitus egestum mire amant mireque custodiunt, et sunt infesti attingentibus.

[2] hominum primi sunt Scythae Scytharumque quis singuli oculi esse dicuntur Arimaspoe (Arimampsae); ab eis Essedones usque ad Maeotida. huius flexum Buces amnis secat, Agathyrsi et Sauromatae ambiunt; quia pro sedibus plaustra habent dicti ⟨H⟩amaxobioe. obliqua tunc ad Bosphorum plaga excurrens Ponto ac Maeotide includit⟨ur⟩.

[3] in palude⟨m⟩ vergentia Satarchae (Sarthagae) tenent, in Bosphorum Cimmerica (Cimerrica) oppida Murmecion, Panticapaeon, Theodosia, Hermisium, in Euxinum mare Taurici{s}. super eos sinus portuosus et ideo Calos limen appellatus promunturiis duobus includitur. alterum Criu metopon vocant, Carambico quod in Asia diximus par et adversum, Parthenion alterum. oppidum adiacet Cherrone⟨sus⟩, a Diana, si creditur, conditum, et {nymphaeo} specu quod in arce eius nymphis sacratum est maxime illustre{s}.

[4] subit tum ripam mare, et donec quinque milium passuum spatio absit a Maeotide, refugientia usque subsequens litora, quod Satarchae et

Buch II

[1] Asiens (Karte 8) zu Unserem Meer und zum Tanais weisende Grenze und Lage ist die, die ich genannt habe, und wenn man durch eben diesen Strom in die Mäotis zurückkehrt, liegt rechts Europa; für die, die in sie einfahren, liegt es links. Das den Riphäen (s. I 109) nächstgelegene Gebiet – denn bis hierher erstrecken sich diese – machen die ständig fallenden Schneemassen so unwegsam, daß sie denen, die hier eindringen, nicht einmal einen Blick weiter einwärts erlauben. Hierauf kommt eine Landschaft, die zwar sehr reichen Boden hat, aber dennoch unbewohnbar ist, weil die Greife, eine bösartige und zudringliche Art wilder Tiere, das aus dem Inneren der Erde hervorgeholte Gold in wundersamer Weise lieben und ebenso bewachen; gegen jeden, der es anrühren will, sind sie feindselig.

[2] Die ersten Menschen dort (vgl. I 18) sind die Skythen, und zwar ihr Stamm der Arimaspoi, die nur ein Auge haben sollen; von ihnen bis zur Mäotis die Essedonen. Der Buces-Strom [Nogaïka] durchschneidet die Bucht der Mäotis, die Agathyrsen und Sauromaten umschließen sie; weil sie Wagen als Wohnsitze haben, heißen sie Hamaxobioi (griech.: Wagenbewohner). Danach erstreckt sich die Fläche schräg bis zum Bosporus und wird dabei von Pontus und Mäotis umschlossen.

[3] Das Gebiet, das bis zum Sumpfsee (Mäotis) hin liegt, besitzen die Satarchen; zum Bosporus hin liegen die kimmerischen Städte Murmecion, Pantikapaion [Kertsch], Theodosia [Feodosiya] und Hermisium, zum Euxinus-Meer hin die Tauricer. Über ihnen liegt ein hafenreicher Golf, der deshalb Kalos Limen (griech.: Schöner Hafen) heißt und von zwei Kaps eingeschlossen wird. Das eine davon, das dem in Asien (I 104) erwähnten Karambischen Kap gleicht und gegenüberliegt, nennt man Kriu Metopon (griech.: Widderstirn) [Aj Todor], das andere Parthenion. Hier liegt die Stadt Cherronesos [Sewastopol], von Artemis gegründet, wenn man's glauben will, und besonders berühmt durch die Grotte, die auf ihrer Burg den Nymphen geweiht ist.

[4] Danach bespült das Meer das Land, folgt, bis es nur noch fünf Meilen von der Mäotis entfernt ist, den zurückweichenden Ufern und macht

Karte 8: Scythia Europaea.

Taurici tenent paene insulam reddit. quod inter Paludem et sinum est Taphrae (Thaterae) nominantur, sinus Carcinites. in eo urbs est Carcine, quam duo flumina Gerrhos et Hypacaris (Ypacares) uno ostio effluentia attingunt, verum diversis fontibus et aliunde delapsa (delapsi). nam Gerrhos inter Basilidas (Basitidas) et Nomadas, ⟨Hypacaris per Nomadas⟩ evolvitur.

[5] silvae deinde sunt quas maximas hae terrae ferunt, et Panticapes qui Nomadas Georgosque disterminat. terra tum longe distenta excedens tenui radice litori annectitur, post spatiosa modice paulatim se ipsa fastigat, et quasi in mucronem longa colligens latera facie positi ensis affecta

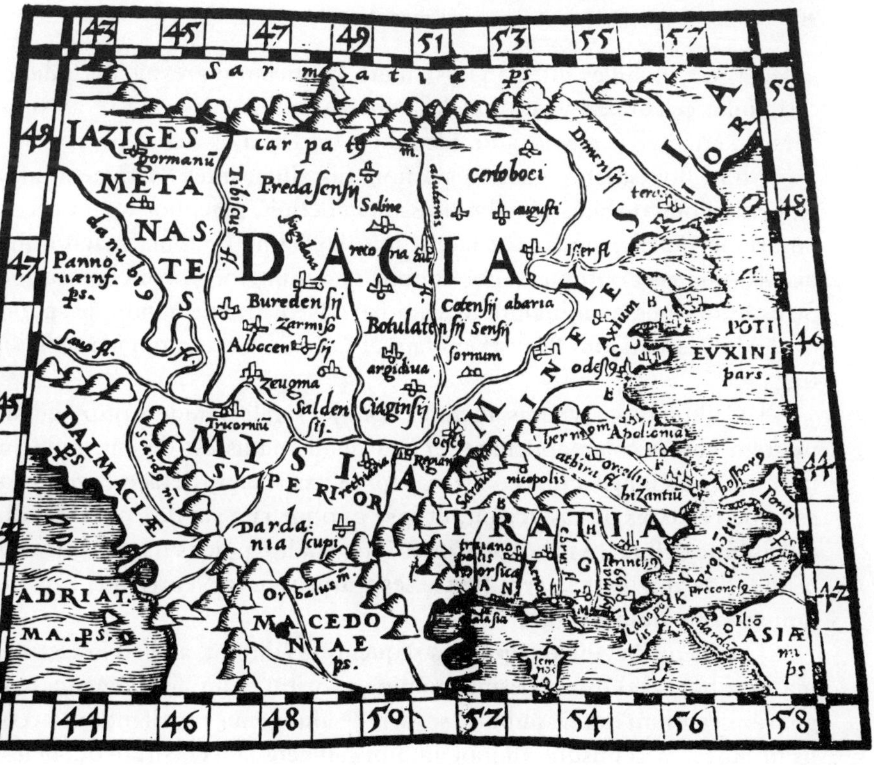

Karte 9: Thracia.

so das Gebiet, das die Satarchen und Tauriker bewohnen, zur Halbinsel [Krim]. Das Land zwischen dem Sumpfsee und dem Golf nennt man Taphrae [Perekop], den Golf Karkinites [Karkinit]. Hier liegt die Stadt Karkine [Skadovsk], von zwei Flüssen, Gerrhos [Malochnaya] und Hypakaris [Kuban], berührt, die in einer gemeinsamen Mündung ausfließen; sie entspringen aber verschiedenen Quellen und fließen aus unterschiedlichen Richtungen herab. Denn der Gerrhos strömt zwischen den Basiliden und Nomaden, der Hypakaris durch das Nomadenland hindurch.

[5] Danach folgen Wälder, die jene Länder in größter Ausdehnung aufweisen, und der (Fluß) Pantikapes [Ingulet], der Nomaden und Georger scheidet. Dann zieht sich das Land weit ausgestreckt in die Länge und ist nur noch durch eine schmale Landenge mit der Festlandsküste verbunden, wird danach wieder etwas geräumiger und verjüngt sich allmählich: Indem es seine Längsseiten gleichsam in einen Dolch auslaufen läßt, bil-

(allecta) est. Achilles infesta classe mare Ponticum ingressus ibi ludicro certamine celebrasse victoriam, et cum ab armis quies erat se ac suos cursu exercitavisse memoratur. ideo dicta est Dromos Achilleos.

[6] tum Borysthenes gentem sui nominis alluit, inter Scythiae amnes amoenissimus turbidis aliis liquidissimus defluit, placidior quam ceteri potarique pulcherrimus. alit laetissima (laetissime) pabula magnosque pisces, quibus et optimus sapor et nulla ossa sunt. longe venit ignotisque ortus e fontibus quadraginta dierum iter alveo stringit, tantoque spatio navigabilis secundum Borysthenidam et Olbian, Graeca oppida, egreditur.

[7] Callippidas Hypanis includit. ex g⟨r⟩andi palude oritur, quam matrem eius accolae appellant, et diu qualis natus est defluit. tandem (tantum) non longe a mari ex parvo fonte, cui Examp{h}aeo cognomen est, adeo amaras aquas accipit, ut ipse quoque iam sui dissimilis et non dulcis hinc defluat. Asiaces proximus inter Callip⟨p⟩idas Asiacasque descendit. hos ab Histricis Tyra (Pyra) separat; surgit in Neuris, qua exit sui nominis oppidum attingit.

[8] at ille qui Scythiae populos a sequentibus dirimit, apertis in Germania fontibus, alio quam desinit nomine exoritur. nam per immania magnarum gentium diu Danubius est, deinde aliter eum appellantibus accolis fit Hister, acceptisque aliquot amnibus, ingens iam et eorum qui in nostrum mare decidunt tantum Nilo minor, totidem quot ille ostiis, sed tribus tenuibus, reliquis navigabilibus effluit.

[9] ingenia cultusque gentium differunt. Essedones funera parentium laeti et victimis ac festo coetu (coitu) familiar⟨i⟩um celebrant. corpora ipsa laniata et caesis pecorum visceribus immixta epulando consumunt.

det es die Form eines liegenden Langschwerts. Nachdem Achill mit angriffsbereiter Flotte ins pontische Meer eingedrungen war, soll er hier seinen Sieg durch ein Kampfspiel gefeiert haben und, als man vom Waffenwerk ruhte, sich und die Seinen im Lauf (griech.: dromos) geübt haben. Daher heißt es 'Dromos Achilleos' [Tendrovskaya Kosa].

[6] Dann bespült der Borysthenes [Dnjepr] ein Volk seines eigenen Namens, unter den Strömen Skythiens der lieblichste: Während die anderen trübe sind, fließt er in aller Klarheit dahin, ist ruhiger als die übrigen und bietet das schönste Trinkwasser. Er nährt üppigste Weiden und große Fische, die den trefflichsten Geschmack und keine Gräten haben. Er kommt von weither: Unbekannten Quellen entsprungen durchläuft er in seinem Bett eine Strecke von vierzig Tagesreisen; auf dieselbe Länge hin schiffbar mündet er in der Nähe von Borysthenidas und Olbia, griechischen Städten.

[7] Das Volk der Kallipiden schließt der Hypanis [Bug] ein. Er entspringt in einem gewaltigen Sumpfsee, den die Anwohner seine 'Mutter' nennen; lange fließt er so, wie er entsprungen ist. Endlich nimmt er nicht weit vom Meer aus einer kleinen Quelle, die den Beinamen Exampaios führt, so bitteres Gewässer auf, daß er seiner selbst nicht mehr gleich und nicht mehr süß von hier aus herabfließt. Der Asiakes [Tiligul] fließt als nächster zwischen den Kallipiden und Asiakern abwärts. Diese wiederum scheidet von den Istrikern der Tyra-Fluß [Dnjestr]; er entspringt bei den Neuren und berührt da, wo er herauskommt, eine Stadt seines Namens.

[8] Aber jener Strom, der die Völker Skythiens von den folgenden trennt, stammt aus offenen Quellen in Germanien und trägt an seinem Ursprung einen anderen Namen als an seiner Mündung. Denn lange fließt er durch die riesigen Gebiete großer Völkerschaften als Danubius [Donau], dann nennen ihn seine Anwohner anders und er wird zum Ister, und nach Aufnahme einiger Nebenflüsse mündet er, bereits von gewaltiger Größe und von den Flüssen, die in Unser Meer fließen, nur kleiner als der Nil, in gleich vielen Mündungsarmen wie dieser; drei von ihnen sind freilich seicht, die übrigen schiffbar.

[9] Denken und Zivilisation dieser Stämme ist ganz verschieden. Die Essedonen feiern die Bestattung ihrer Eltern in froher Stimmung mit Opfern und festlicher Zusammenkunft der Familienmitglieder. Die Leichname selbst zerstückeln sie, vermengen sie mit zerhackten Vieheingeweiden und verzehren sie dann beim Mahl. Die Schädel hingegen schmücken

capita ubi fabre expolivere, auro vincta pro poculis gerunt. haec sunt apud eos ipsos pietatis ultima officia.

[10] Agathyrsi ora artusque pingunt, ut quique maioribus praesta⟨n⟩t, ita magis aut minus; ceterum isdem omnes notis et sic ut ablui nequeant. Satarchae (Sarthae) auri argentique, maximarum pestium, ignari vice rerum commercia exercent, atque ob saeva hiemis admodum assidu⟨a⟩e, demersis in humum sedibus, specus aut suffossa habitant, totum bracati corpus, et nisi qua vident etiam ora vestiti.

[11] Tauri Iphigeniae et Orestis adventu maxime memorati immanes sunt moribus, immanemque famam habent solere pro victimis advenas caedere. Basilidi⟨i⟩s ab Hercule et Echidna generis principia sunt, mores regii, arma tantum sagittae. vagi Nomades pecorum pabula sequuntur, atque ut illa {pecorum} durant ita diu stata{m} sede{m} agunt. colunt Georgi exercentque agros. Asiacae furari quid sit ignorant, ideoque nec sua custodiunt nec aliena contingunt.

[12] interius habitantium ritus asperior et incultior regio est. bella caedesque amant, mosque est bellantibus cruore⟨m⟩ eius quem primum interemerunt ipsis ex vulneribus ebibere. ut quisquis plures interem{er}it, ita apud (aput) eos habetur eximius; ceterum expertem esse caedis inter opprobria vel maximum. ne foedera quidem incruenta sunt; sauciant se qui paciscuntur, exemptumque sanguinem ubi permiscuere degustant. id putant mansurae fidei pignus certissimum.

[13] inter epulas quot quisque interfecerit referre laetissima et frequentissima mentio, binisque poculis qui plurimos rettulere perpota⟨n⟩t. is inter iocantis (locanntis) honos praecipuus est. pocula ut Essedones parentium, ita inimicissimorum capitibus expoliunt.

[14] apud Anthropophagos ipsae etiam epulae visceribus humanis apparantur. Geloni hostium cutibus equos seque velant, illos reliqui corpo-

sie kunstgerecht aus, fassen sie in Gold und benutzen sie als Trinkgefäße. Dies gilt bei ihnen als der letzte Dienst der Pietät.

[10] Die Agathyrsen bemalen Gesicht und Gliedmaßen, und zwar je nach ihrem durch die Vorfahren bedingten Rang mehr oder weniger. Im übrigen haben sie alle dieselben Zeichen, und zwar so, daß sie nicht abgewaschen werden können. Die Satarchen kennen nicht Gold und Silber, diese Hauptübel, sondern treiben vielmehr Handel durch Warenaustausch; wegen der Strenge des recht langwierigen Winters verlegen sie ihre Wohnstätten in die Erde und hausen in Höhlen und Erdgräben; sie tragen Hosen, die den ganzen Körper bedecken, und verhüllen auch ihr Gesicht bis auf einen Sehschlitz.

[11] Die Taurer, am meisten durch die Ankunft der Iphigenie und des Orestes bekannt, haben schlimme Sitten und stehen in dem schlimmen Ruf, als Opfer stets Ankömmlinge zu schlachten. Der Basiliden-Stamm leitet sich von Herakles und Echidna ab; seine Sitten sind königlich (griech.: basilides), seine Waffen nur Pfeile. Die umherschweifenden Nomaden folgen den Weideplätzen ihrer Herden; solange ihr Vieh es an einem Ort aushält, so lange leben sie an einem festen Wohnsitz. Die Georger bebauen (griech.: georgein) und pflegen ihre Äcker. Den Asiaken ist Diebstahl etwas Unbekanntes; sie verwahren daher weder ihr eigenes Eigentum noch tasten sie fremdes an.

[12] Bei den weiter innen wohnenden Stämmen wird die Lebensweise rauher, die Gegend weniger zivilisiert. Krieg und Totschlag lieben sie, und es ist Sitte bei den Kriegern, das Blut des ersten getöteten Gegners noch aus der Wunde zu trinken. Je mehr einer getötet hat, um so größer ist bei ihnen sein Ansehen; kein Blut vergossen zu haben, hält man übrigens für die größte Schande. Nicht einmal ihre Vertragsabschlüsse sind unblutig: Die Friedenschließenden bringen sich selbst eine Wunde bei, mischen das so gewonnene Blut und trinken dann davon. Dies halten sie für das sicherste Unterpfand bleibender Treue.

[13] Bei den Mahlzeiten gilt es als das vergnüglichste und deshalb häufigste Thema, zu erzählen, wie viele Gegner ein jeder getötet hat; aus zwei Trinkgefäßen zecht, wer die meisten aufzählen kann – dies gilt beim fröhlichen Gelage als höchste Ehre. Ihre Trinkgefäße stellen sie aus den Schädeln ihrer schlimmsten Feinde her, ähnlich wie die Essedonen aus denen ihrer Eltern (s. II 9).

[14] Bei den Anthropophagen (griech.: Menschenfressern) werden sogar Mahlzeiten aus menschlichen Eingeweiden zubereitet. Die Gelonen

ris, se capitum. Melanchlaenis atra vestis et ex ea nomen, Neuris statum singulis tempus est, quo si velint in lupos, iterumque in eos qui fuere mutentur.

[15] Mars omnium deus; ei (et) pro simulacris enses et cinctoria (tinctoria) dedicant, hominesque pro victumis feriunt. terrae late patent, et ob excedentia ripas suas plerumque flumina nusquam non ad pabula fertiles, alicubi usque eo steriles ad cetera, ut qui habitant lignorum egentes ignes ossibus alant.

[16] his Thracia proxima est, eaque (ea quae) a Pontici lateris fronte usque in Illyrios penitus immissa, qua latera agit Histro pelagoque contingitur. regio nec caelo laeta nec solo, et nisi qua mari prop{r}ior est, infecunda, frigida, eorumque quae seruntur maligne admodum patiens, raro usquam pomiferam arborem, vitem frequentius tolera{n}t; sed nec eius quidem fructus maturat ac mitigat, nisi ubi frigora obiectu frondium cultores arcuere (arguere). viros benignius alit, non ad speciem tamen, nam et illis asper atque indecens corporum habitus est, ceterum ad ferociam et numerum, ut multi immitesque sunt maxime ferax.

[17] paucos amnis qui in pelagus evadunt, verum celeberrimos Hebrum et Neston ⟨et⟩ Strymona emittit. montes interior attollit Haemon{a} et Rhodopen (Rhodopem) et Orbelon, sacris Liberi patris et coetu Maenadum, Orph{a}eo primum initiante, celebratos. e quis Haemos in tantum altitudinis abit, ut Euxinum et Hadrian ex summo vertice ostendat.

[18] una gens Thraces habitant, aliis aliisque praediti et nominibus et moribus. quidam feri sunt et paratissimi ad mortem, Getae utique. id varia opinio perficit; alii redituras putant animas obeuntium, alii etsi non

behängen sich und ihre Pferde mit der Haut ihrer Feinde, jene mit der des übrigen Körpers, sich selbst mit der des Kopfes. Die Melanchlainen (griech.: Schwarzmäntel) tragen schwarze Gewänder und haben daher ihren Namen. Für die Neuren gibt es jeweils eine feste Zeit, zu der sie sich, wenn sie wollen, in Wölfe und dann wieder in ihre frühere Gestalt verwandeln können.

[15] Ihrer aller Gott ist Ares; ihm weihen sie statt Statuen Langschwerter und Wehrgehenke und schlachten ihm Menschen statt Opfertieren. Weithin erstrecken sich ihre Gebiete, und wegen der häufig über die Ufer tretenden Flüsse sind sie überall für Viehfutter ertragreich, sonst aber mancherorts bis zu dem Grade unfruchtbar, daß die Bewohner aus Mangel an Holz die Feuer mit Knochen unterhalten müssen.

[16] Ihnen zunächst liegt Thrakien (Karte 9); es erstreckt sich von der Außenseite der Pontischen Küste bis tief ins Gebiet der Illyrer hinein; seine beiden Längsseiten umschließen der Ister und das Meer. Die Gegend ist weder vom Klima noch vom Boden her erfreulich, und sofern sie nicht nahe am Meer liegt, ist sie unfruchtbar, kalt und nur in geringem Maße für Aussaat geeignet; selten läßt sie einmal irgendwo einen Obstbaum gedeihen, häufiger dagegen den Rebstock, doch auch dessen Früchte bringt sie nur dann zur vollen Reife, wenn die Bauern den Frost durch Aufschütten von Laubwerk fernhalten. Großzügiger ernährt die Gegend ihre Männer, nicht jedoch hinsichtlich ihrer äußeren Erscheinung, denn auch sie haben ein rauhes, häßliches Aussehen; vielmehr ist das Land besonders ergiebig für deren wilden Mut und große Zahl, denn es sind viele und rauhe Kerle.

[17] Nur wenige Ströme, die ins Meer münden, hat Thrakien, doch sehr bekannte: Hebros [Marica], Nestos [Mesta] und Strymon [Struma]. An Bergen erheben sich im Binnenland Hämos [Stara Planina/Balkan], Rhodope [Rodopi] und Orbelos [Vihren/Belasitza], bekannt durch die Riten des Dionysos und die Zusammenkünfte der Mänaden, die Orpheus einführte. Von ihnen erhebt sich der Hämos zu solcher Höhe, daß man den (Pontus) Euxinus (s. I 102) und die Adria von der Spitze seines Gipfels erblicken kann.

[18] Ein einziger Stamm, die Thraker, wohnt hier, freilich mit unterschiedlichen Namen und Gebräuchen versehen: Einige sind wild und stets zum Tode bereit, etwa die Geten. Dies bewirken verschiedene Vorstellungen: Die einen glauben, daß die Seelen der Gestorbenen wieder-

redeant non extingui tamen, sed ad beatiora transire, alii emori quidem, sed id melius esse quam vivere. itaque lugentur apud quosdam puerperia natique deflentur, funera contra festa sunt, et veluti sacra cantu lusuque celebrantur.

[19] ne feminis quidem segnis animus est. super mortuorum virorum corpora interfici simulque sepeliri votum eximium habent, et quia plures simul singulis nuptae sunt, cuius id sit decus apud iudicaturos magno certamine affectant. moribus datur estque maxime laetum, cum in hoc contenditur vincere.

[20] maerent aliae (alii) vocibus, et cum acerbissimis planctibus efferunt. at quibus consolari eas (eos) animus est, arma opesque ad rogos deferunt, paratique, ut dictitant, cum fato iacentis, si detur in manus, vel pacisci vel decernere, ubi nec pugnae nec pecuniae locus sit, ⟨...⟩ † manentque dominos proci. †

[21] nupturae virgines non a parentibus viris traduntur, sed publice aut locantur ducendae aut veneunt. utrum fiat ex specie et moribus causa est. probae formosaeque in pretio sunt, ceteras qui habeant mercede quaeruntur. vini (viri) usus quibusdam ignotus est; epulantibus tamen ubi super ignes quos circumsident quaedam semina ingesta sunt, similis ebrietati hilaritas ex nidore contingit.

[22] in litoribus Histro est proxima Histropolis, deinde Milesiis (Mallesis) deducta Callatis, tu⟨m⟩ Tomoe et portus Caria et Tiristis (Pristis) promunturium, quod praetervectos alter Ponti angulus accipit, adversus Phasiaco et nisi amplior foret similis. fuit hic Bizone, motu terrae intercidit. est portus Crunos, urbes Dionys{i}opolis, O{b}dessos, Messembria, Anchialos, et intimo in sinu, atque ubi Pontus alterum sui flexum angulo finit, magna Ap{h}ollo{pha}nia.

kehren; andere zwar nicht, daß sie zurückkommen, aber auch nicht, daß sie ausgelöscht werden, sondern daß sie in glücklichere Gefilde übergehen, wieder andere meinen, daß sie zwar wirklich sterben, doch sei dies besser als zu leben. Deshalb betrauert man bei manchen die Niederkunft und beweint die Neugeborenen, feiert dagegen Bestattungen als Feste und begeht sie unter Sang und Spiel wie etwas Heiliges.

[19] Nicht einmal ihre Frauen haben einen schlaffen Mut. Über dem Leichnam des Gatten umzukommen und mit ihm zusammen bestattet zu werden ist ihr höchster Wunsch; da aber immer mehrere mit je einem Mann verheiratet sind, streiten sie vor einem Schiedsgericht in lebhaftem Kampf darum, welche diese Ehre erlangen soll. Entschieden wird nach dem Charakter, und es gilt als höchste Freude, aus diesem Wettstreit als Siegerin hervorzugehen.

[20] Die anderen Frauen erheben Trauerrufe und tragen den Leichnam unter den heftigsten Wehklagen hinaus. Wem aber der Sinn danach steht, sie zu trösten, der bringt Waffen und Schätze zum Scheiterhaufen und erklärt sich wiederholt bereit, mit dem Geist des Toten, wenn er in seine Hand gegeben werde, seinen Frieden zu machen oder sonst eine Entscheidung herbeizuführen, da hier weder für einen Kampf noch für eine Geldübergabe der Ort sei. ⟨...⟩

[21] Jungfrauen werden für die Hochzeit nicht von den Eltern ihren Männern übergeben, sondern entweder öffentlich zur Ehe verdungen oder verkauft. Was davon geschieht, wird nach Gestalt und Charakter entschieden. Sittsame und schöne Mädchen stehen hoch im Kurs, für die anderen gibt man dem Gatten noch Geld dazu. Weingenuß ist manchen etwas Unbekanntes; sobald aber beim Mahl über das Feuer, um das sie lagern, bestimmte Samenkörner gestreut werden, ergreift sie aus dem Rauch eine dem Rausch ähnliche Fröhlichkeit.

[22] Am Gestade liegt in der Nähe des Ister [Donau] Istropolis [Istrija], dann das durch Milesier angelegte Kallatis [Mangalia], danach Tomoi [Constanza], der Karische Hafen [Sabla] und Kap Tiristis [Kap Kaliakra]; ist man an diesem vorüber, so nimmt einen ein zweiter Winkel des Pontus auf, der dem Phasischen gegenüberliegt und ihm, außer daß er größer ist, ähnelt. Hier lag Bizone [Kavarna], das durch ein Erdbeben zugrunde ging. Es folgt der Hafen Crunos, die Städte Dionysopolis [Baltchik], Odessos [Varna], Messembria [Nesebar], Anchialos [Pomorje] und tief im Innern des Golfs, wo der Pontus seine andere Biegung durch einen Winkel abschließt, das große Apollonia [Sozopol].

[23] recta dehinc ora, nisi quod media ferme in promunturium quod Thy{m}nian vocant exit, et incurvis contra se litoribus obtenditur (optenditur), urbesque sustinet Halmydeson (Helmydeson) et Philias (Phylas) et Phinopolim. hactenus Pontus.

[24] deinde est Bosphorus et Propontis, in Bosphoro Byzantion, in Propontide Selymbria, Perinthos, Bytinis; amnesque qui interfluunt Erginos et Atyras. tum Rhesso regnata quondam pars Thraciae, et Bisanthe (Bisaltae) Samiorum, et ingens aliquando Cypsela (Gypsela). post locus quem Grai Macron ti⟨c⟩hos appellant, et in radice{m} magnae paene insulae (peninsulae) sedens Lysimachia.

[25] terra quae sequitur nusquam lata atque hic artissima inter Hellespontum Aegaeumque procurrit. angustias {h}Is⟨th⟩mon, frontem eius Mast{h}usiam, totam Chersonessum appellant ob multa memorabile⟨m⟩.

[26] est in ea flumen Aegos, naufragio classis Atticae insigne; est et Abydo obiacens {et} Sestos, Leandri amore pernobile; est et regio in qua{m} Persarum exercitus divisas spatio pelagoque terras ausus pontibus iungere – mirum atque ingens facinus – ex Asia in Graeciam pedes et non navigata maria transgressus est; sunt Prot{h}esilai ossa consecrata delubro; est et portus Coelos (Scaeolos), Atheniensibus et Lac{a}edaemoniis navali acie decernentibus Laconicae classis signatus excidio; est Cyno⟨s⟩ s{a}ema, tumulus Hecubae, sive ex figura canis in quam conversa traditur, sive ex fortuna in quam deciderat, humili nomine accepto; est Madytos (Macydos), est Eleus quae finit Hellespontum.

[27] ⟨A⟩egaeum statim pelagus vaste longum litus impellit, summotasque terras hinc ad promunturium quod Sunium vocatur magno ambitu mollique circumagit. eius tractum legentibus praevectisque Mastusiam

[23] Von hier aus verläuft die Küste gerade, nur etwa in der Mitte tritt ein Kap, das man Thynia [Igne Ada] nennt, hervor, und nähert sich so dem gegenüber ausbuchtenden Gestade; sie trägt die Städte Halmydesos [Midye], Philiai und Phinopolis. Bis hierhin der Pontus!

[24] Es folgen darauf der Bosporus und die Propontis; am Bosporus liegt Byzantion [Istanbul], an der Propontis Selymbria [Silivri], Perinthos [Marmara Ereglisi] und Bytinis [Vize]; die Ströme, die dazwischen fließen, heißen Erginos [Ergene] und Atyras [Kara Su]. Darauf kommen der einst von Rhessos beherrschte Teil Thrakiens, Bisanthe [Tekirdagh], (eine Gründung) der Samier, und das einst gewaltige Cypsela [Ipsala]. Dann folgt ein Ort, den die Griechen Makron Teichos (griech.: Lange Mauer) nennen, und das am Fuß einer großen Halbinsel gelegene Lysimacheia.

[25] Das folgende Land ist nirgends breit und springt hier sogar äußerst schmal zwischen Hellespont und Ägäischem Meer vor. Die Landenge bezeichnet man als Isthmos, seine Außenseite als Mastusia, das ganze als Chersonnes [Gallipoli], aus vielerlei Gründen bemerkenswert.

[26] Hier ist der Fluß Ägos (griech.: Ziegenfluß), berühmt wegen des Schiffbruchs der Attischen Flotte (405 v. Chr). Hier liegt Sestos [Eceabat] gegenüber von Abydos [Mal Tepe], allbekannt durch die Liebe des Leander (s. I 97). Hier ist die Gegend, in der das Perserheer (480 v. Chr.) die durch einen Zwischenraum und das Meer getrennten Länder durch Brükken zu verbinden wagte – ein wunderbares, gewaltiges Unterfangen –, aus Asien nach Griechenland zu Fuß und zugleich über das Meer hinüberzog, ohne es zu befahren. Hier sind des Protesilaos Gebeine, durch ein Heiligtum geweiht. Hier ist auch der Hafen Kölos [Kilya], der, als Athener und Lakedämonier in einer Seeschlacht (411 v. Chr.) um die Entscheidung fochten, durch die Vernichtung der lakonischen Flotte bekannt wurde. Hier ist Kynos Sema (griech.: Hundemal), der Grabhügel der Hekabe, der diesen niedrigen Namen entweder durch die Gestalt des Hundes erhalten hat, in den sie verwandelt sein soll, oder nach dem Unglück, in das sie gestürzt war. Hier ist Madytos [Maydoz]; hier ist Eleus [Eski Hissarlak], das das Ende des Hellesponts bildet.

[27] Sogleich danach bespült das Ägäische Meer weithin eine lange Küste und umkreist das zurücktretende Land von hier aus bis zu dem Kap, das Sunion genannt wird, in einem großen, sanft geschwungenen Bogen. Fährt man diese Strecke ab und an Mastusia vorbei, muß man in einen

(Massusiano) sinus intrandus est qui alterum Chersonesi (Chersonense) latus alluens (abluens) iugo facie (phaciae) vallis includitur, et ex fluvio quem accipit Melas dictus duas urbes amplectitur, Alopeconnesum (alopo conensum) et in altero Isthmi (Isthim) litore (litoris) sitam Cardiam.

[28] eximia est Aenos ab Aenea profugo condita. circa H{a}ebrum Cicones, trans eundem Doriscos, ubi Xerxen (Xersen) copias suas quia numero non poterat spatio mensum ferunt. dein promunturium Ser⟨r⟩hi{phi}on, et quo canentem Orphea secuta narrantur etiam nemora Zone. tum Sthenos fluvius, et ripis eius adiacens Maronia.

[29] regio ulterior Diomeden tulit, immanibus equis mandendos solitum obiectare advenas et iisdem ab Hercule obiectum. turris quam Diomedis vocant signum fabulae remanet, et urbs quam soror eius suo nomine nominavit Abdere; sed ea magis id memorandum habet, quod Democritum physicum tulit, quam quod ita condita est.

[30] ultra Nestos fluit, interque eum et Strymona urbes sunt Philippi{a}, Apollonia, Amphipolis; inter Strymona et Athon turris Calarnaea (Calamea) et portus Capru limen, urbs Acanthos et Echinia; inter Athon et Pallenen Cleona⟨e⟩ et Olynthos (Olinthos). St{h}rymon, sicut diximus, amnis est; longeque ortus et tenuis, alienis subinde aquis fit amplior et, ubi non longe a mari lacum fecit, maiore quam venerat alveo erumpit.

[31] Atho mons adeo altus est, ut credatur altius etiam quam unde imbres cadunt surgere. capit opinio fidem, quia de aris quas in vertice sustinet non abluitur cinis, sed quo relinquitur aggere manet. ceterum non promunturio ut alii, verum totus e{s}t toto longoque (longeque) dorso procedit in pelagus.

[32] qua continenti adhaeret a Xerxe (Xerse) in Graios tendente perfossus transnavigatusque – e⟨s⟩t adhuc (athus) freto navigabili pervius.

Golf einfahren, der die andere Seite der Chersonnes bespült und von einer Gebirgskette wie ein Tal eingeschlossen ist; nach dem hier mündenden Fluß heißt er Melas (griech.: der Schwarze) [Kavak] und umfaßt zwei Städte, Alopekonnesos und das auf der anderen Küste des Isthmos gelegene Kardia [Karaköy].

[28] Berühmt ist Änos [Enez], von Äneas auf der Flucht gegründet. Um den Hebros herum wohnen die Ciconen, jenseits davon liegt Doriskos, wo Xerxes (480 v. Chr.) seine Truppenmassen, da er sie nicht zählen konnte, durch den (von ihnen eingenommenen) Raum berechnet haben soll. Sodann folgt Kap Serrhion [Makri] und die Stadt Zone [Tsoban], wo sogar die Haine dem singenden Orpheus gefolgt sein sollen, danach der Fluß Sthenos und das an seinen Ufern gelegene Maroneia.

[29] Die jenseits davon gelegene Gegend brachte den Diomedes hervor, der seinen unbändigen Rossen die Ankömmlinge zum Fraß vorzuwerfen pflegte, doch dann von Herakles eben jenen vorgeworfen wurde. Ein Turm, der des Diomedes genannt, ist als Wahrzeichen jener Geschichte geblieben, außerdem eine Stadt, die seine Schwester nach sich selbst Abdera benannt hat. Doch ist die Stadt eher deshalb bemerkenswert, weil sie den Philosophen Demokritos hervorgebracht hat, als weil sie so gegründet wurde.

[30] Jenseits davon fließt der Nestos; zwischen ihm und dem Strymon liegen die Städte Philippoi, Apollonia und Amphipolis, zwischen dem Strymon und dem Athos der Turm Kalarnäa, der Hafen Kaprulimen (griech.: Eber-Hafen), die Stadt Akanthos [Krissos] und Echinia und zwischen Athos und Pallene Kleonai und Olynthos. Der Strymon ist, wie gerade gesagt, ein Strom. Er kommt von weit her und ist von mäßiger Größe, wird aber durch fremden Zufluß allmählich größer und bricht, sobald er nicht fern vom Meer einen See gebildet hat, in größerem Flußbett als er eingeflossen war hinaus.

[31] Der Athos-Berg ist so hoch, daß man glaubt, er steige noch höher als von wo der Regen fällt. Bestätigung erhält diese Ansicht, weil von den Altären, die er auf seinem Gipfel trägt, die Asche nicht fortgespült wird, sondern auf dem Haufen bleibt, auf dem sie zurückgelassen wurde. Übrigens ragt der Athos nicht nur, wie andere Berge, mit einem Vorgebirge, sondern ganz und gar und in der vollen Länge seines Rückens ins Meer hinaus.

[32] Wo er mit dem Festland in Verbindung steht, wurde er von Xerxes auf seinem Zuge gegen die Griechen (480 v. Chr.) durchstochen und so

Bayerischer Rundfunk

ima eius tenent parvae Pelasgorum coloniae. in summo fuit oppidum Acrothoon (Acroahon), in quo, ut ferunt, dimidio longior quam in aliis terris aetas habitantium erat.

[33] Pallene soli tam patentis, ut quinque urbium sedes sit atque ager, tota in altum abit, angusta satis unde incipit. ibi est Po{n}tid⟨a⟩ea, at ubi laxius patet, Mende ⟨S⟩cionequ{a}e referendae, illa ab Eretri⟨i⟩s, haec ab Achivis capto Ilio remeantibus posita.

[34] tum Mac{h}edonum populi ⟨ali⟩quot urbes habitant, quarum Pelle{s} e⟨s⟩t maxime (maxima) illustris. alumni efficiunt, Philippus Graeciae domitor, Alexander etiam Asiae. in litore flexus M{a}egybernaeus, inter promunturia Derrhim et Canastraeum (dirimet Panastreum) et portum qui C{h}op⟨h⟩os dicitur urbes Toronen (Toronem) et Myscellam atque unde ipsi nomen est Megybernam incingit.

[35] Canastr⟨a⟩eo promunturio Sane (Sena) proxima est, Megybernaeus{a} in medio, qua terra dat gremium, modice in litora ingreditur. ceterum longis et in altum immissis lateribus ingens inde Thermaicus (inter maria) sinus est. in eum Axius per Macedonas, et iam per Thessalos Peneus (penitus) excurrit. ante Axium Thessalonice est, inter utrumque Cassandria, Cydna (Cynda), Aloros, Itharis. a Pen⟨e⟩o ad Sepi⟨a⟩da † Corynthya † Meliboea (Melyboea), Castanaea (Castanias) pares ad famam nisi quod Philoctetes (Filoctetes) alumnus M{o}eliboean illuminat.

[36] terrae interiores claris locorum nominibus insignes paene nihil ignobile ferunt. hinc non longe est Olympus, hic Pelion hic Ossa, montes gigantum fabula belloque memorati; hic Musarum parens domusque Pieria; hic novissime calcatum Graio (grato) Herculi solum, saltus Oetaeus; hic sacro nemore nobilia Tempe; hic Libethra carminum fontes.

[37] {obiacet} tum iam vaste et multum prominens Graecia, et dum Myrtoum pelagus attingat ab septentrione in meridiem vecta, qua sol ori-

durchfahren, und er ist noch heute dank der schiffbaren Meerenge durchlässig. Am Fuß liegen kleine Kolonien der Pelasger, auf dem Gipfel lag einst die Stadt Akrothoon, in der die Einwohner um die Hälfte älter als in anderen Ländern wurden.

[33] (Die Halbinsel) Pallene [Kassandra] hat ein so weites Gebiet, daß sie für fünf Städte Wohnsitz und Umland bietet; sie ragt völlig ins hohe Meer hinaus und ist, wo sie beginnt, ziemlich schmal; hier liegt Potidäa. Wo sie aber breiter daliegt, sind Mende und Skione zu erwähnen, jene von Eretriern, diese von Achäern auf der Heimfahrt nach der Eroberung Troias angelegt.

[34] Danach bewohnen makedonische Völkerschaften (Karte 10) einige Städte; von ihnen ist die berühmteste Pella. Das bewirken ihre Söhne Philipp (II.), der Bezwinger Griechenlands, und Alexander (d. Gr.), der sogar Asien unterwarf. Am Gestade liegt zwischen den Kaps Derrhis und Kanasträon die Megybernäische Bucht und schließt in sich den Hafen namens Kophos sowie die Städte Torone, Myskella und Megyberna [Molivopyrgos] ein, von der sie selbst den Namen hat.

[35] Dem Kanasträischen Kap zunächst liegt Sane; die Megybernäische Bucht dringt in der Mitte, wo das Land seinen Schoß weitet, nur mäßig in die Küste ein. Weiterhin folgt mit langen und ins hohe Meer vordringenden Seiten der gewaltige Thermäische Golf. In ihn mündet der Axios [Vardar/Axios] aus Makedonien, dann der Peneus aus Thessalien. Vor dem Axios liegt Thessalonike, zwischen beiden Flüssen Kassandreia, Kydna, Aloros und Itharis, vom Peneus bis zum Kap Sepias folgen † Korynthya †, Meliböa und Kastanäa, alle gleich bekannt, außer daß der Stadt Meliböa ihr Sohn Philoktet besonderen Glanz verleiht.

[36] Das Binnenland, ausgezeichnet durch Stätten mit berühmten Namen, bietet fast nur Berühmtes: Nicht weit von hier ist der Olymp, hier der Pelion, hier der Ossa – Berge, berühmt durch die Sage vom Gigantenkampf; hier ist der Vater der Musen und ihre Pierische Wohnstätte, hier jener Boden, den der Griechische Herakles zuletzt betrat – der Ötäische Berg –, hier das durch seinen heiligen Hain berühmte Tempe(-Tal), hier die Libethra [Litochoron], der Liederquell (der Musen).

[37] Dann folgt schon riesig und weit vorragend Griechenland, das, solange es das Myrtoische Meer berührt, sich von Norden nach Süden zieht und, wo die Sonne aufgeht, den Fluten des Ägäischen, wo sie untergeht,

Karte 10: Macedonia.

tur Aegaeis, qua occidit Ioniis fluctibus obiacet. ac pr{ox}imo spatiosa et Hellas nomine grandi fronte procedit, mox mari utroque et Ionio magis latera eius intrante, donec quattuor milia passuum pateat, media ferme prope inciditur.

[38] deinde rursum terris huc se et illuc, verum (vero) in Ionium mare magis expandentibus progressisque in altum, non tam lata quam coeperat, ingens tamen iterum et quasi paene insula extenditur, vocaturque Peloponnesos, ob sinus et promunturia, quis ut fibris litora eius incisa sunt, simul quod tenui tramite in lat⟨i⟩us effunditur, platani folio simillima.

[39] a (in) Macedonia prima est Thessalia, deinde Magnesia, P⟨h⟩thiotis, Doris, Locris, Phocis, Boeotia (Boeotis), Atthis, Megaris, sed omnium

Karte 11: Italia.

denen des Ionischen Meeres entgegentritt. Zunächst springt das Land in geräumiger Form und unter dem Namen Hellas mit großer Vorderseite vor, bald wird es von beiden Meeren, und zwar mehr vom in seine Seiten eindringenden Ionischen Meer, in der Mitte fast durchgeschnitten, bis es nur noch vier Meilen breit ist.

[38] Danach breiten sich wiederum allenthalben, in größerem Maße aber zum Ionischen Meer hin, Landmassen aus und ragen in die hohe See vor; so wird das Land zwar nicht so breit wie am Anfang, erstreckt sich aber wieder in bedeutender Größe gleichsam als Halbinsel und heißt Peloponnes, wegen der Buchten und Kaps, durch die ihre Küsten wie von Fasern zerklüftet sind, und weil sie dabei noch aus einem schmalen Zugang sich verbreitert, einem Platanenblatt sehr ähnlich.

[39] Von Makedonien aus kommt erst Thessalien, dann Magnesia, Phthiotis, Doris, Lokris, Phokis, Böotien, Atthis, Megaris; am berühmte-

Atthis clarissima; in Peloponneso Argolis, Laconice, Messenia, Achaia (Achaea), Elis, Arcadia; ultra Aetolia, Acarnania et Epiros usque in ⟨H⟩adrian.

[40] de locis atque urbibus quae mare non alluit haec maxime memoranda sunt: in Thessalia nunc Larissa aliquando Iolcos, in Magnesia Antronia, in P⟨h⟩thiotide P⟨h⟩thia, ⟨in Doride ...⟩, in Locride Cynos et Calliaros, in Phocide Delphi et mons Parnassos et Apollinis fanum atque oraculum, in Boeotia Thebae et Cithaeron, fabulis carminibusque celebratus;

[41] in Att⟨h⟩ide Eleusin Cereri consecrata, et clariores quam ut indicari egeant Athenae, in Megaride (Megarida) unde regioni nomen est Megara, ut in Argolide (Argolida) Argos et Mycenae et templum Iunonis vetustate et religione percelebre, in Laconice (Laconide) Therapnae, Lac{h}ed⟨a⟩emon, Amyclae, mons Taygetus, in Messenia (Messania) Messene et Methone;

[42] in Achaia atque Elide quondam Pisa (Pise) Oenomai, Elis etiamnum, delubrumque Olympii Iovis, certamine ⟨quidem⟩ gymnico et singulari sanctitate, ipso {quidem} tamen simulacro quod Phidiae opus est maxime nobile.

[43] Arcadiam Peloponnesiacae gentes undique incingunt. in ea sunt urbes Psophis, Tegea (Tenia), Orchomenos, montes Pholoe, Cyllenius, Parthenius, Maenalus, flumina Erymanthus et Ladon, in Aetolia Naupacto⟨s⟩, in Acarnania Stratos oppida, in Epiro Dodonaei Iovis templum, et fons ideo sacer, quod cum sit frigidus et immersas faces sicut ceteri extinguat, ubi sine igne procul admoventur accendit.

[44] at cum litora leguntur, a promunturio Sepiade per Demetrion (Demetrian) et Halon (Balon) et Pteleon et Echinon ad Pagasaeum sinum cursus est. ille urbem Pagasan amplexus amnem Sperchion accipit, et quia Minyae C{h}olc⟨h⟩ida petentes inde Argo navem solvere memora{n}tur.

[45] ab eo ad Sunium tendentibus illa praenaviganda: Mal{l}iacus et Opuntius grandes sinus, et in his caesorum etiam Laconum trop⟨a⟩ea, Thermop{h}ylae, Opoes (Oroes), ⟨S⟩carph⟨i⟩a, Cnemides (Gnemides), Alope, Ant⟨h⟩edon, Larumna{e}, Aulis, Agamemnoniae Graiorumque

sten von allen ist jedoch Atthis (Attika). Auf der Peloponnes sind Argolis, Lakonike, Messenia, Achäa, Elis, Arkadia; jenseits davon Ätolia, Akarnania und Epirus bis zur Adria.

[40] Von den Orten und Städten, die das Meer nicht bespült, sind vor allem folgende erwähnenswert: in Thessalien heute Larissa, einst Iolkos, in Magnesia Antronia, in Phthiotis Pththia, ⟨in der Doris ...⟩, in Lokris Kynos und Kalliaros, in Phokis Delphi, der Parnassos-Berg und das Heiligtum sowie die Orakelstätte Apollons, in Böotien Theben und der Kithäron, in Sage und Dichtung verherrlicht;

[41] in der Atthis Eleusis, der Demeter geheiligt, und – berühmter als daß es rühmender Worte bedürfte – Athen, in der Megaris Megara, woher die Landschaft ihren Namen hat wie in der Argolis Argos, hier auch Mykenai sowie der Tempel der Hera [Heraion von Argos], durch seinen alten Kult hochberühmt, in der Lakonike Therapnai, Lakedämon [Sparta], Amyklai, der Taygetos-Berg, in Messenia Messene und Methone;

[42] in Achäa und Elis einst Pisa, die Stadt des Önomaos, Elis, das noch heute besteht, sowie das Heiligtum des Olympischen Zeus, berühmt durch die Sportwettkämpfe und einzigartige Heiligkeit, ganz besonders aber durch sein Götterbild, ein Werk des Phidias.

[43] Arkadien schließen allseits peloponnesische Stämme ein. Hier sind die Städte Psophis, Tegea, Orchomenos, die Berge Pholoë, Kyllenios, Parthenios, Mänalos, die Flüsse Erymanthos und Ladon, in Ätolien die Stadt Naupaktos, in Akarnanien Stratos, in Epirus der Tempel des Zeus von Dodona und eine Quelle, die als heilig gilt, weil sie – sie ist zwar kalt und löscht, wie andere auch, in sie eingetauchte brennende Fackeln aus – sobald solche unangezündet in ihre Nähe gebracht werden, entflammt.

[44] Segelt man jedoch die Küste entlang, so geht die Fahrt vom Kap Sepias über Demetrios, Halos, Pteleos, Echinos zum Pasagäischen Golf. Dieser umfängt die Stadt Pagasai und nimmt den Spercheios-Strom in sich auf; und weil die Minyer auf dem Weg nach Kolchis von hier aus mit ihrem Schiff Argo in See stachen, ist er berühmt.

[45] Fährt man von dort nach Sunion, liegt folgendes am Weg: Der große Malische und der große Opuntische Golf, an ihnen das Denkmal der (480 v. Chr. gegen die Perser) gefallenen Lakoner, Thermopylai, Opoës, Skarphia, Knemides, Alope, Anthedon, Larumna, Aulis, der Ankerplatz der Flotte Agamemnons und der Griechen, als sie sich gegen

classis in Troiam coniurantium statio, Marathon magnarum multarumque virtutium testis iam inde a Thes{a}eo, Persica maxime clade pernotus;

[46] Rhamnus (Thamnis) parva, illustris tamen, quod in ea fanum est Amphiarai et Phidiaca Nemesis; Thoricos (Phoricos) et B⟨r⟩auronia olim urbes iam tantum nomina. Sunium promunturium est, finitque id litus Hellados quod spectat orientem.

[47] inde ad meridiem terra convertitur usque ad Megaram {atticae} ut modo latere ita nunc fronte pelago adiacens. ibi est Piraeus, Atheniensium portus, Scironia saxa saevo quondam Scironis hospitio etiam nunc infamia.

[48] Megarensium tractus Isthmon attingit; de illo cognomen est, quia quattuor milium spatio Aeg⟨a⟩eum mare ab Ionio summovens angusto tramite Helladi Peloponneson annectit. in eo est oppidum Cenchreae, fanum Neptuni, ludi⟨s⟩ quos Isthmicos vocant celebre{s}, Corinthos (Corynthos) olim clara opibus, post clade notior, nunc Romana colonia, ex summa arce quam Acrocorinthon (Acrocorynthon) appellant maria utraque contuens.

[49] Peloponne{n}si oram, sicut diximus, sinus et promunturia lacerant, ab oriente Bucephalos et Chersonessus et Scyllaeon, ad meridiem Malea, Taenaros, Acritas, Ic⟨h⟩thys, ad vesperum Chelonates et {t}Araxos. habitant ab Ist⟨h⟩mo ad Scyll⟨a⟩eon Epidauri⟨i⟩, Aesculapi templo incluti, et Troezenii, fide societatis Atticae illustres.

[50] portus Sar{d}onicus et {et} Sc⟨h⟩oenitas et Pogonus (Pagonus), oppida autem Epidaurus et Troezene et Hermiona his litoribus apposita sunt. inter Scyllaeon et Mal{a}ean ⟨sinus Argolicus dicitur, inter Malean⟩ et Taenaron Laconicus, inter Taenaron et Acritan ⟨Asinaeus, inter Acritan⟩ et Ic⟨h⟩thy⟨n⟩ Cyparissius.

[51] in Argolico sunt noti amnes Erasinus atque Inachus et notum oppidum Lerne, in Laconico Gythium (Cynthius) et Eurotas, in ipso Taenaro Neptuni templum et specus, illi quem in Ponto Acherusium diximus facie et fabula similis, in Asinaeo flumen Pamisum (Panypsum), in Cyparissio Alpheus. nomen dedit urbs in litore sita, huic Cyparisso⟨s⟩, illi Asine.

Troia verschworen, Marathon, Zeuge vieler großer Beispiele von Mannesmut, weitbekannt schon von Theseus her, am meisten aber durch die Niederlage der Perser (490 v. Chr.);

[46] Rhamnus, klein, aber berühmt, weil hier das Heiligtum des Amphiaraos und die Nemesis(-Statue) des Phidias stehen; Thorikos und Brauronia, einst große Städte, heute bloße Namen. Sunion ist ein Kap und bildet das Ende derjenigen Küste von Hellas, die nach Osten schaut.

[47] Von hier aus wendet sich das Land bis Megara dem Süden zu, wie vorher mit seiner Längs-, so jetzt mit seiner Vorderseite am Meer anliegend. Hier ist der Piräus, der Hafen der Athener, sowie der Skironische Fels, durch Skirons einstige grausige Bewirtung noch heute berüchtigt.

[48] Der Landstrich der Megarer stößt an den Isthmos; seinen Beinamen hat dieser davon, weil er das Ägäische Meer vom Ionischen durch einen Zwischenraum von nur vier Meilen trennt und durch einen schmalen Zugang (griech.: isthmos) die Peloponnes mit Hellas verbindet. Auf ihm liegt die Stadt Kenchreai, ein Poseidon-Heiligtum, bekannt durch die sogenannten Isthmischen Spiele, außerdem Korinth, einst berühmt durch seine Schätze, später noch bekannter durch seinen Fall (146 v. Chr.), heute eine römische Kolonie; von der Höhe ihrer Burg, die man Akrokorinthos nennt, blickt sie auf beide Meere.

[49] Die Küste der Peloponnes zerklüften, wie (II 38) gesagt, Buchten und Kaps, im Osten Bukephalos, Chersonesos [Methana] und Skylläon, im Süden Malea, Tänaros, Akritas, Ichthys, im Westen Chelonates und Araxos. Vom Isthmos bis zum Kap Skylläon wohnen die Epidaurier, vielgenannt wegen ihres Asklepios-Tempels, sowie die Troizenier, berühmt durch ihre treue Bundesgenossenschaft mit Attika (480 v. Chr. gegen die Perser).

[50] An Häfen liegen an diesen Küsten Saronikos, Schönitas und Pogonus, an Städten Epidauros, Troizene und Hermione. Zwischen Skylläon und Malea ⟨heißt der Golf der Argolische, zwischen Malea⟩ und Tänaron der Lakonische, zwischen Tänaron und Akritas der Asinäische, zwischen Akritas und Ichthys der Kyparissische.

[51] Am Argolischen Golf gibt es als bekannte Flüsse Erasinus und Inachos, als bekannte Stadt Lerna, am Lakonischen (die Stadt) Gythion und (den Fluß) Eurotas, auf dem Tänaron selbst einen Tempel des Poseidon und eine Grotte, die der am Pontus (I 103) erwähnten Acherusischen an Aussehen und Sage ähnelt; am Asinäischen Golf gibt es den Fluß Pamisos, am Kyparissischen den Alpheios. Den Namen gab ihnen jeweils eine an der Küste gelegene Stadt, diesem Kyparissos, jenem Asine.

[52] Messeni⟨i⟩ Pyliique terras colunt et ipsa pelago Pylos adiacet. Cyllene, Callipolis, Patr{i}ae oram illam tenent in quam Chelonates et Araxos excurrunt, sed Cyllene quod Mercurium ibi natum arbitrantur insignis. Rhion (Phion) deinde – maris id nomen est – anguste et velut freto latus orae sequenti⟨s⟩ incidens inter Aetolos et Peloponnesiacos usque ad Ist⟨h⟩mon irrumpit.

[53] in eo ad septentriones spectare litora incipiunt. in his est Aegion et Aegira et Olyros et Sicyon (Scion), at in adversis Pagae, Creusis, Anticyra, Oeanthia, C{h}irr⟨h⟩a et notior aliquanto nomine Calydon et Euenos extra Rhion (Phion). in Acarnania maxime clara sunt oppidum Leucas, flumen Achelous.

[54] in Epiro nihil Ambracio sinu (sini) nobilius est. facit sinus qui angusti⟨s⟩ faucibus et quae minus mille passibus pateant grande pelagus admittit, faciunt urbes quae assident (assidunt): Actium, Argi Amphilochii (Amphilochis), Ambrac{h}ia Aeacidarum regia (regna) Pyrr⟨h⟩ique. Butroton ultra est, deinde Ceraunii montes, ab his flexus est (flexibus) in Hadrian.

[55] hoc mare magno (magnum) recessu litorum acceptum et vaste quidem in latitudinem patens, qua penetrat tamen vastius, Illyricis usque Terg{r}estum, cetera Gallicis Itali⟨ci⟩sque gentibus cingitur (cinguntur). Partheni{i} et Dasaretae prima eius tenent, sequentia Taulantii (Paulanthi), Enc⟨h⟩ele⟨ae⟩, Phaeaces.

[56] dein sunt quos proprie Illyrios vocant, tum Piraei et Liburni et Histri{a}. urbium prima est Oricum, secunda Dyrrachium, Epidamnos ante erat, Romani nomen mutavere, quia velut in damnum ituris omen id visum est.

[57] ultra sunt Apollonia, Salon{i}a, Iader, Narona, Tragurium (Tracurium), sinus Polaticus et Pola, quondam a Colchis ut ferunt habitata, in quantum res transeunt! nunc Romana colonia. amnes autem ⟨A⟩eas et Nar et Danuvius (Danubius) qui iam dictus est Hister; sed ⟨A⟩eas secundum Apolloniam (Apollineam), Nar inter Piraeos et Liburnos, per

[52] Messenier und Pylier bewohnen die Gebiete, am Meer liegt Pylos selbst. Kyllene, Kallipolis und Patrai [Patras] haben den Küstenstrich inne, wo der Chelonates und Araxos münden; Kyllene ist freilich berühmt, weil Hermes dort geboren sein soll. Dann schneidet Rhion – das ist der Name eines Meeres – schmal und wie eine Meerenge die Seite der folgenden Küste ein und dringt zwischen dem Gebiet der Ätoler und Peloponnesier bis zum Isthmos [von Korinth] vor.

[53] An diesem Punkt beginnen die Küsten, nach Norden zu schauen. Auf dieser (der peloponnesischen) Seite sind Ägion, Ägira, Olyros und Sikyon, auf der gegenüberliegenden Pagai, Kreusis, Antikyra, Öantheia, Kirrha [Itea] und das dem Namen nach um einiges bekanntere Kalydon sowie Euenos außerhalb von Rhion. In Akarnanien sind am berühmtesten die Stadt Leukas und der Fluß Achelous.

[54] In Epirus ist nichts nennenswerter als der Ambrakische Golf. Das bewirkt der Golf, der durch einen engen Schlund, der weniger als eine Meile breit ist, große Wassermassen einläßt, das bewirken ferner die Städte, die an ihm liegen: Aktion, das amphilochische Argos [Amphilochia] und Ambrakia [Arta], der Königssitz der Äakiden und des Pyrrhos. Jenseits liegt Butroton, dann die Keraunischen Berge; hier ist die Biegung zur Adria.

[55] Dieses Meer wird von den weit landeinwärts tretenden Küsten aufgenommen und liegt in sehr beträchtlicher Breite da, ist aber dort, wo es tiefer eintringt, noch breiter; umgeben wird es bis Tergeste [Triest] von illyrischen, sonst von gallischen und italischen Stämmen. Den Anfang haben Parthener und Dasareten inne, das folgende Gebiet Taulantier, Enchalier und Phäaken.

[56] Darauf folgen die, welche man eigentlich Illyrier nennt, dann Piräer, Liburner und Istrier. Von den Städten ist die erste Orikon [Ériko], die zweite Dyrrhachion [Durrës], die früher Epidamnos hieß; den Namen änderten die Römer, weil er ihnen als ein Vorzeichen für künftigen Schaden (lat.: damnum) erschien.

[57] Jenseits liegen Apollonia [Polan], Salona [Solin], Iader [Zadar], Narona, Tragurion [Trogir], der Polatische Golf sowie Pola, einst, wie man überliefert, von Kolchern bewohnt – wie sehr können sich doch die Verhältnisse ändern: heute ist es eine römische Kolonie. An Strömen hingegen gibt es Äas [Vijosë], Nar [Neretva] und Danubius [Donau], der bereits (II 8) als Ister genannt wurde. Der Äas mündet bei Apollonia, der

Histros Hister emittitur. Tergeste intumo in sinu Hadriae situm finit Illyricum.

[58] de Italia magis quia ordo exigit (exegit) quam quia monstrari eget, pauca dicentur: nota sunt omnia. ab Alpibus incipit in altum excedere, atque ut procedit se media perpetuo iugo Appennini montis attollens, inter Hadriaticum et Tuscum sive, ut aliter eadem appellantur, inter Superum mare et Inferum excurrit diu solida. verum ubi longe abit, in duo cornua finditur, respicitque altero Siculum pelagus, altero Ionium: tota angusta et alicubi multo quam unde coepit angustior.

[59] interiora eius aliae aliaeque gentes, sinistra{m} parte{m} Carni (Cauni) et Veneti colunt Togatam Galliam; tum Italici populi Picentes, Frentani, Dauni, Apuli, Calabri, Sallentini. ad dextram sunt sub Alpibus Ligures, sub Appennino Etruria; post Latium, Volsci, Campania et super Lucaniam Brutti⟨i⟩.

[60] urbium quae procul a mari habitantur opulentissimae sunt ad sinistram Patavium Antenoris, Mutina et Bo⟨no⟩nia, Romanorum coloniae, ad dextram Capua a Tuscis, et Roma quondam ⟨a⟩ pastoribus condita, nunc si pro materia dicatur alterum opus.

[61] at in ori{i}s proxima est a Tergeste Concordia. interfluit Timavus novem capitibus exurgens, uno ostio emissus; dein ⟨N⟩atiso non longe a mari ditem attingit Aquileiam. ultra est Altinum.

[62] superiora (superita) late occupat litora Padus. namque ab imis radicibus Vesuli (Vesuvii) montis exortus parvis se primum e fontibus colligit, et aliquatenus exilis ac macer, mox aliis amnibus adeo augescit atque alitur, ut se per septem ad postremum ostia effundat. unum de eis Magnum Padum appellant.

[63] inde tam citus prosilit, ut discussis fluctibus diu qualem emisit undam agat, suumque etiam in mari alveum servet, donec eum ex adverso

Nar zwischen den Piräern und Liburnern, bei den Istrern der Ister. Tergeste [Triest], ganz innen im Golf der Adria gelegen, beschließt Illyricum.

[58] Über Italien (Karte 11) will ich eher, weil es die Reihenfolge erfordert als weil es der Darstellung bedürfte, einiges wenige sagen: es ist ja alles bekannt. Von den Alpen beginnt es, in die hohe See hinauszutreten, und wie es fortschreitet, erhebt es sich dann in der Mitte mit der fortlaufenden Bergkette der Apenninen und zieht sich lange festgefügt zwischen dem Adriatischen und Tuskischen [Tyrrhenischen] Meer hin, oder, wie diese anders genannt werden, zwischen dem Oberen und Unteren Meer. Doch wo es weit vorrückt, teilt es sich in zwei Hörner und ragt mit dem einen ins Sizilische Meer, mit dem anderen ins Ionische: Im ganzen ist es schmal, ja an manchen Stellen noch viel schmaler als an seinem Anfang.

[59] Das Binnenland bewohnen ganz unterschiedliche Stämme: auf der linken Seite wohnen die Karner und Veneter in Gallia Togata; dann folgen die italischen Völker: Picenter, Frentaner, Dauner, Apuler, Kalabrer und Sallentiner. Rechts sind am Fuße der Alpen die Ligurer, am Fuße des Apennin Etrurien; dahinter Latium, die Volsker, Kampanien und über Lukanien hinaus die Bruttier.

[60] Von den Städten, die fern vom Meer liegen, sind die blühendsten nach links hin Patavium [Padua], (eine Gründung) Antenors, Mutina [Modena] und Bononia [Bologna], Kolonien der Römer, nach rechts Capua, von den Tuskern, und Rom, einst von Hirten gegründet, heute jedoch, wenn man vom Baumaterial spricht, eine Neuschöpfung.

[61] An der Küste hingegen liegt von Tergeste aus zunächst Concordia [Sagittaria]. Dazwischen fließt der Timavus-Fluß [Timavo], der aus neun Quellen entspringt, jedoch in einer einzigen Mündung ausfließt. Dann berührt nicht weit vom Meer der Natiso [Natisone] das reiche Aquileia. Jenseits davon liegt Altinum [Altino].

[62] Das weiter oben gelegene Küstengebiet hat weithin der Padus [Po] inne. Er entspringt ganz am Fuße des Berges Vesulus [Monte Viso], sammelt dann erst das Wasser aus spärlichen Quellen an, ist eine Zeitlang klein und schwächlich, wächst bald aber durch andere Ströme so sehr an und wird so reichlich gespeist, daß er sich schließlich durch sieben Mündungsarme ins Meer ergießt. Einen von diesen nennt man den 'Großen Padus'.

[63] Hier springt er so rasch heraus, daß er die Meeresfluten teilt und dann noch lange sein Wasser so beibehält, wie es bei der Mündung war,

litore Histriae eodem impetu profluens Hister amnis excipiat. hac re per ea loca navigantibus, qua utrimque amnes eunt, inter marinas aquas dulcium haustus est.

[64] a Pado ad Anconam transitur Ravenna, Ariminum, Pisaurum, Fanestris (Fenestris) colonia, flumen Metaurus atque Aesis. et illa in angusto illorum duorum promunturiorum ex diverso coeuntium inflexi cubiti imagine sedens, et ideo a Grais dicta Ancon, inter Gallicas Italicasque gentes quasi terminus interest.

[65] haec enim praegressos Piceni litora excipiunt; in quibus Numana (Humana), Potentia, Cluana (Clyerna), Cupra (Cypra) urbes, castella autem Firm{i}um, Hadria, Truentinum; id et (ei) fluvio qui praeterit nomen est. ab eo Frentani illa (Frentaurilla) Matrini (maritima) habent ⟨et⟩ A{e}terni fluminis ostia, urbes Bucam (Bucara) et ⟨H⟩istonium; Dauni autem T{r}ifernum amnem, Cliterniam (Claterniam), La{c}rinum, Teanum oppida, montemque Garganum.

[66] sinus est continuo Apulo litore incinctus nomine Urias, modicus spatio pleraque asper accessu, extra Sipontum (Siponium) aut ut Grai dixere Sipuntem (Sipyllum), et flumen quod Canusium attingens Aufidum appellant, post Barium et Gnatia et Ennio cive nobiles Rudiae, et iam in Calabria Brundisium, Valetium, Lup⟨i⟩ae, Hydrus mons, tum Sallentini campi et Sallentina litora et urbs Graia Callipolis.

[67] hucusque Hadria, hucusque Italiae latus alterum pertinet. frons eius in duo quidem se cornua, sicut supra diximus, scindit; ceterum mare quod inter utraque admisit tenuibus promunturiis semel iterumque distinguens non uno margine circumit, nec diffusum patensque sed per sinus recipit.

[68] primus Tarentinus dicitur inter promunturia Sallentinum et Laci-

ja sogar sein eigenes Flußbett im Meer bewahrt, bis ihn von der gegenüberliegenden Küste Istriens der mit gleicher Kraft ausfließende Ister-Strom abfängt. Deshalb können die Seefahrer in diesen Gegenden, wo Flüsse aus zwei Richtungen fließen, mitten im Meer sogar Süßwasser schöpfen.

[64] Vom Padus bis Ancona kommt man vorbei an Ravenna, Ariminum [Rimini], Pisaurum [Pesaro], der Kolonie Fanestris [Fano], den Flüssen Metaurus und Äsis. Ancona aber liegt auf dem engen Raum, den die beiden dort aus verschiedenen Richtungen zusammentreffenden Vorgebirge bilden, wie ein gekrümmter Ellenbogen und erhielt deshalb von den Griechen den Namen Ankon (griech.: Ellenbogen); es bildet gleichsam die Grenzmarke zwischen den gallischen und italischen Stämmen.

[65] Wer an diesem Gebiet vorüber ist, den nimmt die Küste von Picenum auf. Hier liegen die Städte Numana [Umana], Potentia [Santa Maria de Potenza], Cluana und Cupra [Marano], sodann die Kastelle Firmum [Fermo], Adria [Atri], Truentinum; den gleichen Namen trägt auch der vorbeifließende Fluß [Tronto]. Von ihm aus haben die Frentaner die Flußmündungen des Matrinus und des Aternus [Pescara] sowie die Städte Buca [Termoli] und Istonium [Vasto], die Dauner aber den Tifernus-Strom [Biferno], die Städte Cliternia [Campomarino], Larinus [Larino] und Teanum sowie den Berg Garganus [Gargano].

[66] Der Golf namens Urias [Lago di Varano] ist völlig von der Küste Apuliens eingeschlossen, mäßig groß und meist schwer zugänglich; außerhalb liegt Sipontum oder, wie die Griechen es nannten, Sipus [Santa Maria de Siponto], ferner ein Fluß, der bei Canusium [Canosa di Puglia] vorbeifließt und Aufidus [Ufente] heißt, danach die Städte Barium [Bari], Gnatia [Torre d'Egnazia] und das durch seinen Bürger Ennius berühmte Rudiae [Rugge], dann bereits in Kalabrien Brundisium [Brindisi], Valetium [Valeso], Lupiae [Lecce] und der Berg Hydrus, darauf die Felder der Sallentiner, die Sallentinische Küste und die griechische Stadt Kallipolis [Gallipoli].

[67] Bis hierher erstreckt sich die Adria, bis hierher die eine Längsseite Italiens. Seine Vorderseite spaltet sich, wie oben (II 58) gesagt, in zwei Hörner. Im übrigen teilt sie das Meer, das sie zwischen beiden einläßt, immer wieder durch kleine Kaps und umgibt es daher nicht mit einem glatten Rand, nimmt es auch nicht weit geöffnet auf, sondern in einzelnen Golfen.

[68] Der erste heißt der Tarentinische, zwischen dem Sallentinischen

nium (Lacinsum), in eoque sunt Tarentus, Metapontum, Heraclea, Croton, Thurium; secundus Scyllac{a}eus inter promunturia Lacinium et Zephyrium, in quo est Petelia, Carcinus, Scyllaceum, Mystiae; tertius inter Zephyrium et Bruttium Consentiam, Cauloniam (Pauloiam), Locrosque circumdat. in Bruttio sunt Columna Rhegia, Rhegium, Scylla, Tauri⟨a⟩num et Metaurum.

[69] hinc in Tuscum mare flexus est et eiusdem terrae latus alterum, Medma (Maticana), ⟨H⟩i⟨pp⟩onium Vibove (Vibon), Temesa (Etemisa), Clampetia, Blanda (Blunda), Buxent{i}um, Velia, Palinurus olim Phrygii gubernatoris nunc loci nomen, P{r}⟨a⟩estanus sinus, P{r}⟨a⟩estum oppidum, Silerus amnis, Picentia, Petrae quas Sirenes habitarunt, Minervae promunturium, omnia Lucaniae loca;

[70] sinus Puteolanus, Syrrentum, Herculaneum (Herculanacum), Vesuvii montis aspectus, Pompei, Neapolis, Puteoli, lacus Lucrinus et Avernus, Baiae, Misenum, id nunc loci aliquando Phrygii militis nomen, Cumae, Liternum, Volturnus amnis, Volturnum oppidum, amoena Campaniae litora;

[71] Sinoessa, Liris, Minturnae, Formiae, Fundi{t}, Tarracina, Circes domus aliquando Circeia, Antium, Aphrodisium (Afrodisium), Ardea, Laurentum, Ostia citra Tiberim in hoc latere sunt.

[72] ultra Pyrgi, Minio (Anio), Castrum novum, Graviscae, Cosa (Grabus Caecosa), Telamon, Populonia, Caecina, Pisae, Etrusca et loca et nomina; deinde Luna Ligurum et Tigulia (Ligulia) et Genua et Sabatia et Albingaunum (Albincaunum); tum Paulo et Varum flumina utraque ab Alpibus delapsa, sed Varum quia Italiam finit aliquanto notius.

[73] Alpes ipsae ab his litoribus longe lateque diffusae, primo ad septentrionem magno gradu excurrunt, deinde ubi Germaniam attigerunt,

und Lakinischen Kap [Kap Colonna]; hier liegen Tarentus [Taranto], Metapontum [Metaponto], Herakleia, Kroton [Crotone] und Thurium; der zweite Golf ist der Skyllakische [Golf von Squillace], zwischen dem Lakinischen und dem Zephyrischen Kap, hier liegen Petelia [Strongoli], Karkinos, Skyllakeion [Squillace] und Mystiae; der dritte liegt zwischen dem Zephyrischen Kap und Bruttium und schließt Consentia [Consenza], Kaulonia und Lokri ein. In Bruttium sind Columna Rhegia, Rhegium [Reggio], Skylla, Taurianum und Metaurum.

[69] Hier biegt die Küste zum Tuskischen [Tyrrhenischen] Meer hin ab, und es beginnt die andere Längsseite desselben Landes (Italien). Hier liegen Medma, Hipponium bzw. Vibon, Temesa, Clampetia [S. Lucido], Blanda, Buxentum, Velia, (Kap) Palinurus [Palinuro], einst der Name eines phrygischen Steuermannes (des Äneas), jetzt der eines Ortes, der Pästanische Golf [Golf von Salerno], die Stadt Pästum, der Silerus-Strom [Sele], Picentia [Vicenza] und Petrae, das die Sirenen bewohnten, sowie das Kap der Athene [Punto della Campanella] – alles Örtlichkeiten Lukaniens;

[70] der Puteolanische Golf [Golf von Neapel], Syrrentum [Sorrent], Herculaneum, der Blick auf den Vesuv, Pompeii, Neapolis [Neapel], Puteoli [Pozzuoli], der Lukriner und Averner See, Baiae, Misenum [Miseno], jetzt eines Ortes, einst eines phrygischen Kriegers Name, Kumae, Liternum, der Volturnus-Strom, die Stadt Volturnum [Volturno] – die lieblichen Gestade Kampaniens;

[71] Sinoëssa, (der Fluß) Liris [Liri], Minturnae, Formiae [Formi], Fundi [Fondi], Tarracina [Terracina], Kirkeia, einst der Wohnsitz der Kirke, Antium [Anzio], Aphrodisium, Ardea, Laurentum, Ostia liegen diesseits des Tiber auf dieser Seite Italiens.

[72] Jenseits liegen Pyrgi, (der Fluß) Minio [Mignone], Castrum Novum [Torre Chiaruccia], Graviscae [Porto Clementino], Cosa, Telamon, Populonia [Porto Baratti], (der Fluß) Cäcina [Cecina], Pisae [Pisa] – etruskische Orte und Namen; dann Luna [Luni], (die Stadt) der Ligurer, Tigulia, Genua, Sabatia und Albingaunum [Albenga]; dann die Flüsse Paulo [Paglione] und Varum [Var], die beide von den Alpen strömen; doch ist der Varum um einiges bekannter, weil er Italiens Grenze bildet.

[73] Die Alpen selbst, die von diesen Küsten aus sich lang und breit ausdehnen, laufen zuerst mit großem Schritt nach Norden, ändern aber, sobald sie Germanien berühren, ihre Stoßrichtung und wenden sich nach

verso impetu in orientem abeunt, diremptisque populis immanibus, usque in Thraciam penetrant.

[74] Gallia Lemanno lacu et Cebennicis montibus in duo latera divisa, atque altero Tuscum pelagus attingens altero oceanum, hic a Varo illic a Rheno ad Pyren⟨a⟩eum usque permittitur. pars nostro mari apposita – fuit aliquando Bracata nunc Narbonensis – est magis culta et magis consita ideoque etiam laetior.

[75] urbium quas habet opulentissimae sunt Vasio (Vassco) Vocontiorum, Vienna Allobrogum, Avennio Cavarum, Arecomicorum Nemausus, Tolosa Tectosagum, Secundanorum Arausio, Sextanorum (Sectanorum) Arelate, Septimanorum Beterrae. sed antestat omnis (Antesta, Tonnis) Atacinorum Decimanorumque colonia, unde olim his terris auxilium fuit, nunc et nomen et decus est Martius Narbo.

[76] in litoribus aliquot sunt cum aliquis nominibus loca; ceterum rarae urbes quia rari portus, et omnis plaga austro atque africo exposita est. Nicaea tangit Alpes, tangit oppidum Deciatum (Deciacum), tangit Antipolis.

[77] deinde est Forum Iuli, Octavanorum colonia, tum post Athenopolim et Olbiam et Tauroin (Laurion) et Citharisten e⟨s⟩t Lacydon, Massiliensium portus, et in eo ipsa Massilia. haec a Phocaeis oriunda et olim inter asperas posita, nunc ut pacatis ita dissimillimis tamen vicina gentibus, mirum quam facile et tunc sedem alienam ceperit et adhuc morem suum teneat.

[78] inter eum et Rhodanum Maritima Avaticorum stagno assidet, Fossa Mariana partem eius amnis navigabili{s} alveo effundit. alioqui litus ignobile est, Lapideum (Lapideus) ut vocant, in quo Herculem contra

Osten hin, durchschneiden die Gebiete wilder Völkerschaften und dringen bis nach Thrakien vor.

[74] Gallien (Karte 12) wird durch den Lemannus-See [Genfer See] und die Cebennen-Berge [Cevennen] in zwei Seiten geteilt; mit der einen berührt es das Tuskische [Tyrrhenische] Meer, mit der anderen den Ozean, die eine erstreckt sich vom Varum, die andere vom Rhenus [Rhein] an bis zu den Pyrenäen. Der Teil, der an Unserem Meer liegt – er hieß einst Bracata, jetzt Narbonensis –, ist zivilisierter und kultivierter und bietet daher auch einen erfreulicheren Anblick.

[75] Von den Städten der Narbonensis sind die blühendsten Vasio [Vaison la Romaine] von den Vocontiern, Vienna [Vienne] von den Allobrogern, Avennio [Avignon] von den Cavaren, Nemausus [Nîmes] von den Aremoricern, Tolosa [Toulouse] von den Tectosagen, Arausio [Orange] von den Secundanen, Arelate [Arles] von den Sextanen und Beterrae [Béziers] von den Septimanen. Sie alle überragt jedoch die Kolonie der Aracinen und Decimanen, von wo aus dieses Land einst Hilfe erhielt – und noch heute hat sie einen guten Namen und Ansehen: Martius Narbo [Narbonne].

[76] An den Küsten liegen noch einige Orte mit nicht weiter wichtigen Namen. Im übrigen sind wirkliche Städte selten, weil Häfen selten sind und der ganze Landstrich dem Auster (Schirokko) und dem Africus (Westsüdwestwind aus Afrika) ausgesetzt ist. Nicäa [Nizza] liegt direkt an den Alpen, ebenso die Hauptstadt der Deciaten, ebenso Antipolis [Antibes].

[77] Dann folgt Forum Iulii [Frejús], eine Kolonie der Veteranen der Achten Legion, sodann kommt nach Athenopolis [Saint-Tropez], Olbia, Tauroïs und Kithariste die Stadt Lakydon, der Hafen von Massilia und an diesem Massilia [Marseilles] selbst. Bei der Gründung durch die Phokäer wurde diese Stadt einst inmitten roher Völkerschaften angelegt, heute ist sie Nachbarin zwar befriedeter, aber doch ihr gänzlich unähnlicher Völker – ein Wunder, wie leicht sie damals einen fremden Wohnsitz zu fassen vermochte und bis heute ihre Eigenart bewahrt.

[78] Zwischen dem Hafen von Massilia und dem Rhodanus [Rhône] liegt an einem stehenden See die Stadt Maritima der Avatiker. Die Fossa Mariana (der von C. Marius 104/3 v. Chr. veranlaßte Kanal) leitet einen Teil jenes Stroms in einem schiffbaren Bett (ins Meer) ab. Andernorts ist die Küste, 'die Steinige', wie man sie nennt, unbedeutend; Herakles soll

Karte 12: Gallia Narbonensis.

Al⟨e⟩biona et Dercynon (Bergyon), Neptuni liberos, dimicantem cum tela defecissent ab invocato Iove adiutum imbre lapidum ferunt. credas pluvisse, adeo multi passim et late iacent.

[79] Rhodanus non longe ab Histri{a} Rhenique (Archenique) fontibus surgit; dein Lemanno (Lemanne) lacu acceptus tenet impetum, seque per medium integer agens quantus venit egreditur, et inde contra in occidentem ablatus aliquamdiu (aliquandiu) Gallias dirimit, post cursu in meridiem abducto hac intrat, accessuque aliorum amnium iam grandis et subinde grandior inter Volcas et Cavaras emittitur.

Karte 13: Hispania.

hier gegen Alebion und Derkynon, die Söhne Poseidons, gefochten und, als ihm die Pfeile ausgingen, Zeus angerufen haben und von diesem durch einen Steinregen unterstützt worden sein. Man kann wohl glauben, daß es Steine geregnet habe, so viele liegen weit und breit [Ebene von Crau].

[79] Der Rhodanus [Rhône] entspringt nicht weit von den Quellen des Ister [Donau] und des Rhenus [Rhein]; vom Lemannus-See [Genfer See] aufgenommen behält er dennoch seine Strömung bei, fließt unbeschadet mitten durch den See und tritt in der Stärke aus, in der er eingetreten ist; gegenüber von dort biegt er nach Westen ab, trennt eine Zeitlang die beiden Gallien, wendet dann seinen Lauf nach Süden und tritt hier (in Gallia Narbonensis) ein, wird durch den Zuwachs anderer Flüsse dann schon zu einem bedeutenden Strom und mündet allmählich noch größer zwischen den Volcern und Cavaren.

[80] ultra sunt stagna Volcarum, Ledum flumen, castellum Latara, Mesua collis incinctus mari paene undique, ac nisi quod angusto aggere continenti annectitur insula. tum ex Cebennis demissus (demissis) Arauris (Arausis) iuxta Agathan (Achatan), secundum Beterras Orbis fluit.

[81] Atax ex Pyrenaeo monte degressus (digressus), qua sui (vi) fontis aquis venit, exiguus vadusque est, et iam ingentis alioqui alvei tenens nisi ubi Narbonem attingit nusquam navigabilis, sed cum hibernis intumuit imbribus usque eo solitus insurgere, ut se ipse non capiat. lacus accipit eum Rubraesus nomine spatiosus admodum, sed qua mare admittit tenuis aditu.

[82] ultra est Leucata litoris nomen et Salsul⟨a⟩e fons, non dulcibus aquis defluens sed salsioribus etiam quam marinae sunt; iuxta campus minuta harundine gracilique perviridis, ceterum stagno subeunte suspensus. id manifestat media pars eius quae abscissa proximis velut insula natat, pellique se atque attrahi patitur.

[83] quin et ex his quae ad imum perfossa sunt suffusum mare ostenditur. unde Grais nostrisque etiam auctoribus, verine ignorantia an prudentibus etiam mendacii{s} lubidine visum est tradere posteris, in ea regione piscem e terra penitus erui, quod ubi ex alto hucusque penetravit per ea foramina ictu captantium (caplantium) interfectus extrahitur.

[84] inde est ora Sordonum et parva flumina Telis et Ticis, ubi accrevere persaeva, colonia Ruscino, vicus Eliberrae, magnae quondam urbis et magnarum opum tenue vestigium. tum inter Pyrenaei promunturia Portus Veneris est sine (sinu) sal{s}o et Cervaria locus Galliae finis.

[85] Pyrenaeus primo hinc in Brit{t}annicum procurrit oceanum; tum in terras fronte conversus Hispaniam irrumpit, et minore parte eius ad dexteram exclusa trahit perpetua latera continuus, donec per omnem

[80] Jenseits der Mündung liegen die stehenden Seen der Volcer, der Fluß Ledum [Les], das Kastell Latara und der Hügel Mesua, auf fast allen Seiten vom Meer umgeben, wäre er nicht durch einen schmalen Damm mit dem Festland verbunden, eine Insel. Darauf münden der von den Cebennen [Cevennen] herabkommende Arauris [Hérault] neben Agatha [Agde] und nahe bei Beterrae [Béziers] der Orbis [Orb].

[81] Der Atax [Aude] entspringt auf den Pyrenäen und ist, wo er nur von seiner eigenen Quelle gespeist wird, klein und seicht, und obwohl er schon ein riesiges Bett hat, nur da, wo er Narbo berührt, schiffbar. Sooft er aber durch die winterlichen Regengüsse anschwillt, pflegt er in solchem Maße zu steigen, daß er sich selbst nicht mehr zu fassen vermag. Ein See namens Rubräsus nimmt ihn auf; dieser ist ganz geräumig, doch da, wo er das Meer einläßt, von schmaler Öffnung.

[82] Jenseits davon liegen Leucata – so heißt die Küste – und die Quelle der Salsula [Fontaine de Salses], die kein Süßwasser führt, vielmehr sogar salzigeres als Meerwasser. Daneben liegt ein Feld, das dank einer kleinen, zierlichen Art von Schilf ganz grün, sonst aber durch das darunter stehende Wasser schwankend ist. Dies zeigt sein mittlerer Teil, der, von jeder Verbindung mit dem benachbarten Land gelöst, wie eine Insel schwimmt, die sich fortstoßen und heranziehen läßt.

[83] Ja, wo man in die Tiefe gegraben hat, zeigt sich unten fließendes Meerwasser. Daher schien es griechischen wie auch unseren Schriftstellern gut, entweder aus Unkenntnis der Wahrheit oder wider besseres Wissen aus bloßer Lust zur Lüge zu berichten, in dieser Gegend grabe man einen Fisch tief aus der Erde heraus; tatsächlich nämlich wird er, sobald er von der hohen See bis hierher vorgedrungen ist, durch diese Löcher mit einem Stoß der Fänger getötet und herausgezogen.

[84] Sodann folgen die Küste der Sordoner und die kleinen Flüsse Telis und Ticis [Tech], die, wo sie anschwellen, ganz reißend werden, die Kolonie Ruscino [Castel Rousillon], das Dorf Eliberrae [Elne], der winzige Überrest einer einst großen und reichen Stadt. Dann kommt zwischen den Vorbergen der Pyrenäen Portus Veneris (Aphrodite-Hafen) [Port Vendres] ohne vorgelagerten Ankerplatz, und der Ort Cervaria [Cerbère], der Galliens Grenze bildet.

[85] Die Pyrenäen (Karte 13) verlaufen zuerst von hier zum Britannischen Ozean; dann biegen sie mit der Vorderseite ins Binnenland und dringen in Spanien ein. Den kleineren Teil lassen sie nach rechts hin lie-

provinciam longo limite immissus in ea litora quae occidenti sunt adversa perveniat.

[86] ipsa Hispania nisi qua Gallias tangit pelago undique incincta, et ubi illis adhaeret maxime angusta paulatim se in nostrum et oceanum mare extendit, magisque et magis latior ad occidentem abit ac fit ibi latissima, viris equis ferro plumbo aere argento auroque etiam abundans, et adeo fertilis, ut sicubi ob p{a}enuriam aquarum effeta ac sui dissimilis est, linum tamen aut spartum alat.

[87] tribus autem est distincta nominibus, parsque eius Tarraconensis, pars Baetica, pars Lusitania vocatur. Tarraconensis altero capite Gallias altero Baeticam Lusitaniamque contingens mari latera obicit nostro qua meridiem, qua septentrionem spectat oceano. illas fluvius Anas separat, et ideo Baetica maria utraque prospicit, ad occidentem Atlanticum, ad meridiem nostrum. Lusitania oceano tantummodo obiecta est, sed latere ad septentriones, fronte ad occasum.

[88] urbium de mediterraneis in Tarraconensi clarissimae fuerunt Palantia et Numantia, nunc est Caesaraugusta; in Lusitania Emerita, in Baetica {H}astigi, Hispal, Corduba.

[89] at si litora legas, a Cervaria proxima est rupes quae in altum Pyrenaeum extrudit, dein Ticis flumen ad Rhodam, Clodianum ad Emporia⟨s⟩, tum mons Iovis, cuius partem (parti) occidenti adversam, eminentia{m} cautium quae inter exigua spatia ut gradu⟨s⟩ subinde consurgunt, Scalas Hannibalis appellant.

[90] inde ad Tarraconem parva sunt oppida Blande, ⟨I⟩luro, Baetulo, Barcino, Subur, Tolobi; parva flumina Baetulo iuxta Iovis montem, Rubricatum in Barcinonis (Barginonis) litore, inter Subur et Tolobin Maius. Tarraco urbs est in his oris maritimarum opulentissima. Tulcis eam modicus amnis, super ingens Hiberus Dertosam (deorsum) attingit.

gen und ziehen ihre beiden Längsseiten ununterbrochen hin, bis sie sie durch die ganze Provinz in einer langen Linie geschickt haben und an die Küsten gekommen sind, die dem Westen zugewandt sind.

[86] Spanien selbst ist mit Ausnahme der Seite, wo es die beiden (s. II 74) Gallien berührt, überall vom Meer umgeben. Wo es mit diesen zusammenhängt, ist es am schmalsten, dehnt sich allmählich auf Unser Meer und den Ozean hin aus, wird immer breiter, wendet sich nach Westen und wird dort am breitesten. Es hat Überfluß an Männern, Pferden, Eisen, Zinn, Erz, Silber und sogar Gold und ist so fruchtbar, daß es sogar dort, wo es infolge Wassermangels dürr und sich selbst nicht mehr ähnlich ist, dennoch Flachs und Federgras (Esparto) hervorbringt.

[87] Durch drei Namen aber ist das Land unterschieden: ein Teil heißt Tarraconensis, einer Bätica, einer Lusitania [Portugal]. Die Tarraconensis berührt mit ihrem einen Ende Gallien, mit dem anderen Bätica und Lusitania und stößt mit ihren Längsseiten ans Meer: mit der nach Süden schauenden an Unser Meer, mit der nach Norden schauenden an den Ozean. Die beiden anderen Teile trennt der Anas-Fluß [Guadiana]; Bätica blickt daher auf beide Meere, nach Westen auf das Atlantische, nach Süden auf Unser Meer. Lusitania liegt nur am Ozean, doch mit seiner Längsseite nach Norden, mit seiner Vorderseite nach Westen.

[88] Von den Städten des Binnenlandes waren die berühmtesten in der Tarraconensis Palantia [Palencia] und Numantia, jetzt ist es Cäsaraugusta [Saragossa]; in Lusitania Emerita [Mérida], in Bätica Astigi [Ecija], Hispal [Sevilla] und Corduba [Córdoba].

[89] Fährt man aber längs der Küsten, ist als nächstes von Cervaria aus ein Fels, der die Pyrenäen in die hohe See hinaus fortsetzt; dann kommt der Ticis-Fluß bei Rhoda [Rosas], der Clodianum bei Emporiae [Ampurias], dann der Zeus-Berg, dessen dem Westen zugewandter Teil – hochragende Klippen, die mit geringem Zwischenraum wie Stufen allmählich zur Höhe führen – Treppe Hannibals genannt wird.

[90] Von hier bis Tarraco folgen die kleinen Städte Blande [Blanes], Iluro [Mataró], Bätula [Badalona], Barcino [Barcelona], Subur, Tolobi; sodann die kleinen Flüsse Bätulo [Besos] beim Zeus-Berg, Rubricatum [Llobregat] an der Küste von Barcino und Maius zwischen Subur und Tolobis. Tarraco [Tarragona] ist an dieser Küste von den Seestädten die blühendste. Der Tulcis [Francoli], ein mäßig großer Strom, bespült sie, weiter oben der mächtige Iberus [Ebro] die Stadt Dertosa [Tortosa].

[91] inde se in terras pelagus insinuat, et primum magno impetu admissum mox in duos sinus promunturio quod Ferrariam vocant finditur.

[92] prior Sucronensis (Supronensis) dicitur, maiorque ac magno satis ore pelagus accipiens, et quo magis penetratur angustior, Sorobin et Turium et Sucronem non magna excipit flumina, urbes complexus et alias quidem, sed notissimas Valentiam, et Saguntum illam fide atque aerumnis inclutam (inclytam).

[93] sequens Ilicitanus Allonem habet et Lucentiam et unde ei nomen est Ilicem. hic iam terrae magis in altum eunt, latioremque quam fuerat Hispaniam faciunt.

[94] verum ab his quae dicta sunt ad principia Baeticae praeter Carthaginem quam dux Poenorum Hasdrubal condidit nihil referendum est. in illius oris ignobilia sunt oppida et quorum mentio tantum ad ordinem pertinet, Urci (Urgi) in sinu{m} quem Urcitanum (Virgitanum) vocant, extra A⟨b⟩dera, Suel, Ex, Maenoba, Malaca, {ei}Salduba, Lac{c}ip⟨p⟩{it}o, Barbesula.

[95] fit (pit) deinde angustissimum pelagus, et proxima inter se Europae atque Africae litora montes efficiunt, ut initio diximus Columnae Herculis, Abila et Calpes, uterque quidem sed Calpes magis et paene totus in mare prominens. is mirum in modum concavus, ab ea parte qua spectat occasum medium fere latus aperit, atque inde ingressis totus admodum pervius prope quantum patet specus;

[96] et sinus ultra est in eoque Carteia, ut quidam putant aliquando Tartessos, et quam transvecti ex Africa Phoenices habitant atque unde nos sumus Tingentera. tum Melaria (Melana) et Bello et Baesippo usque ad Iunonis promunturium oram freti occupa⟨n⟩t. illud iam in occidentem et oceanum obliquo iugo excurrens, atque ei quod in Africa{m} Ampelusiam (Anpelusiam) esse dixeramus adversum, qua nostra maria sunt finit Europen.

[97] Gades insula quae egressis fretum obvia est, admonet ante reliquas dicere quam in oceani litora terrarumque circuitum, ut initio promi-

[91] Darauf buchtet sich das Meer ins Land ein, bricht zunächst mit großer Wucht vor und wird bald durch ein Kap, das man Ferraria [Kap de la Náo] nennt, in zwei Golfe geteilt.

[92] Der erste heißt der Sucronische; er ist der größere und bietet dem Meer durch eine ausreichend große Mündung Einlaß, wird jedoch, je tiefer man vordringt, um so enger, nimmt die nicht sehr großen Flüsse Sorobis [Serpis], Turius [Turia] und Sucro [Júcar] auf und schließt einige Städte ein, weniger bekannte und als die bedeutendsten Valentia [Valencia] und Sagunt, das durch seine Treue (zu Rom) und seine Leiden (bei der Belagerung durch Hannibal 220–219 v. Chr.) berühmt ist.

[93] Der folgende Golf ist der Ilicitanische; er hat (die Städte) Allo [Allone], Lucentia [Alicante] und Ilice [Elche], von der sein Namen stammt. Hier rücken die Landmassen bereits weit ins offene Meer hinaus und machen Spanien breiter als es zuvor gewesen ist.

[94] Von den bereits erwähnten Punkten an bis zum Beginn der Bätica ist außer (Neu-)Karthago [Cartagena], das der Punierführer Hasdrubal (227 v. Chr.) gegründet hat, nichts erwähnenswert. An jenen Gestaden liegen nur unbedeutende Städte, deren Erwähnung nur der Ordnung halber erfolgt: Urci am sogenannten Urcitanischen Golf, außerhalb davon Abdera [Adra], Suel, Ex, Mänoba, Malaca [Málaga], Salduba, Lacippo und Barbesula.

[95] Darauf wird das Meer ganz schmal, und eine starke Annäherung der Küsten Europas und Afrikas bewirken Berge, die bereits zu Beginn (I 27) genannten Säulen des Herakles, nämlich Abila und Kalpe [Gibraltar]; beide ragen ins Meer, doch Kalpe noch weiter, ja fast ganz. Kalpe ist auf wundersame Weise ausgehöhlt; auf der Seite, mit der er nach Westen schaut, öffnet sich etwa seine Mitte und bildet für die von hier Eintretenden eine fast in ihrer ganzen Weite zugängliche Höhle.

[96] Auch liegt jenseits von hier ein Golf und an ihm Carteia, nach der Meinung mancher das einstige Tartessos sowie das von aus Afrika übergesetzten Phöniziern bewohnte Tingentera, aus dem ich stamme. Darauf nehmen die Städte Melaria, Bello, Bäsippo [Barbate] bis zum Kap der Hera die Küste dieser Meerenge ein. Jenes läuft mit seinem schräggerichteten Kamm schon nach Westen und in den Ozean hinaus; es liegt dem auf der afrikanischen Seite schon (I 25) genannten Kap Ampelusia [Kap Spartel] gegenüber und beschließt da, wo Unser Meer ist, Europa.

[97] Die Insel Gades [Cádiz], auf die man beim Austritt aus der Meerenge stößt, mahnt dazu, vor der (I 2) versprochenen Beschreibung der

simus, oratio excedat. paucae sunt in Maeotide – inde enim videtur commodissimum incipere – neque omnes tamen incoluntur, nam ne pabula quidem large ferunt. hac re habitantibus caro magnorum piscium sole siccata et in pollinem usque contusa pro farre est.

[98] paucae et in Ponto, Leuce Borysthenis ostio obiecta, parva admodum, et quod ibi Achilles situs est Achillea cognomine. non longe a C{h}ol⟨ch⟩is Aria quae Marti consecrata, ut fabulis traditur, tulit aves cum summa clade advenientium pinnas quasi tela iaculatas. sex sunt inter Histri ostia: ex his Peuce notissima et maxima. Thynias (Cynias), Mariandynorum finibus proxuma, urbem habet, quam quia Bithyni incolunt Bithynida appellant.

[99] contra T⟨h⟩rac{h}ium Bosphorum duae parvae parvoque distantes spatio et aliquando creditae dictaeque concurrere et Cyaneae (Cyanitae) vocantur et Symplegades. in Propontide tantum Proconnesos habitatur.

[100] extra Hellespontum earum quae Asiaticis regionibus adiacent clarissimae sunt Tenedos Sig{a}eis adversa litoribus, et quo dicentur ordine ad promunturium Tauri montis expositae quas quidam dici putavere Macaron, sive quod fortunati admodum caeli solique sunt, sive quod eas suo suorumque regno Macar occupaverat:

[101] in Troade Lesbos et in ea quinque olim oppida Antissa, Pyrr⟨h⟩a, Er{h}esos, Methymna, Mitylene, in Ionia Chios et Samos, in Caria Coos, in Lycia Rhodos. in illis singulae sunt isdem nominibus urbes, in Rhodo tres quondam erant Lindos, Camiros (Camyros), Ialysos (Ilisos).

[102] quae contra Tauri promunturium importun⟨a⟩e navigantibus obiacent Chelidoniae nominantur. in sinu{m}, quem maximum Asia recepit, prope media Cypros ad ortum occasumque se immittens recto iugo inter Ciliciam Syriasque porrigitur, ingens, ut quae aliquando novem (nomen) regna ceperit et nunc aliquot urbes ferat, quarum clarissimae Sala-

Küsten des Ozeans und des äußeren Länderkreises von den übrigen Inseln zu sprechen. Wenige sind es in der Mäotis – mit diesen zu beginnen scheint am bequemsten –, freilich nicht alle bewohnt, da sie nicht einmal ausreichend Viehfutter tragen. Daher dient ihren Bewohnern das Fleisch großer Fische, das sie in der Sonne dörren und dann zu Staub zerstampfen, als Brotmehl.

[98] Wenige Inseln gibt es auch im Pontus. Leuke, das der Mündung des Borysthenes gegenüberliegt, ist recht klein; weil hier Achill begraben liegt, führt es den Beinamen Achillea. Nicht weit von den Kolchern liegt die Insel Aria, dem Ares heilig; wie in Sagen berichtet wird, hat sie Vögel hervorgebracht, die zum größten Schaden der Ankömmlinge ihre Federn wie Geschosse schleuderten. Sechs Inseln liegen zwischen den Mündungen des Ister: von ihnen ist Peuke [Piczina] die bekannteste und größte. Thynias in nächster Nähe des Gebiets der Mariandyner hat eine Stadt, die, weil sie Bithyner bewohnen, Bithynis heißt.

[99] Gegenüber dem Thrakischen Bosporus liegen zwei kleine Inseln in kleinem Abstand voneinander; man glaubt und sagt, daß sie einst aneinanderstießen, und nennt sie Kyaneen und auch Symplegaden (griech.: Zusammenschlagende). In der Propontis ist nur die Insel Prokonnesos bewohnt.

[100] Außerhalb des Hellesponts sind von den Inseln, die vor den asiatischen Landschaften liegen, die berühmtesten Tenedos gegenüber den sigeischen Küsten und in der Reihenfolge, in der sie nun angeführt werden, die, welche am Vorgebirge des Taurus liegen und von denen manche meinen, sie würden Makaron (griech.: [Inseln] der Seligen) genannt, sei es weil sie von Klima und Boden besonders begünstigt sind, sei es weil sie Makar unter seine und seiner Familie Herrschaft genommen hatte:

[101] Vor der Troas ist Lesbos, auf ihr einst fünf Städte, Antissa, Pyrrha, Eresos, Methymna und Mitylene, vor Ionien Chios und Samos, vor Karien Kos, vor Lykien Rhodos. Auf diesen Inseln gibt es jeweils nur eine Stadt mit dem Namen der Insel, nur auf Rhodos gab es einst drei: Lindos, Kamiros und Ialysos.

[102] Die Inseln, die gegenüber dem Vorgebirge des Taurus als Hindernis für die Seeleute liegen, nennt man die Chelidonischen. Innerhalb des größten Golfs, den Asien in sich aufnimmt, liegt etwa in der Mitte Zypern, das sich an Sonnenauf- und -untergang ausrichtet und mit seinem geraden Rücken in dem Winkel zwischen Kilikien und Syrien erstreckt. Es ist so riesig, daß es einst neun Königreiche faßte und noch heute einige

mis, Paphos (Pafos) et quo primum ex mari Venerem egressam accolae affirmant Palaepaphos.

[103] Arados (Parabos) in Phoenice est parva et quantum patet tota oppidum, frequens tamen, quia etiam super aliena tecta sedem ponere licet. parva et Canopos Nili ostio quod Canopicum vocant obvia est. Menelai gubernator Canopus ibi forte moriens nomen insulae, illa ostio dedit.

[104] Pharos nunc Alexandriae ponte coniungitur, olim, ut Homerico carmine proditum est, ab eisdem oris cursu diei totius abducta, et si ita res fuit, videri potest consectantibus in tantum mutatae causas Nilum praebuisse, dum limum subinde et praecipue cum exundaret litori annectens auget terras, spatiumque augescentium in vicina vada promovet.

[105] in Africa contra maiorem Syrtim Euteletos, contra minoris promunturia Menis et Cercina, contra Carthaginis sinum Chyarae, Thylae et Aegatae, Romana clade memorabiles.

[106] plures Europae litoribus appositae sunt: in Aeg⟨a⟩eo mari prope Thraciam Thasos, Imbros, Samothrace, Scandile, Polyaegos, Sciat⟨h⟩os, Halonessos, et quam aliquando omnibus qui mares erant caesis tantum feminae tenuisse dicuntur Atho monti Lemnos adversa. Pagasaeus sinus Scyron prospicit, Cicynethon (Sicynysson) amplectitur.

[107] Euboea ad meridiem promunturium Ger⟨a⟩est{h}on et Caphere a{n}, ad septentrionem Cenaeum (Cauneum) extrudit, et nusquam (nos quam) lata duum milium spatium habet ubi artissima est, ceterum longa totique Boeotiae apposita angusto freto distat a litore.

[108] Euripon vocant, rapidum mare, et alterno cursu septiens die ac septiens nocte fluctibus invicem versis adeo immodice fluens, ut ventos etiam ac plena ventis navigia frustretur. aliquot in ea sunt oppida Styra,

Städte trägt, deren berühmteste Salamis, Paphos und Paläpaphos sind, wo nach den Erzählungen der Anwohner Aphrodite zuerst dem Meere entstiegen ist.

[103] Arados [Rûad] vor Phönizien ist klein und bildet in seiner gesamten Ausdehnung nur eine einzige Stadt, die aber volkreich ist, weil man auch über einem fremden Dach seinen Wohnsitz (im zweiten Stockwerk) aufschlagen kann. Klein ist auch Kanopos, das dem sogenannten Kanopischen Mündungsarm des Nil gegenüberliegt. Der Steuermann des Menelaos, Kanopos, der hier durch einen Zufall ums Leben kam, gab seinen Namen der Insel, diese dem Mündungsarm.

[104] Pharos ist heute mit Alexandria durch eine Brücke verbunden, war aber einst, wie durch Homers Dichtung (Odyssee IV 354 ff.) überliefert ist, von dieser Küste eine ganze Tagesfahrt entfernt. Wenn dem wirklich so gewesen ist, kann man bei genauer Überlegung sehen, daß der Nil Ursache der so weitgehenden Veränderung war, indem er allmählich Schlamm, insbesondere während seiner Überschwemmung, am Ufer ansetzt, so die Ländereien vergrößert und den Schwemmboden bis zu den benachbarten Untiefen ausdehnt.

[105] Vor Afrika liegen gegenüber der Größeren Syrte Euteletos, gegenüber den Kaps der Kleineren Syrte Menis [Djerba] und Kerkina [Kerkenne], gegenüber dem Golf von Karthago Chyarae, Thylae und die Ägatischen Inseln, bemerkenswert wegen einer Niederlage der Römer (s. die Einführung S. 13).

[106] Mehr Inseln sind den Küsten Europas vorgelagert: im Ägäischen Meer nahe bei Thrakien Thasos, Imbros, Samothrake, Skandile, Polyägos, Skiathos, Halonessos und gegenüber dem Athos-Berg Lemnos, das einst nach der Ermordung sämtlicher männlicher Lebewesen nur im Besitz von Frauen gewesen sein soll. Der pagasäische Golf blickt auf Skyros und umschließt Kikynethos.

[107] Euböa läßt seine Kaps Gerästos und Kapherea nach Süden, Kenäus nach Norden vorspringen; nirgends breit, mißt es an seiner schmalsten Stelle nur zwei Meilen; im übrigen ist es langgestreckt und Böotien in seiner ganzen Länge vorgelagert, nur ein schmaler Meeresarm trennt es vom Festlandsufer.

[108] Euripos nennt man diesen reißenden Meeresarm, und in wechselnder Richtung – mit siebenmal am Tag und siebenmal in der Nacht sich wendenden Fluten – fließt er so maßlos, daß er die Winde, ja sogar das Segeln unter vollem Wind erfolglos macht. Einige Städte liegen auf

Eretria (Fretria), Pyrrha, Nesos, Oechalia, verum opulentissimae Carystos (Caristos) et Chalcis.

[109] in Atthide Helene est nota stupro Helenae, et Salamis excidio classis Persicae notior. circa Peloponneson etiam nunc in Aeg⟨a⟩eo Pity{n}ussa et Aegina Epidaurico litori proxima, Troezenio Calaur⟨i⟩a inter ignobiles alias leto Demosthenis nobilis;

[110] in Myrtoo (Myrtio) Cythera contra Malean, Oenussa⟨e⟩ et Theganusa (Tegea Nysa) contra Acritan (Acritam); ⟨in⟩ {r}Ionio Pro{s}te, ⟨Aste⟩ria, Cephallania, Neritos, Same, Zacynthos, Dulichium et inter non ignobiles Ulixis nomine Ithaca maxime illustris; in Epiro Echinades et olim Plotae nunc Strophades; contra Ambracium sinum Leucadia, et vicina Hadriatico mari Corcyra. hae Thracum Graiorumque terris obiacent.

[111] at interius Melos, Olearos, Aegina, Cothonius, Thyatira, Gyaros, Hippuris, Dionysia, Cyanos, C⟨h⟩alc{h}is, Icaria, Pinara, Nyspiros, Lebinthos, Calymnia, Syme (Libenthos, Camynis, Asyme). hae quia dispersae sunt Sporades, at Ceos (Aheos), Sicinos (Cicynos), Siphnos (Sipanos), Seriphos, Rhenea (Ahenea), Paros, Mycon⟨os⟩, S{p}yros, Tenos, Naxos, Delos, Andros quia in orbem iacent Cyclades dictae.

[112] super eas iam in medio mari ingens et centum quondam urbibus habitata Crete ad orientem promunturium Samonium, ad occidentem Criu (Calu) metopon immittit, nisi maior esset, Cypri similis, multis famigerata fabulis, adventu Europae, Pasiph⟨a⟩ae et Ariadnae amoribus, Minotauri feritate fatoque, Daedali operibus et fuga, Tali (fugata in) statione atque morte, maxime tamen eo quod ibi sepulti Iovis paene clarum vestigium, sepulcrum cui nomen eius insculptum est (esse) accolae ostendunt.

[113] urbium notissimae Cnossos, Gortyna, Lyctos, Lycastos, Olopyxos (Dopixos), Therapnae (Phaeraphae), Cydonea, Moratusa, Dictynna. inter colles quod ibi nutritum Iovem accepimus fama Idaei montis excellit.

[114] iuxta est Astypalaea (Astycla), Naumachos, Zephyre, Chryse

der Insel: Styra, Eretria, Pyrrha, Nesos, Öchalia, die blühendsten aber sind Karystos und Chalkis.

[109] Vor der Atthis [Attika] liegen die Inseln Helene, bekannt durch Helenas Ehebruch, und Salamis, noch bekannter durch den Untergang der persischen Flotte (480 v. Chr.); rings um die Peloponnes, und zwar noch immer in der Ägäis, liegen Pityussa und Ägina in nächster Nähe der epidaurischen Küste, an der troizenischen liegt Kalauria [Poros], das unter lauter sonst unbekannten durch des Demosthenes Tod bekannt ist;

[110] im Myrtoischen Meer liegen die Inseln Kythera gegenüber von Malea und Önussai sowie Theganusa gegenüber von Akrita; im Ionischen liegen Prote, Asteria, Kephallenia, Neritos, Same, Zakynthos, Dulichion und unter den auch so nicht unbekannten Inseln als durch Odysseus' Namen berühmteste Ithaka; vor Epirus liegen die Echinaden und die einst Plotai, heute Strophades benannten Inseln, gegenüber dem Ambrakischen Golf Leukadia [Leukas], in der Nachbarschaft des Adriatischen Meeres Korkyra [Korfu]. Diese Inseln liegen vor den Ländern der Thraker und Griechen.

[111] Mehr in der Mitte (der Ägäis) liegen Melos, Olearos, Ägina, Kothonios, Thyatira, Gyaros, Hippuris, Dionysia, Kyanos, Chalkis, Ikaria, Pinara, Nyspiros, Lebinthos, Kalymnia und Syme. Sie heißen wegen ihrer zerstreuten (griech.: spora) Lage Sporaden, doch Keos, Sikinos, Siphnos, Seriphos, Rhenea, Paros, Mykonos, Syros, Tenos, Naxos, Delos und Andros wegen ihrer kreisförmigen (griech.: kyklos) Anordnung Kykladen.

[112] Über sie hinaus läßt bereits mitten im Meer das riesige und einst von hundert Städten besiedelte Kreta seine Kaps Samonion nach Osten, Kriu Metopon (griech.: Widderstirn) nach Westen ragen; wäre es nicht größer als Zypern, diesem ähnlich und weit bekannt durch viele Sagen: die Ankunft der Europa, die Liebesabenteuer Pasiphaës und Ariadnes, die Wildheit und das Schicksal des Minotaurus, die Werke und die Flucht des Dädalos, den Aufenthaltsort und den Tod des Talos (durch die Argonauten), besonders aber deshalb, weil die Anwohner als ein fast untrügliches Wahrzeichen dafür, daß Zeus dort bestattet sei, ein Grabmal vorweisen, auf dem sein Name eingehauen ist.

[113] Die bekanntesten Städte sind Knossos, Gortyna, Lyktos, Lykastos, Olopyxos, Therapnai, Kydonea, Moratusa und Diktynna. Unter den Berghöhen ragt, weil hier Zeus aufgezogen sein soll, der Ruhm des Ida-Bergs hervor.

[114] Neben Kreta liegen die Inseln Astypaläa, Naumachos, Zephyre,

(Gryse), Caudos et quas Musagorus numero tres uno tamen vocabulo appella⟨n⟩t, atque unde Carpathio (Carpasio) mari cognomen est C{h}arpat⟨h⟩os. in Hadria Apsoros (Hasparos / Hasporos), Dyscelados (Dicelados), Absyrtis, Issa, Titana, Hydria, Electrides (Flecirides), nigra Corcyra, Linguarum, Diomedia, Aestria, Asine, atque ut Alexandria⟨e⟩ ita Brundisio adiacens Pharos.

[115] Sicilia, aliquando ut ferunt continens et agro Bruttio annexa, post freto maris Siculi{a} abscissa est. id angustum et anceps alterno cursu modo in Tuscum modo in Ionium pelagus perfluit, atrox saevum et Scyllae Charybdisque saevis nominibus inclutum (inclytum). Scylla saxum est, Charybdis mare, utrumque noxium appulsis. ipsa ingens et tribus promunturiis in diversa procurrens Graecae litterae imaginem quae Delta dicitur efficit.

[116] Pachynum vocatur quod Graeciam spectat, Lilyb⟨a⟩eum quod in Africam, Pelorias quod in Italiam vergens Scyllae adversum est. causa nominis Pelorus gubernator ab Hannibale ⟨ib⟩idem conditus, quem idem vir profugus ex Africa, et per ea loca Syriam petens, quia procul intuenti videbantur continua esse litora et non pervium pelagus, proditum se arbitratus occiderat.

[117] ab eo ad Pachynum ora quae extenditur Ionium mare attingens haec fert illustria: Messanam, Tauromenium, Catinam, Megarida, Syracusas et in his mirabilem Arethusam. fons est in quo visuntur iacta in Alph{a}eum amnem ut diximus Peloponnesiaco litori infusum; unde ille creditur non se consociare pelago, sed subter maria terrasque depressus huc agere alveum atque hic se rursus extollere.

[118] inter Pachynum et Lilybaeum Acragas est et Heraclea et Thermae; inter Lilybaeum et Pelorida Panhormus et Himera, interius vero Leontini et Centuripinum et Hybla aliaeque complures; famam habet ob Cereris templum Henna praecipua⟨m⟩.

Chryse, Kaudos und die, welche man trotz ihrer Dreizahl mit einem Namen Musagoros nennt, und Karpathos, von der das Karpathische Meer seinen Beinamen hat. In der Adria liegen Apsoros, Dyskelados, Absyrtis, Issa, Titana, Hydria, Elektrides, Schwarz-Korkyra, Linguarum, Diomedia, Ästria, Asine und Pharos, das Brundisium so vorgelagert ist wie (das II 104 genannte ägyptische Pharos der Stadt) Alexandria.

[115] Sizilien soll einst Festland und mit dem Gebiet von Bruttium verbunden gewesen, dann aber durch einen Arm des Sizilischen Meeres abgetrennt worden sein. Diese Meerenge hat auch zwei Gesichter, sie strömt nämlich in wechselnder Richtung bald ins Tuskische [Tyrrhenische] Meer, bald ins Ionische. Sie ist rauh und voller Schrecken sowie durch die grausigen Namen Skylla und Charybdis allbekannt. Skylla ist ein Fels, Charybdis ein Meeresteil, beide bringen den ankommenden Seeleuten Verderben. Die Insel selbst ist groß und bildet mit ihren drei in verschiedene Richtungen ragenden Kaps das Bild des griechischen Buchstabens, den man Delta nennt.

[116] Pachynos heißt das Kap, das nach Griechenland schaut, Lilybäum, das nach Afrika, Pelorias, das nach Italien ausgerichtet liegt, der Skylla gegenüber. Ursache für den Namen ist der Steuermann Pelorus, der von Hannibal ebendort begraben ist – als dieser (195 v. Chr.) auf seiner Flucht aus Afrika über diese Gegenden nach Syrien wollte, hatte er jenen getötet, weil es ihm beim Blick aus der Ferne so schien, als ob die Gestade (Siziliens und Italiens) zusammenhingen und sich kein Weg durch das Meer böte, und er sich deshalb verraten glaubte.

[117] Von hier aus bis zum Kap Pachynos zieht sich die Küste am Ionischen Meer hin und trägt folgende berühmte Stätten: Messana [Messina], Tauromenium [Taormina], Katina [Catania], Megaris [Agosta], Syrakus und darin die wunderbare Arethusa – das ist eine Quelle, in der alles wieder zum Vorschein kommt, was man in den Alpheios-Strom wirft, der, wie (II 51) erwähnt, an der peloponnesischen Küste mündet. Daher meint man, jener vermische sich nicht mit dem Meer, sondern er nehme unter Meer und Land gesenkt seinen Lauf hierher und komme hier wieder nach oben.

[118] Zwischen Pachynos und Lilybäon liegen Akragas [Agrigent], Heraklea und Thermai, zwischen Lilybäon und Peloris Panhormus [Palermo] und Himera, mehr im Binnenland aber Leontinoi [Lentini], Centuripinum [Centuripe], Hybla und andere mehr. Besondere Berühmtheit erlangt hat Henna [Enna] wegen seines Tempels der Demeter.

[119] montium Eryx maxime memoratur ob delubrum Veneris ab Aenea conditum, et Aetna quod Cyclopas olim tulit, nunc assiduis ignibus flagrat. de amnibus Himera referendus, quia in media admodum ortus in diversa decurrit, scindensque eam utrimque alio ore in Libycum alio in Tuscum mare (maxime) devenit.

[120] circa Siciliam in Siculo freto est ⟨A⟩eae⟨e⟩,quam Calypso habitasse dicitur, Africam versus Gaulos (Caulos), Melita, Cossura, propius Italiam Galata, et illae septem quas Ae{e}oli appellant Osteodes, Lipara, Herac⟨l⟩ea, Didyma, Phoenicusa, ac sicut Aetna perpetuo flagra⟨n⟩t⟨es⟩ igne Hiera et Strongyle (Stroncyles).

[121] sed (et) Pithecusa, Leucothea, Aenaria, Sidonia, Capr⟨e⟩ae, Prochyta (Corcytha), Pontiae, Pandateria, Sinonia, Palmaria (Parmaria) Italico lateri citra Tiberina ostia ⟨ad⟩iacent.

[122] ultra aliquot sunt parvae Dianium, Igilium, Carbania, Urgo, Ilva, Capraria, duae grandes fretoque divisae, {Corsica Etrusco} quarum Corsica ⟨Etrusco⟩ litori propior, inter latera tenuis et longa, praeterquam ubi Aleria (Aperta) et Mariana coloniae (celoniae) sunt a barbaris colitur.

[123] Sardinia Africum pelagus attingens, nisi quod in occidentem quam in orientem angustius spectat, par et quadrata undique et nusquam non aliquanto spatiosior quam ubi longissima est Corsica, ceterum fertilis et soli quam caeli melioris, atque ut fecunda ita paene pestilens. in ea populorum antiquissimi sunt Ilienses, urbium antiquissimae Caralis (Cararis) et Sulci.

[124] at in Gallia quas referre conveniat solae sunt Stoechades ab ora Ligurum ad Massiliam usque dispersae. Baliares in Hispania{m} contra Tarraconensia litora sitae non longe inter se distant, et ex spatio sui cognominibus acceptis maiores minoresque perhibentur. castella sunt in

[119] Von den Bergen wird der Eryx [Erice] am meisten genannt wegen eines von Äneas gegründeten Aphrodite-Heiligtums, und der Ätna, weil er einst die Kyklopen hervorgebracht hat und heute beständig in Flammen steht. Von den Strömen ist der Himera-Fluß zu nennen, weil er etwa in der Mitte der Insel entsprungen in verschiedene Richtungen abfließt, das Land in zwei Teile spaltet und mit der einen Mündung ins Libysche, mit der anderen ins Tuskische [Tyrrhenische] Meer fließt.

[120] Um Sizilien liegen in der Sizilischen Meerenge Ääe, die Kalypso bewohnt haben soll, gegenüber von Africa Gaulos [Gozo], Melita [Malta], Cossura [Pantelleria], näher an Italien Galata und jene sieben, die man Inseln des Äolos [Liparische Inseln] nennt: Osteodes [Ustica], Lipara [Lipari], Heraklea [Alicudi], Didyma [Salina], Phönikusa [Filicudi] und die wie der Ätna beständig in Flammen stehenden Inseln Hiera [Vulcano] und Strongyle [Stromboli].

[121] Hingegen liegen die Inseln Pithekusa [Ischia], Leukothea, Änaria, Sidonia, Kapreai [Capri], Prochyta [Procida], Pontiae [Ponza], Pandateria, Sinonia und Palmaria [Palmarola] vor der Längsseite Italiens diesseits der Tibermündung.

[122] Jenseits liegen einige kleine Inseln: Dianium [Giannutri], Igilium [Giglio], Carbania, Urgo, Ilva [Elba] und Capraria [Capraia] sowie zwei große, nur durch eine Meerenge getrennte Inseln, von denen Korsika der etruskischen Küste näher liegt; schmal und lang zieht es sich zwischen seinen Längsseiten hin; außer wo die Kolonien Aleria und Mariana liegen, wird es von Barbaren bewohnt.

[123] Sardinien berührt das Afrikanische Meer; es hat, abgesehen davon, daß es sich weniger gen Westen als nach Osten erstreckt, eine gleichmäßige Gestalt und bildet mit seinen Seiten ein Rechteck; überall ist Sardinien um ein gutes Stück weiter ausgedehnt als Korsika in seiner größten Länge; im übrigen ist es fruchtbar, aber sein Land ist besser als sein Klima, ja, es ist fast ebenso fruchtbar wie ungesund. Der älteste Volksstamm sind hier die Ilienser, die ältesten Städte Karalis [Cagliari] und Sulki [S. Antioco].

[124] Vor Galliens Küsten sind die einzigen Inseln, die man erwähnen sollte, die Stöchaden, vom Gestade der Ligurer an bis Massilia ganz zerstreut gelegen. Vor Spanien sind gegenüber der tarraconensischen Küste die Balearen gelegen, nicht weit voneinander entfernt. Nach ihrer Größe haben sie ihre Beinamen erhalten und werden als 'Größere' [Mallorca] und 'Kleinere' [Menorca] bezeichnet. Auf den Kleineren liegen die

minoribus Iamno (Samo) et Mago, in maioribus Palma (Parma) et Pollentia coloniae.

[125] Ebusos e regione promunturii quod in Sucronensi sinu Ferrariam vocant eodem nomine urbem habet, frumentis tantum non fecunda ad alia largior, et omnium animalium quae nocent adeo expers, ut ne ea quidem quae de agrestibus mitia sunt aut generet aut si invecta sunt sustineat.

[126] contra est Colu{m}b⟨r⟩aria, cuius meminisse succurrit, quod cum scateat multo ac malefico genere serpentium et sit ideo inhabitabilis, tamen ingressis eam intra id spatium, quod Ebusitana humo circumsignaverunt, sine pernicie et grata (rara) est, isdem illis serpentibus, qui alioqui solent obvios appetere, aspectum eius pulveris aliquod velut virus (aliudve quod verus) procul et cum pavore fugientibus.

Kastelle Iamno [Ciudadela] und Mago [Mahón], auf der Größeren die Kolonien Palma und Pollentia [Pollenca].

[125] Die Insel Ebusos [Ibiza] liegt in der Nähe des Kaps, das sich im Sucronischen Golf befindet und Ferraria heißt (s. II 99), und trägt eine Stadt gleichen Namens. Nur an Getreide ist sie nicht fruchtbar, in allen anderen Dingen um so ergiebiger; an jeglichen schädlichen Tieren hat sie so wenig, daß sie nicht einmal die friedfertigen Tiere der Wildnis hervorbringt oder, wenn sie eingeführt werden, gedeihen läßt.

[126] Gegenüber liegt die Insel Colubraria [Formentera], deren ich, wie mir einfällt, gedenken sollte; obgleich sie von einer zahlreichen und bösartigen Schlangenart wimmelt und daher nicht bewohnt werden kann, ist sie nämlich für Ankömmlinge innerhalb eines Raumes, den man mit Ebusianischer Erde umzeichnet, ohne Gefährdung und angenehm, da eben jene Schlangen, die sonst jeden, der ihnen begegnet, anzugreifen pflegen, beim bloßen Anblick dieser Erde wie sonst vor einem Gift weit und mit Schrecken fliehen.

Liber III

[1] dicta est ora nostri maris, dictae insulae quas amplectitur. restat ille circuitus quem – ⟨ut⟩ initio diximus – cingit oceanus. ingens infinitumque pelagus it magnis aestibus concitum – ita enim motus eius appellant – modo inundat campos modo late nudat ac refugit, non alios aliosque invicem neque alternis accessibus nunc in hos nunc in illos toto impetu versum, sed ubi in omnia litora, quamvis diversa sint, terrarum insularumque ex medio pariter effusum est, rursus ab illis colligitur in medium et in semet ipsum redit, tanta vi semper immissum, ut vasta etiam flumina retro agat, et aut terrestria deprehendat animalia aut marina destituat.

[2] neque adhuc satis cognitum est, anhelitune id suo mundus efficiat, retractamque cum spiritu regerat undam undique – si, ut doctioribus placet, unum animal est –, an sint depressi aliqui specus, quo reciprocata maria residant atque und{a}e se rursus exuberantia attollant, an luna causas tantis meatibus praebeat. at ortus certe eius occasusque variantur neque eodem assidue tempore, sed ut illa surgit ac demergitur ita recedere atque adventare comperimus.

[3] huc egressos sequentesque ea quae exeuntibus dextra sunt, aequor Atlanticum et ora Baeticae frontis excipit, quae nisi quod semel iterumque paululum in semet abducitur usque ad fluvium Anam paene recta est. Turduli et Bastuli habitant.

[4] in proximo sinu portus est quem Gaditanum, et lucus quem Oleastrum appellant, tum castellum Ebora in litore et procul a litore Hasta

Buch III

[1] Besprochen ist (I 24 b – II 96) die Küste Unseres Meeres, besprochen sind auch (II 97–126) die Inseln, die es umflutet; es bleibt noch jener Umkreis, den – wie anfangs (I 5 und 24) erwähnt – der Ozean umringt. Dieses gewaltige und unermeßliche Meer, das durch seine starken Gezeiten – so nämlich nennt man seine Bewegungen – ständig aufgewühlt ist, überflutet bald die Küstengebiete, bald entblößt es sie weithin vom Wasser und tritt zurück. Dabei greift es weder abwechselnd einmal diese, einmal jene an, noch brandet es in wechselnder Flut bald gegen diese, bald gegen jene Küsten mit voller Wucht; vielmehr sammelt sich das Meer, sobald es sich in all die noch so verschieden gelegenen Land- und Inselgestade von seiner Mitte her gleichmäßig ergossen hat, von jenen wieder zur Mitte hin und kehrt so in sich selbst zurück. Dabei stürmt es stets mit so großer Kraft an, daß es sogar riesige Flüsse rückwärts treibt und hierbei Landtiere überrascht bzw. Seetiere zurückläßt.

[2] Man weiß bislang noch nicht genug darüber, ob die Welt dies durch ihr Atmen bewirkt und das beim Luftholen allenthalben aufgesogene Wasser wieder ausstößt – wenn nämlich, wie manche Gelehrte meinen, die Welt ein einziges Lebewesen ist –, oder ob es gewisse unterirdische Höhlen gibt, wohin die Meere bei ihrem Rückzug einkehren und von wo sie wieder in mächtigem Strom hervortreten, oder aber ob der Mond die Ursachen für so große Bewegungen bietet. Doch sicher wechseln dessen Auf- und Untergänge, und wir wissen, daß das Meer nicht immer zur selben Zeit, sondern so, wie jener auf- und untergeht, zurückweicht und wieder herankommt.

[3] Segeln wir also von Unserem Meer aus hinaus und folgen wir dem, was rechts vom Hinausfahrenden liegt, so empfangen uns das Atlantische Meer und die Küste der Außenseite von Bätica. Diese ist, abgesehen von der einen oder anderen Einbiegung, bis zum Anas-Fluß [Guadiana] fast gerade. Hier wohnen die Turduler und Bastuler.

[4] In der nächstliegenden Bucht ist ein Hafen, den man den Gaditanischen, und ein Hain, den man den Oleastrischen nennt, dann das Kastell

colonia. extra Iunonis ara templumque est, in ipso mari monumentum Caepionis scopulo magis quam insulae impositum.

[5] Baetis ex Tarraconensi (Terraconensi) regione demissus per hanc fere mediam diu sicut nascitur uno amne decurrit, post ubi non longe a mari grandem lacum fecit, quasi ex novo fonte geminus exoritur, quantusque simplici alveo venerat tantus singulis effluit. tum sinus alter usque ad finem provinciae inflectitur, eumque parva oppida Olintigi, Ono⟨ba⟩, La⟨e⟩p{p}a contingunt.

[6] at Lusitania trans Anam, qua mare Atlanticum spectat, primum ingenti impetu in altum abit, dein resistit ac se magis etiam quam Baetica abducit.

[7] qua prominet bis in semet recepto mari in tria promunturia dispergitur: Anae proximum, quia lata sede procurrens paulatim se ac sua latera fastigat, Cuneus ager dicitur, sequens Sacrum vocant, Magnum quod ulterius est, in Cuneo sunt Myrtili, Balsa (Balio), Ossonoba, in Sacro Laccobriga (Lattobrigal) et Portus Hannibalis, in Magno Ebora.

[8] sinus intersunt: et est in proximo (proximum) Salacia, in altero Ulisippo et Tagi ostium, amnis gemmas aurumque generantis. ab his promunturiis in illam partem quae recessit, ingens flexus aperitur, in eoque sunt Turduli (Turauli) veteres Turdulorumque oppida, amnes autem ⟨Munda⟩ in medium fere {Munda} ultimi promunturii latus effluens, et radices eiusdem alluens Durius.

[9] frons illa aliquamdiu (aliquandiu) rectam ripam habet, dein modico flexu accepto mox paululum eminet, tum reducta iterum iterumque

Ebora an der Küste und entfernt von der Küste die Kolonie Hasta [Mesa de Asta]. Weiter draußen liegen ein Altar und ein Tempel der Hera, im Meer selbst das Denkmal des (Q. Servilius) Cäpio (für seinen Sieg über die Lusitanier 108 v. Chr.), eher auf einer Klippe als auf einer Insel gelegen.

[5] Der Bätis-Fluß [Guadalquivir], der aus der Tarraconensis-Region herabkommt, strömt etwa durch die Mitte dieser Gegend lange in einem einzigen Arm wie an der Quelle. Dann bildet er nicht mehr fern vom Meer einen bedeutenden See und fließt aus ihm gleichsam wie aus einer neuen Quelle in zwei Armen hervor, und so stark, wie er in dem einen Bett (in den See) eingetreten war, so stark fließt er nun in jedem der beiden. Danach bildet die Küste eine zweite Bucht bis zur Provinzgrenze; an ihr liegen die kleinen Städte Olintigi, Onoba [Huelva] und Läpa [Lepe].

[6] Lusitania aber jenseits des Anas-Flusses macht da, wo es zum Atlantischen Meer schaut, erst einen gewaltigen Vorstoß ins hohe Meer hinaus, bleibt dann stehen und zieht sich noch stärker landeinwärts zurück als Bätica.

[7] Wo es hervorragt, wird es durch das zweimal in sich aufgenommene Meer in drei Kaps geteilt: Das dem Anas-Fluß nächstgelegene heißt, weil es von einer breiten Basis ausgeht und allmählich sich und seine Flanken schräg zulaufen läßt, Cuneus Ager (Keil-Feld) [Kap Santa Maria], das folgende nennt man Sacrum (Heiliges) [Kap San Vincente], das dahinter Magnum (Großes) [Kap Roca]. Auf dem Cuneus liegen (die Städte) Myrtili [Mértola], Balsa [Torre de Tavira], Ossonoba [Faro], auf dem Sacrum Laccobriga [Lagos] und Portus Hannibalis (lat: Hannibalshafen) [Portimâo], auf dem Magnum Ebora [Evora].

[8] Dazwischen sind die zwei Golfe: am nächstgelegenen ist (die Stadt) Salacia, am anderen Ulisippo [Lissabon] und die Mündung des Tagus-Stroms [Tejo], der Edelsteine und Gold hervorbringt. Nach diesen Kaps erscheint in jenem Teil (Lusitaniens), der zurücktritt, eine riesige Einbuchtung. An ihr gibt es die Alt-Turduler und die Turduler-Städte sowie an Strömen den etwa zur Mitte der Seite des letzten Kaps strömenden Munda [Mondego] und den die Wurzeln jenes Kaps bespülenden Durius [Duero].

[9] Jene Außenseite bildet eine Zeitlang eine gerade Küste, macht dann eine mäßige Einbuchtung, tritt aber bald ein wenig vor, um dann wieder zurückzuweichen, zeigt nochmals einen geraden Rand und erstreckt sich

recto margine iacens ad promunturium quod Celticum vocamus extenditur.

[10] totam Celtici colunt, sed a Durio ad flexum Grovi, fluuntque per eos Avo, Celadus, Nebis, Minius et cui Oblivionis cognomen est Limia (Millia). flexus ipse Lambriacam urbem amplexus recipit fluvios Laeron (Laeros) et Ullam.

[11] partem quae prominet Praetamarici (Praesamarchi) habitant, perque eos Tamaris et Sars flumina non longe orta decurrunt, Tamaris secundum Ebora portum (pontum), Sars iuxta turrem Augusti titulo memorabilem. cetera Supertamarici Nerique incolunt in eo tractu ultimi. hactenus enim ad occidentem versa litora pertinent.

[12] deinde ad sept⟨entr⟩i⟨o⟩nes toto latere terra convertitur a Celtico promunturio ad Scythicum usque. perpetua eius ora, nisi ubi modici recessus ac parva promunturia sunt, ad Cantabros paene recta est.

[13] in ea primum Artabri sunt etiamnum (etianasum) Celticae gentis, deinde Astyres. in Artabris (Artabres) sinus ore angusto admissum mare non angusto ambitu excipiens Adrobricam urbem et quattuor amnium ostia incingit: duo etiam inter accolentis ignobilia sunt, per alia duo Mearus (Ducanaris) exit et Iubia (Libyca). in Astyrum litore Noega (Noeca) est oppidum, et tres arae quas Sestianas vocant in paene insula sedent et sunt Augusti nomine sacrae illustrantque terras ante ignobiles.

[14] at ab eo flumine quod Saliam vocant incipiunt orae paulatim recedere, et latae adhuc Hispaniae magis magisque spatia contrahere, usque adeo semet {et} terris (terras) angustantibus, ut earum {rerum} spatium inter duo maria dimidio minus sit qua Galliam tangunt quam ubi ad occidentem litus exporrigunt.

[15] ⟨hunc⟩ tractum Cantabri et Vardulli tenent: Cantabrorum aliquot populi amnesque sunt sed quorum nomina nostro ore concipi nequeant.

so bis zu dem Kap, das wir Celticum (Keltisches) nennen [Punto de Narija].

[10] Die gesamte Küste bewohnen keltische (Stämme), doch vom Durius bis zur Einbuchtung die Grover. Durch ihr Gebiet fließen der Avo [Ave], der Celadus [Cavado], der Nebis [Neyva], der Minius [Miño] und der Limia, der den Beinamen 'Fluß des Vergessens' führt. Die Einbuchtung selbst, die die Stadt Lambriasa [Lambre] bespült, nimmt die Flüsse Läros [Lérez] und Ulla auf.

[11] Den Vorsprung (vgl. III 9) bewohnen die Prä-Tamaricer. Durch ihr Land strömen die Flüsse Tamaris [Tambre] und Sars [Sar], die nicht weit davon ihre Quelle haben; der Tamaris mündet beim Hafen Ebora, der Sars neben einem Turm, der wegen einer Inschrift des Augustus bemerkenswert ist. Das übrige bewohnen die Super-Tamaricer und Nerer, in diesem Landstrich die letzten (Stämme). Bis hierhin nämlich reichen die zum Westen gewandten Küsten.

[12] Von hier wendet sich das Land mit seiner gesamten Seite nach Norden, vom Keltischen Kap an bis zum Skythischen. Seine Küsten bilden eine ununterbrochene Linie, die, abgesehen von maßvollen Einbuchtungen und kleinen Vorgebirgen, bis zu den Kantabrern (s. III 15) fast gerade verläuft.

[13] An ihr gibt es erst die Artabrer, die noch immer keltischen Stammes sind, dann die Astyren. Im Gebiet der Artabrer bespült der Golf, von einer kleinen Öffnung eingelassen, in einem durchaus nicht engen Becken die Stadt Ardobrica sowie vier Flußmündungen: zwei davon sind selbst bei den Einheimischen nicht weiter bekannt, die beiden anderen bilden den Ausfluß von Mearus und von Iubia. An der Astyren-Küste liegt die Stadt Noega, und drei Altäre, die man (nach L. Sestius, dem Legaten des Augustus 25–24 v. Chr.) die Sestianischen nennt, liegen auf einer Halbinsel; sie sind dem Namen des Augustus geweiht und machen das vorher unbekannte Land berühmt.

[14] Doch von jenem Fluß an, den man Salias [Sella] nennt, beginnen die Küsten allmählich zurückzutreten und so die bisherige Breite Spaniens mehr und mehr zu beschränken. Schließlich verengt sich das Land so sehr, daß seine Ausdehnung zwischen den beiden Meeren (dem Atlantischem und Unserem) in dem Teil, wo es Gallien berührt, um die Hälfte kleiner ist als auf der Seite, wo es seine Küsten nach Westen ausdehnt.

[15] Diesen Landstrich besitzen die Kantabrer und Varduller: Bei den Kantabrern gibt es einige Unterstämme und Ströme, doch können deren

per †eundi† et Salaenos Saunium, per Autrigones (Auariginos) et Orgenomescos (Orgenomes quos) Namnasa descendit, et †Devales Tritino Bellunte cingit, et Decium Aturia Sonans Sauso et Magrada†. Vardulli una gens hinc ad Pyrenaei iugi promunturium pertinens cludit Hispanias.

[16] sequitur Galliae latus alterum, cuius ora primo nihil progressa in altum mox tantundem paene in pelagus excedens quantum retro Hispania abscesserat, Cantabricis fit adversa terris, et grandi circuitu afflexa ad occidentem litus advertit. tunc ad septentriones conversa iterum longo rectoque tractu ad ripas Rheni amnis expanditur.

[17] terra est frumenti praecipue ac pabuli ferax et amoena lucis immanibus. quicquid ex satis frigoris impatiens est aegre (ager) nec ubique alit, salubris, et noxio genere animalium minime frequens.

[18] gentes superbae superstitiosae aliquando etiam immanes adeo, ut hominem optimam et gratissimam diis victimam crederent. manent vestigia feritatis (veritatis) iam abolitae, atque ut ab ultimis caedibus temperant, ita nihilominus, ubi devotos (devotas) altaribus admovere, delibant. habent tamen et facundiam suam magistrosque sapientiae druidas.

[19] hi terrae mundique magnitudinem et formam, motus caeli ac siderum et quid dii velint, scire profitentur. docent multa nobilissimos gentis clam et diu, vicenis (vicinis) annis, aut in specu aut in abditis saltibus. unum ex his quae praecipiunt in vulgus effluxit, videlicet ut forent ad bella meliores, aeternas esse animas vitamque alteram ad manes. itaque cum mortuis cremant ac defodiunt apta viventibus. olim negotiorum

Namen mit unserem Mund nicht wiedergegeben werden. Durch ihr Gebiet (?) und das der Salänen fließen der Saunium [Saja], durch das der Autrigonen und Orgenomescer der Namnasa [Nansa] hinab, der †Devales berührt Tritinon und Bellunte, Decium die Aturia, Sonans der Sauso und die Magrada.† Die Varduller erstrecken sich als der einzige Stamm von hier aus bis zum Kap der Pyrenäenkette und bilden den Abschluß (der Provinzen) von Spanien.

[16] Es folgt die andere (dem Ozean zugewandte) Seite Galliens: Seine Küste springt zunächst nicht ins hohe Meer vor, bald aber tritt sie fast ebensoweit in die See hinaus, wie Spanien sich landeinwärts gezogen hatte, und kommt gegenüber dem Land der Kantabrer zu liegen. In einem gewaltigen Bogen wendet sich das Gestade nun nach Westen und macht dann eine Schwenkung nach Norden und erstreckt sich schließlich wiederum in langer, gerader Linie bis zu den Ufern des Rhenus-Stroms [Rhein].

[17] Das Land ist ergiebig, besonders an Getreide und Viehfutter, und ist durch außerordentlich große Haine lieblich anzusehen. Saatgut, das gegen Kälte nicht unempfindlich ist, bringt es nur kümmerlich und auch nicht überall hervor. Es ist gesund, und schädliche Tierarten sind keineswegs häufig.

[18] Die Volksstämme sind stolz und abergläubisch, ja manchmal auch so ungefüge, daß sie (früher) Menschen für das beste und den Göttern wohlgefälligste Opfertier hielten. Noch heute bestehen Spuren dieses bereits abgeschafften rohes Brauches: Zwar enthalten sie sich der schließlichen Schlachtung, weihen aber nichtsdestotrotz, wenn sie die den Göttern Geweihten zu den Altären schleppen, ihr Blut als Opfer. Andererseits besitzen sie eine natürliche Redegabe und haben als Lehrer ihrer Weisheit Druiden.

[19] Diese geben an, die Größe und Gestalt des Landes, die Bewegungen des Himmels und der Sterne sowie den Willen der Götter zu kennen. Sie unterweisen die Edelsten ihres Volkes heimlich und lange – je zwanzig Jahre – in vielerlei Dingen entweder in einer Höhle oder in abgelegenen Bergwäldern. Ein Punkt ihrer Lehre ist auch zum Volk vorgedrungen: Um dieses für den Kampf besser geeignet zu machen, lehren die Druiden, die Seele sei unsterblich und nach dem Tode beginne bei den Verstorbenen ein neues Leben; daher verbrennen und bestatten sie zusammen mit den Toten für Lebende geeignete Dinge. Früher schrieb man den Unter-

ratio etiam et exactio crediti deferebatur ad inferos, erantque qui se in rogos suorum velut una victuri libenter immitterent.

[20] regio quam incolunt omnis Comata Gallia. populorum tria su{mm}a nomina sunt, terminanturque fluviis ingentibus. namque a Pyrenaeo ad Garunnam Aquitani{a}, ab eo ad Sequanam Celtae, inde ad Rhenum pertinent Belgae. Aquitanorum clarissimi sunt Ausci, Celtarum Haedui, Belgarum Treveri (Treviri), urbesque opulentissimae in Treveris (Treviris) Augusta, in Haeduis Augustodunum, in Auscis Eliumberrum.

[21] Garunna ex Pyrenaeo monte delapsus (dilapsus), nisi cum hiberno imbre aut solutis nivibus intumuit, diu vadosus et vix navigabilis fertur. at ubi obviis (obvius) oceani exaestuantis accessibus adauctus est, isdemque retro remeantibus suas illiusque aquas agit, aliquantum plenior, et quanto magis procedit eo latior fit, ad postremum magni freti similis; nec maiora tantum navigia tolerat, verum more etiam pelagi saevientis exurgens iactat navigantes atrociter, utique si alio ventus alio unda praecipitat.

[22] in eo est insula Antros nomine, quam pendere et attolli aquis increscentibus ideo incolae existimant, quia cum videantur editiora quis obiacet, ubi se fluctus implevit, illa operit, haec ut prius tantum ambit⟨ur⟩, et quod ea quibus ante ripae collesque ne cernerentur obstiterant, tunc velut ex loco superiore perspicua sunt.

[23] ab Garunnae exitu latus illud incipit terrae procurrentis in pelagus et ora Cantabricis adversa litoribus, aliis (altis) populis media eius habitantibus, ab Santonis ad Ossismos usque deflexa. ab illis enim iterum ad septentriones frons litorum respicit, pertine{n}tque ad ultimos Gallicarum gentium Morinos, nec portu quem Gesori{ci}acum vocant quicquam notius habet.

irdischen auch die Sorge für geschäftliche Angelegenheiten und das Eintreiben von Schulden zu, und mancher stürzte sich gerne in den Scheiterhaufen der Seinen, um gleichsam mit ihnen weiterzuleben.

[20] Die Landschaft, die sie bewohnen, heißt insgesamt Gallia Comata. Die sie bewohnenden Völker haben eigene Bezeichnungen, gewaltige Flüsse bilden ihre Grenzen: Denn von den Pyrenäen bis zum Garunna-Fluß [Garonne] reichen die Aquitaner, von ihr bis zum Sequana-Fluß [Seine] die Kelten, von dort bis zum Rhenus [Rhein] die Belger. Unter den Aquitanern sind die bedeutendsten die Auscer, unter den Kelten die Häduer, unter den Belgern die Treverer, und die blühendsten Städte sind bei den Treverern Augusta [Trier], bei den Häduern Augustodunum [Autun] und bei den Auscern Eliumberrum [Auch].

[21] Die Garunna fließt vom Pyrenäengebirge herab; wenn sie nicht vom Winterregen oder der Schneeschmelze angeschwollen ist, bleibt sie weithin seicht und kaum schiffbar. Doch wenn sie durch den ihr (bei Flut) entgegenwogenden Ozean Zufluß erhält und beim Rückfluß sowohl ihr eigenes Fluß- als auch das Meerwasser mit sich führt, dann wird sie um einiges mehr gefüllt, und je weiter sie vordringt, desto breiter schwillt sie an und ähnelt schließlich einem großen Meeresarm. Sie trägt nun nicht nur größere Schiffe, sondern wirft die Seeleute auch wie eine rauhe See auf hohen Wellen hin und her, insbesondere wenn Wind und Strömung aus verschiedenen Richtungen kommen.

[22] In diesem Meeresarm liegt eine Insel namens Antros, von der die Eingeborenen glauben, sie schwebe und erhebe sich bei steigender Flut; sie nennen dafür zwei Gründe: Obwohl das Land, dem sie gegenüberliegt, höher erscheint, wird es, wenn die Flut ihren Höhepunkt erreicht hat, vom Wasser bedeckt, während die Insel wie zuvor nur umspült wird; auch kann man Gelände, das wegen vorgelagerter Gestade und Hügel vorher nicht zu überblicken war, dann wie von einem höher gelegenen Ort aus überschauen.

[23] Von der Mündung des Garunna-Flusses an beginnt jene Seite (Galliens), die ins Meer vorspringt und die den Gestaden der Kantabrer gegenüberliegende Küste (s. III 16); sie zieht sich von den Santonen bis zu den Ossismern hin; dazwischen wohnen noch andere Volksstämme. Von den Ossismern an blickt die Außenseite der Gestade wieder nach Norden und erstreckt sich bis zum letzten der gallischen Stämme, den Morinern; hier gibt es nichts Bekannteres als den Hafen, den man Gesoriacum [Boulogne] nennt.

[24] Rhenus Alpibus decidens prope a capite duos lacus efficit Venetum et Acronum. mox diu solidus et certo alveo lapsus haud procul a mari huc et illuc dispergitur, sed ad sinistram (sinistrum) amnis etiamnum et donec effluat Rhenus, ad dextram primo angustus et sui similis, post ripis longe ac late recedentibus iam non amnis sed ingens lacus ubi campos implevit Flevo dicitur, eiusdemque nominis insulam amplexus fit iterum artior iterumque fluvius emittitur.

[25] Germania hinc ripis eius usque ad Alpes, a meridie ipsis Alpibus, ab oriente Sarmaticarum confinio gentium, qua septentrionem spectat oceanico litore obducta est.

[26] qui habitant immanes sunt animis atque corporibus, et ad insitam feritatem vaste utraque exercent, bellando animos, corpora assuetudine laborum maxime frigoris. nudi agunt antequam puberes sint, et longissima apud eos pueritia est. viri sagis velantur aut libris arborum, quamvis saeva hieme. nandi non patientia tantum illis, studium etiam est.

[27] bella cum finitimis gerunt, causas eorum ex libidine arcessunt, neque imperitandi prolatandique quae possident, nam ne illa quidem enixe colunt, sed ut circa ipsos quae iacent vasta sin{un}t.

[28] ius in viribus habent, adeo ut ne latrocinii quidem pudeat, tantum hospitibus boni, mitesque supplicibus. victu ita asperi incultique, ut cruda etiam carne vescantur aut recenti, aut cum rigentem in ipsis pecudum ferarumque coriis, manibus pedibusque subigendo renovarunt.

[29] terra ipsa multis impedita fluminibus, multis montibus aspera et magna ex parte silvis ac paludibus invia. paludium Suesia, Metia et Mel-

[24] Der Rhenus [Rhein] fließt von den Alpen herab; in der Nähe seiner Quelle bildet er zwei Seen, den Venetischen [Obersee des Bodensees] und den Acronischen [Untersee]; bald fließt er wieder lange ungeteilt in einem bestimmten Bett dahin, spaltet sich dann aber nicht fern vom Meer in zwei Arme: die linke Seite heißt auch jetzt noch bis zu der Mündung Rhenus, auf der rechten Seite ist der Fluß zunächst schmal und seiner alten Gestalt ähnlich, dann aber treten seine Ufer weit und breit zurück, und nicht mehr als Strom, sondern als gewaltiger See heißt er, wo er die Ebenen überflutet, Flevo; er umströmt eine Insel gleichen Namens [Vlieland], wird darauf erneut schmaler und mündet schließlich wieder als Fluß.

[25] Germanien (Karte 14) wird auf dieser Seite (im Westen) von seinen Ufern bis zu den Alpen, im Süden durch die Alpen selbst, im Osten durch die benachbarten Stämme der Sarmaten und auf der Nordseite durch die Küste des Ozeans umgrenzt.

[26] Seine Bewohner sind ungefüge an Geist und Körper. Ihrer angeborenen Wildheit entsprechend üben sie beides auf das eifrigste: ihren Mut durch Kampf und ihren Körper durch die Gewöhnung an Strapazen, insbesondere an Kälte. Nackt bleiben sie, bis sie mannbar sind, und ihre Kindheit dauert sehr lange. Die Männer bekleiden sich nur mit kurzen Umhängen oder Baumrinde, mag der Winter noch so hart sein. Im Schwimmen zeigen sie nicht nur Ausdauer, sondern auch Eifer.

[27] Mit ihren Nachbarn führen sie Kriege, wobei sie die Gründe dafür nach Belieben aufgreifen, nicht etwa aus Herrschsucht oder zwecks Erweiterung ihres Besitzes – denn nicht einmal diesen bestellen sie eifrig –, sondern nur, damit das Gebiet, das um ihres herum liegt, brach liegt.

[28] Sie üben das Faustrecht aus, so daß sie sich nicht einmal des Raubens schämen; nur Gästen gegenüber sind sie gütig und mild gegen Schutzflehende. So rauh und unzivilisiert ist ihre Lebensweise, daß sie sogar rohes Fleisch essen, entweder frisches oder aber solches, das sie, wenn es direkt in der Haut der wilden und zahmen Tiere gefroren ist, mit Händen und Füßen bearbeitet und so wieder genießbar gemacht haben.

[29] Das Land selbst ist wegen der vielen Flüsse kaum gangbar, durch die vielen Gebirge rauh und zum größten Teil durch Wälder und Sümpfe unwegsam. Von den Sümpfen sind der Suesische, der Metische und der Melsyagum die bedeutendsten, von den Wäldern der Hercynische sowie ei-

Karte 14: Germania.

syagum maximae, silvarum Hercynia et aliquot sunt, quae nomen habent, sed illa dierum sexaginta iter occupans, ut maior aliis ita notior.

[30] montium altissimi Taunus et Retico, nisi quorum nomina vix est eloqui ore Romano. amnium in alias gentes exeuntium Danubius et Rhodanus, in Rhenum Moenis et Lupia, in oceanum Amissis, Visurgis et Albis clarissimi.

[31] super Albim Codanus ingens sinus magnis parvisque insulis refertus est. ⟨h⟩ac re mare quod gremio litorum accipitur nusquam late patet nec usquam mari simile, verum aquis passim interfluentibus ac saepe transgressis vagum atque diffusum facie amnium spargitur; qua litora

Karte 15: Scythia.

nige andere, die besondere Namen führen, doch ist jener, der sich sechzig Tagesreisen weit erstreckt, als der größere von ihnen auch der bekanntere.

[30] Von den Bergen sind die höchsten der Taunus und der Retico, abgesehen von anderen, deren Namen man mit römischem Mund nicht wiedergeben kann. Von den Strömen, die auch in das Gebiet anderer Völker hinaustreten, sind am berühmtesten der Danubius [Donau] und der Rhodanus [Rhône], von den Nebenflüssen des Rhenus [Rhein] Moenis [Main] und Lupia [Lippe], von den in den Ozean mündenden Amissis [Ems], Visurgis [Weser] und Albis [Elbe].

[31] Oberhalb des Albis liegt der riesige Codanus-Golf (Ostsee), voll von großen und kleinen Inseln. Dadurch bildet das Meer, das im Schoß dieser Küsten aufgenommen wird, nirgends weite Flächen und gleicht daher nirgends einem Meer; da vielmehr seine Fluten vielerorts eindringen und häufig sogar (aufs Land) hinübertreten, erscheint es regellos und

attingit, ripis contentum (contentus) insularum non longe distantibus et ubique paene tantundem, it angustum et par freto, curvansque se subinde longo supercilio inflexum est.

[32] in eo sunt ⟨C⟩imbri et Teutoni (Tautoni), ultra ultimi Germaniae Hermiones.

[33] Sarmatia intus quam ad mare latior, ab his quae sequuntur Vistula amne discreta, qua retro abi{i}t usque ad Histrum flumen immittit⟨ur⟩. gens habitu armisque Parthicae proxima, verum ut caeli asperioris ita ingenii.

[34] non se urbibus tenent et ne statis quidem sedibus. ut invitavere pabula, ut cedens ut sequens hostis exegit, ita res opesque secum trahen⟨te⟩s semper castra habitant; bellatrix libera indomita et usque eo immanis atque atrox, ut feminae etiam bella cum viris ineant; atque ut habiles sint, natis statim dextra aduritur mamma. inde expedita in ictus manus quae exeritur, virile fit pectus.

[35] arcus tendere equitare venari puellaria pensa sunt; ferire hostem adultarum stipendium est, adeo ut non percussisse pro flagitio habeatur, sitque eis poenae virginitas.

[36] inde Asiae confinia, nisi ubi perpetuae hiemes sedent et intolerabilis rigor, Scythici populi incolunt, fere omnes et in unum Belcae appellati. in Asiatico litore primi Hyperborei super aquilonem Riphaeosque montes sub ipso siderum cardine iacent; ubi sol non cotidie ut nobis sed primum verno aequinoctio exortus, autumnali demum occidit; ideo sex mensibus dies et totidem aliis nox usque continua est.

weitschweifig, eher wie Ströme zerlegt. Wo es an Küsten stößt, wird es durch die Gestade von Inseln, die nicht weit entfernt überall fast im gleichen Abstand liegen, eingeengt und einem Meeresarm gleich; danach beschreibt es eine Krümmung und bildet eine langgeschweifte Einbuchtung.

[32] Hier wohnen die Kimbern und Teutonen, jenseits von jenen die Hermionen als die äußersten Stämme Germaniens.

[33] Sarmatien ist im Binnenland breiter als am Meer; von den Gebieten der folgenden Völker ist es durch den Vistula-Strom [Weichsel] getrennt, das Hinterland erstreckt sich bis zum Ister-Fluß [Donau]. In Tracht und Bewaffnung steht der Stamm dem parthischen am nächsten, doch ist sein Wesen der größeren Rauheit des Klimas entsprechend wilder.

[34] Sie halten sich nicht in Städten auf, ja nicht einmal in festen Wohnsitzen. Wie gerade gute Weideplätze sie anlocken oder wie sie ein vor ihnen weichender oder aber ihnen nachsetzender Feind treibt, so führen sie all ihr Hab und Gut mit sich und wohnen stets nur in Lagern. Der Stamm ist kriegerisch, freiheitlich gesinnt, unbändig und von so leidenschaftlicher Wildheit, daß sogar die Frauen gemeinsam mit den Männern Krieg führen. Damit sie hierzu geeignet sind, brennt man ihnen sofort nach ihrer Geburt die rechte Brust aus; dadurch bleibt der Arm, den sie beim Stechen emporheben, unbehindert, und ihre Brust gleicht der eines Mannes.

[35] Bogenspannen, Reiten und Jagen sind die Aufgaben ihrer jungen Mädchen, und einen Feind zu töten, Dienst der erwachsenen, denn keinen erlegt zu haben, gilt als Schande; die Strafe hierfür ist, daß sie Jungfrau bleiben müssen.

[36] Die von hier am nächsten gelegenen Gebiete Asiens (Karte 15) – abgesehen von denen, wo ständiger Winter und unerträgliche Kälte herrschen – bewohnen die Skythischen Völkerschaften, die fast alle den einen Namen Belcer tragen. An der Asiatischen Küste haben als erste die Hyperboreer (griech.: oberhalb des Nordwinds) oberhalb des Nordwindes (s. I 13) und der Riphäen direkt unter dem Wendekreis ihren Wohnsitz, wo die Sonne nicht – wie bei uns – täglich aufgeht, sondern erstmals (im Jahr) zur Frühjahrs-Tagundnachtgleiche, um erst wieder zu der im Herbst unterzugehen. Daher ist bei ihnen jeweils in einem fort sechs Monate lang Tag und ebenso lange Nacht.

[37] terra angusta aprica per se fertilis. cultores iustissimi et diutius quam ulli (olim) mortalium et beatius vivunt. quippe festo semper otio laeti non bella novere non iurgia, sacris operati maxime Apollinis, quorum primitias Delon misisse initio per virgines suas, deinde per populos subinde tradentes ulterioribus, moremque eum diu et donec vitio gentium tem{p}eratus est servasse referuntur. habitant lucos silvasque, et ubi eos vivendi satietas magis quam taedium cepit, hilares redimiti sertis semet ipsi in pelagus ex certa rupe praecipit{id}ant. id eis funus eximium est.

[38] mare Caspium ut angusto ita longo etiam freto primum terras quasi fluvius irrumpit, atque ubi recto alveo influxit, in tres sinus diffunditur: contra os ipsum in Hyrcanium, ad sinistram in Scythicum, ad dextram in eum quem proprie totius nomine (nominis) Caspium appellant; omne atrox saevum sine portibus, procellis undique expositum, ac beluis magis quam cetera refertum et ideo minus navigabile. ad introeuntium dextram Scythae Nomades freti litoribus insident.

[39] intus sunt ad Caspium sinum Caspii et Amazones sed quas Sauromatidas appellant, ad Hyrcanium Albani et Mo⟨s⟩chi et Hyrcani, in Scythico Amardi (Amerdi) et Pestici et iam ad fretum Derbices (Debrices). multi in eo sinu magni parvique amnes fluunt, sed qui famam habeat ⟨...⟩ ex Cerauni⟨i⟩s montibus uno alveo descendit, duobus exit in Caspium.

[40] Araxes Tauri latere demissus, quoad campos Armeniae secat, labitur placidus et silens, neque in utram partem eat, quamquam intuearis, manifestus; cum in asperiora devenit, hinc atque illinc rupibus pressus, et quanto angustior tanto magis pernix frangit se subinde ad opposita cautium, atque ob id ingenti cum murmure sonansque devolvitur, adeo citus,

[37] Das Land ist schmal, sonnig und von sich aus fruchtbar. Die Einwohner sind äußerst gerecht und leben länger und glücklicher als alle anderen Sterblichen. Sie erfreuen sich stets festlicher Muße und kennen weder Krieg noch Zank. Eifrig beschäftigen sie sich besonders mit dem Kult des Apollon, für den sie, wie man erzählt, die Erstlingsgaben (ihrer Felder) nach Delos schickten, und zwar anfangs durch Jungfrauen ihres eigenen Stammes, dann durch Völker, die die Gaben immer gleich dem nächsten weitergaben – ein Brauch, den sie lange beibehielten, bis er durch einen Übergriff (anderer) Stämme befleckt wurde. Sie wohnen in Hainen und Wäldern, und wenn sie lebenssatt sind, doch bevor sie Ekel am Leben empfinden, stürzen sie sich heiteren Sinnes mit Blumengebinden bekränzt selbst von einem bestimmten Felsen aus ins Meer. Das gilt bei ihnen als die herrlichste Bestattung.

[38] Das Kaspische Meer bahnt sich zunächst in einem ebenso schmalen wie langen Arm wie ein Fluß einen Weg ins Land hinein; sobald es in geradem Lauf Einlaß gefunden hat, teilt es sich in drei Golfe: den Hyrkanischen, der Mündung gerade gegenüber, zur Linken den Skythischen und zur Rechten den, welchen man recht eigentlich mit dem Namen des ganzen Meeres den Kaspischen nennt. Insgesamt ist das Kaspische Meer stürmisch, wild und hafenlos, auf allen Seiten den Winden ausgesetzt und mehr als die anderen Meere mit Ungeheuern gefüllt, daher auch weniger schiffbar. Rechts vom Eintritt, an den Küsten des Meeresarms, wohnen die skythischen Nomaden.

[39] Im Binnenland gibt es am Kaspischen Golf die Kaspier und die Amazonen, und zwar die sogenannten Sauromatischen, am Hyrkanischen die Albaner, Moscher und Hyrkaner, am Skythischen die Amarder, Pestiker und bereits wieder an der Meerenge die Derbiker. Viele große und kleine Ströme fließen in diese Bucht, aber bedeutend sind davon nur ⟨... Der Casus [Samur] oder der Albanus [Terek]?⟩ fließt aus den Keraunischen Bergen in einem einzigen Bett herab, mündet aber in zweien in das Kaspische Meer.

[40] Der Araxes [Araks] kommt von den Abhängen des Taurus, gleitet, solange er die Ebenen Armeniens durchschneidet, ruhig und still dahin, ja trotz genauer Betrachtung ist nicht erkennbar, in welche Richtung die Strömung geht. Wenn er hingegen in eine rauhere Gegend kommt, beiderseits von Felsmassen eingeengt, bricht er sich, je enger sein Bett wird, um so rascher immer wieder an den Klippen, die ihm in den Weg treten, und stürzt deshalb unter gewaltigem Getöse rauschend in die Tiefe – so

ut qua ex praecipiti in subiecta casurus est, non declinet statim undam, sed ultra quam canalem habet evehat, plus iugeri{s} spatio sublimis et aquis pendentibus semet ipse sine alveo ferens; deinde ubi incurvus arcuatoque amne descendit, fit tranquillus, iterumque per campos tacitus et vix fluens in id litus elabitur.

[41] Cyrus et Cambyses ex radicibus Cor⟨a⟩xici montis vicinis fontibus editi {et} in diversa abeunt, perque Hiberas et Hyrcan{i}os diu et multum distantibus alveis defluunt, post non longe a mari eodem lacu accepti in Hyrcanium sinum uno ore perveniunt.

[42] Iaxartes (Laxartes) et Oxos per deserta Scythiae ex Sugdianorum (Surdianorum) regionibus in Scythicum exeunt, ille suo fonte grandis, hic incursu aliorum grandior, et aliquamdiu (aliquandiu) ad occasum ab oriente occurrens iuxta Dahas primum inflectitur, cursuque ad septentrionem converso inter Amardos et Pesticos (Paesicas) os aperit{ur}.

[43] silvae alia quoque dira animalia verum et tigres ferunt utique Hyrcaniae, saevum ferarum genus et usque eo pernix, ut illis longe quoque praegressum equitem consequi nec tantum semel sed aliquotiens etiam cursu unde coeperit subinde repetito solitum et facile sit. causa ex eo est, quod ubi ille interceptos earum catulos citus coepit avehere, et rabiem appropinquantium astu frustraturus unum de pluribus omisit (omissis), hae proiectum excipiunt et ad cubilia sua referunt, rursumque et saepius rem{an}eant atque idem efficiunt, donec ad frequentiora quam adire audeant profugus raptor evadat.

[44] ultra Caspium sinum quidnam esset, ambiguum aliquamdiu (aliquandiu) fuit, idemne oceanus an tellus infesta frigoribus sine ambitu ac sine fine proiecta.

schnell, daß er da, wo er aus steiler Höhe nach unten fallen soll, sein Wasser nicht sofort hinablenkt, sondern es weiter, als sein Flußbett reicht, hinausträgt, indem er sich selbst auf eine Strecke von mehr als einem Iugerum (100 Fuß, ca. 30 m) hoch oben und mit in der Luft schwebenden Wassermassen ohne Flußbett dahinträgt. Sobald er dann gekrümmt und mit gebogenem Strom hinabgestürzt ist, beruhigt er sich, fließt wiederum lautlos durch die Ebenen und mündet mit kaum merklicher Strömung an diesem Gestade.

[41] Die Flüsse Cyrus [Kur] und Kambyses [Jori] entspringen aus benachbarten Quellen am Fuße des Koraxikischen Berges, fließen aber in entgegengesetzte Richtungen, dann strömen sie durch die Gebiete der Hiberer und Hyrkaner in Flußbetten, die lange Zeit weit voneinander getrennt sind; hernach aber, nicht fern vom Meere, werden sie von demselben See aufgenommen und gelangen durch eine einzige Mündung in den Hyrkanischen Golf.

[42] Iaxartes [Syr-Darja] und Oxos [Amu-Darja] fließen aus den Gebieten der Sugdianer durch die Wüsten Skythiens und münden in den Skythischen Golf. Der erstgenannte ist schon an der Quelle groß, der zweite wird erst durch den Zufluß von Nebenflüssen größer; erst fließt er einige Zeit von Osten nach Westen, macht dann bei den Dahern seinen ersten Bogen, wendet danach seinen Lauf nach Norden und hat zwischen den Amardern und Pestikern seine Mündung.

[43] Die Wälder, zumal die von Hyrkanien, bringen neben anderen wilden Geschöpfen sogar auch Tiger hervor, eine wilde und so schnellfüßige Tierart, daß es ihnen jederzeit leichtfällt, einen Reiter auch bei weitem Vorsprung einzuholen, und das nicht nur ein-, sondern mehrmals, wobei sie den Lauf vom Ausgangspunkt aus öfters wiederholen. Dies geschieht aus folgendem Grund: Wenn der Reiter ihre Jungen gefangen hat, sie dann rasch davonzubringen beginnt und, um die Wut der sich nähernden Alten durch eine List zu täuschen, eines von ihnen fallen läßt, nehmen sie das hingeworfene Junge auf und tragen es zu ihrem Lager zurück, kehren dann aber wieder, und dies öfter, zurück und tun dasselbe, bis der flüchtige Räuber in eine Gegend entkommt, die zu belebt ist, als daß die Tiere sich hineinwagten.

[44] Was jenseits des Kaspischen Golfes liege, war lange zweifelhaft, ob nämlich dort auch wieder der Ozean liegt oder ein Land, das wegen des strengen Frosts menschenfeindlich ist und sich ohne Rand und Grenze erstreckt.

[45] sed praeter physicos Homerumque ⟨qui⟩ universum orbem mari circumfusum esse dixerunt, Cornelius Nepos ut recentior, auctoritate sic certior; testem autem rei Quintum Metellum Celerem adicit, eumque ita rettulisse commemorat: cum Galliae pro consule praeesset, Indos quosdam a rege Boiorum (Botorum) dono sibi datos; unde in eas terras devenissent requirendo cognosse, vi tempestatium ex Indicis ⟨a⟩equoribus abreptos, emensosque quae intere⟨r⟩ant, tandem in Germaniae litora exisse. restat ergo pelagus, sed reliqua lateris eiusdem assiduo gelu durantur et ideo deserta sunt.

[46] his oris quas angulo Baeticae adhuc usque perstrinximus multae (mustae) ignobiles insulae et sine nominibus etiam adiacent, sed earum quas praeterire non libeat Gades fretum attingit, eaque angusto spatio et veluti flumine a continenti abscissa qua terris propior est paene rectam ripam agit, qua oceanum spectat duobus promunturiis evecta in altum, medium litus abducit, et fert in altero cornu eiusdem nominis urbem opulentam, in altero templum Aegyptii Herculis, conditoribus religione vetustate opibus illustre. Tyrii constituere; cur sanctum sit, ossa eius ibi ⟨s⟩ita efficiunt; annorum quis manet ab Iliaca tempestate principia sunt; opes tempus aluit.

[47] in Lusitania Eryth{r}ia est quam Geryon⟨a⟩e habitatam accepimus, aliaeque sine certis nominibus; adeo agri fertiles, ut cum semel sata frumenta sint, subinde recidivis seminibus segetem novantibus, septem minime, interdum plures etiam me{n}s⟨s⟩es ferant. in Celticis aliquot sunt, quas quia plumbo abundant uno omnes nomine Cassiteridas appellant.

[48] Sena in Britannico mari Ossismicis adversa litoribus, Gallici numinis oraculo insignis est, cuius antistites perpetua virginitate sanctae numero novem esse traduntur; Gallizenas vocant, putantque ingeniis singu-

[45] Aber außer den Naturphilosophen und Homer (Ilias XXI 196 f.), die erklärten, daß der ganze Erdkreis vom Meer umflossen sei, gibt es Cornelius Nepos, der als modernerer Schriftsteller um so zuverlässiger ist; er nennt als Zeugen hierfür den Quintus Metellus Celer und erwähnt folgenden Bericht jenes Mannes: Als er (Metellus 62 v. Chr.) Statthalter von Gallien war, erhielt er vom König der Boïer einige Inder als Geschenk; als er sie fragte, woher sie in dieses Land gekommen seien, erfuhr er, daß sie durch Stürme aus den indischen Gewässern verschlagen waren, die dazwischenliegenden durchmessen hatten und schließlich an den Küsten Germaniens an Land gegangen waren. Also geht das Meer hier weiter, doch sind die übrigen Gebiete dieser Seite durch den dauernden Frost erstarrt und deshalb wüst.

[46] Diesen Küsten, die wir von der Bucht von Bätica bis hierher aufgezählt haben, sind viele unbedeutende und sogar namenlose Inseln vorgelagert. Von denen, die man nicht übergehen möchte, liegt Gades [Cádiz] an der Meerenge [Straße von Gibraltar] und ist nur durch einen schmalen Zwischenraum wie durch einen Fluß vom Festland getrennt. Gades bildet auf der dem Land nahen Seite eine fast gerade laufende Küste, wo es aber zum Ozean blickt, laufen zwei Kaps weit ins hohe Meer hinaus, während es die dazwischen liegende Küste einzieht; das eine Kap trägt die blühende Stadt gleichen Namens, das andere einen Tempel des ägyptischen Herakles, berühmt wegen seiner Gründer, seiner Heiligkeit, seines Alters und seiner Schätze. Tyrier haben ihn erbaut; der Grund seiner Heiligkeit ist, daß dort die Gebeine des Herakles beigesetzt sind. Wie viele Jahre er schon besteht, berechnet man vom Troianischen Krieg an; entsprechend dem Alter wuchsen seine Schätze.

[47] Vor Lusitania liegt (die Insel) Erythia, die der Wohnsitz des Geryones gewesen sein soll, sowie andere Inseln ohne bestimmte Namen; so fruchtbar sind ihre Äcker, daß, sobald einmal Getreide gesät ist, gleich darauf die Körner sich selbst aussäen, die Aussaat erneuern und mindestens sieben, manchmal auch noch mehr Ernten hervorbringen. Vor den Küsten der keltischen Stämme (vgl. III 10) gibt es einige Inseln, die man wegen ihres Überflusses an Zinn alle mit einem Namen Cassiterides (griech.: Zinn-Inseln) nennt.

[48] Sena [Sein] im Britannischen Meer gegenüber den ossismischen Gestaden ist berühmt durch die Orakelstätte einer gallischen Gottheit; deren Priesterinnen sollen durch dauernde Jungfräulichkeit geheiligt und

laribus praeditas maria ac ventos concitare carminibus, seque in quae velint animalia vertere, sanare quae apud alios insanabilia sunt, scire ventura et praedicare, sed nonnisi dedita navigantibus, et in id tantum, ut se consulerent profectis.

[49] Britannia qualis sit qualesque progeneret, mox certiora et magis explorata dicentur. quippe tamdiu clausam aperit ecce principum maximus, nec indomitarum modo ante se verum ignotarum quoque gentium victor, propriarum rerum fidem ut bello affectavit, ita triumpho declaraturus portat.

[50] ceterum ut adhuc habuimus, inter septentrionem occidentemque proiecta grandi angulo Rheni ostia prospicit, dein obliqua retro latera abstrahit, altero Galliam altero Germaniam spectans, tum rursus perpetuo margine directi litoris ab tergore abducta iterum se in diversos angulos cuneat triquetra et Siciliae maxime similis, plana ingens fecunda, verum iis quae pecora quam homines benignius alant.

[51] fert nemora saltusque, ac praegrandia flumina, alternis motibus modo in pelagus modo retro fluentia et quaedam gemmas margaritasque generantia. fert populos regesque populorum, sed sunt inculti omnes, atque ut longius a continenti absunt ita magis aliarum opum ignari, tantum pecore ac finibus dites, – incertum ob decorem an quid aliud – vitro (ultro) corpora infecti.

[52] causas tamen bellorum et bella contrahunt ac se (sic) frequenter invicem infestant, maxime imperitandi cupidine studioque ea prolatandi quae possident. dimicant non equitatu modo aut pedite, verum et bigis et curribus Gallice armati⟨s⟩ – covinnos vocant –, quorum falcatis axibus utuntur.

neun an der Zahl sein; man nennt sie Gallizenae und glaubt, sie seien in einzigartiger Weise begabt: Sie könnten nämlich Meere und Winde durch ihre Zaubersprüche erregen, sich in jedes beliebige Lebewesen verwandeln und heilen, was andere unheilbar nennen, sie wüßten das Künftige und könnten es vorhersagen, doch täten sie dies absichtlich nur für Seefahrer, und dabei nur für diejenigen, die losgefahren sind, um sie zu befragen.

[49] Von welcher Art Britannien (Karte 16) ist und was für Leute es hervorbringt, wird man bald genauer und nach besserer Erkundung sagen können. Die so lange verschlossene (lat.: clausus) Insel hat nämlich der größte Kaiser (Claudius) geöffnet, ein Sieger nicht nur über zuvor unbezwungene, sondern auch unbekannte Völkerstämme. So, wie er (43 n. Chr.) durch Krieg die Verläßlichkeit des Eigentums (an Britannien) angestrebt hat, wird er es uns durch einen Triumph bestätigt übergeben.

[50] Soweit wir übrigens bisher erfahren haben, blickt Britannien zwischen Norden und Westen mit einem stumpfen Winkel auf die Mündung des Rhenus [Rhein]; dann verlaufen die beiden Seiten dieses Winkels schräg rückwärts, die eine nach Gallien, die andere nach Germanien blikkend; auf der Rückseite hat es mit dem fortlaufendem Rand eine (gerade) ausgerichtete Küste; so spitzt es sich wiederum keilförmig in zwei gegenüberliegende Winkel zu, dreieckig und Sizilien sehr ähnlich; es ist eben, groß und fruchtbar, doch mehr in Hinsicht auf reichlichere Nahrung für Vieh als für Menschen.

[51] Es weist Haine und Wälder auf und riesige Ströme, die mit den wechselnden Gezeiten bald zum Meer hin-, bald zurückfließen; einige davon bringen Edelsteine und Perlen hervor. Es weist Völker auf und Könige über diese Völker, doch sind sie alle unzivilisiert, und je weiter sie vom Festland entfernt wohnen, desto weniger wissen sie von anderen Schätzen als Vieh und Land, vielmehr sind sie nur daran reich; sie färben ihre Körper – ob zum Schmuck oder aus anderen Gründen, ist ungewiß – mit blauer Farbe.

[52] Doch greifen sie jeden Grund zum Krieg auf, mischen sich in Kriege ein und befehden sich häufig gegenseitig, meist aus leidenschaftlicher Begierde nach Herrschaft und dem Bestreben, ihren Besitz zu erweitern. Sie fechten nicht nur zu Pferde oder zu Fuß, sondern auch mit zweirädrigen Streitwagen und Karren, die in gallischer Weise gerüstet sind – diese nennen sie 'Covinni' – und deren mit Sicheln besetzte Wagenachsen sie nutzen.

Karte 16: Britannia.

[53] super Britanniam Iuverna est paene par spatio, sed utrimque aequali{s} tractu litorum oblonga, caeli ad maturanda semina iniqui, verum adeo luxuriosa{s} herbis (herbas) non laetis modo sed etiam dulcibus, ut se exigua parte diei pecora impleant, et nisi pabulo prohibeantur, diutius pasta dissiliant. cultores eius inconditi sunt et omnium virtutium ignari ⟨magis⟩ quam aliae gentes {aliquatenus tamen gnari}, pietatis admodum expertes.

[54] triginta sunt Orc{h}ades angustis inter se diductae (deductae) spatiis. septem Haemodae contra Germaniam vectae in illo sinu quem Codanum diximus; ex iis Scandinavia (Codannovia), quam adhuc Teutoni tenent, {et} ut fecunditate alias ita magnitudine antestat.

Karte 17: India.

[53] Oberhalb Britanniens liegt Iuverna [Irland]; an Fläche ist es Britannien fast gleich, hat aber durch den auf beiden Seiten gleichmäßigen Verlauf der Küsten eine längliche Gestalt. Das Klima ist für das Reifen von Saatgut ungünstig, doch schwelgt Iuverna so sehr in nicht nur üppigen, sondern auch wohlschmeckenden Kräutern, daß sich das Vieh in kürzerer Zeit am Tag vollfüllt und, wird es nicht am weiteren Weiden gehindert, noch länger frißt und platzt. Die Bewohner sind ohne Bildung und mehr als andere Völker in allen Tugenden unbewandert {dennoch einigermaßen bewandert}; Religion kennen sie überhaupt nicht.

[54] Dreißig Orkaden-Inseln [Orkneys] gibt es, untereinander nur durch schmale Zwischenräume getrennt. Sieben Hämodes-Inseln [Dänemark] liegen gegenüber von Germanien in dem bereits (III 31) erwähnten Codanus-Golf; von diesen übertrifft Scandinavia, das noch heute die Teutonen innehaben, die anderen an Fruchtbarkeit und ebenso an Größe.

[55] quae Sarmatis adversa sunt ob alternos accessus recursusque pelagi, et quod (quot) spatia quis distant modo operiuntur undis modo nuda sunt, alias insulae videntur alias una et continens terra.

[56] in his esse Oe⟨o⟩n{e}as, qui ovis avium palustrium et avenis tantum alantur, esse equinis pedibus Hippopodas et Panotios (Sannalos), quibus magnae aures et ad ambiendum corpus omne patulae – nudis alioquin – pro veste (vecti) sint, praeterquam quod fabulis traditur, ⟨apud⟩ auctores etiam, quos sequi non pigeat, invenio (invento).

[57] Thyle Belcarum (Belgarum) litori (litore) apposita est, Grais et nostris celebrata carminibus. in ea, quod ibi sol longe occasurus exurgit, breves utique noctes sunt, sed per hiemem sicut aliubi obscurae, aestate lucidae, quod per id tempus iam se altius evehens, quamquam (quanquam) ipse non cernatur, vicino tamen splendore proxima (proxime) illustrat, per solstitium vero nullae, quod tum iam manifestior non fulgore⟨m⟩ modo sed sui quoque partem maximam ostentat.

[58] Talg{a}e in Caspio mari sine cultu fertilis (fertiles), omni fruge ac fructibus abundans, sed vicini populi quae gignuntur attingere nefas et pro sacrilegio habent, diis parata existimantes diisque servanda. aliquot et illis oris quas desertas diximus aeque desertae adiacent, quas sine propriis nominibus Scythicas vocant.

[59] ab his in Eo{r}um ⟨ma⟩re cursu⟨s⟩ inflectitur, inque oram terrae spectantis orientem. pertinet haec a Scythico promunturio ad Colida (apposita) primum ob nives (omnis ves) invia, deinde ob immanitatem habitantium inculta. Scythae sunt Androphagoe et Sacae (Sagae), distincti regione, quia feris scatet, inhabitabili (inhabitabile).

[60] vasta deinde iterum loca beluae infestant, usque ad montem mari

[55] Die Inseln, die den Sarmaten gegenüber gelegen sind, erscheinen wegen des wechselnden Zu- und Abflusses der See und weil die Zwischenräume, durch die sie voneinander entfernt sind, bald von den Fluten bedeckt werden, bald von ihnen frei sind, einmal als Inseln, ein andermal als ein einziges festes Land [Wattenmeer].

[56] Auf ihnen gibt es die Öonen (griech.: oionos = Vogel), die sich nur von den Eiern der Sumpfvögel und von Strandhafer ernähren, außerdem die pferdefüßigen Hippopoden (griech.: Pferdefüßige) und die Panotier (griech: Ganzohrige), denen – sonst sind sie nackt – ihre großen, zur Bedeckung des Körpers weit ausgebreiteten Ohren als Kleidung dienen – dies jedenfalls finde ich, abgesehen von fabulösen Darstellungen, auch bei Gewährsleuten, denen zu folgen keine Schande ist.

[57] Thyle liegt dem Gestade der Belcer vorgelagert, in griechischen und unseren Dichtungen gefeiert. Weil hier die Sonne aufgeht, um erst spät wieder unterzugehen, sind die Nächte besonders kurz, aber während sie im Winter so dunkel wie anderswo sind, sind sie im Sommer hell, weil die Sonne sich in dieser Zeit bereits höher erhebt und, obwohl selbst noch nicht sichtbar, dennoch durch ihr nahes Licht die Umgebung erleuchtet. Um die Zeit der Tagundnachtgleiche gibt es überhaupt keine Nächte, weil die Sonne dann bereits deutlicher sichtbar wird und nicht nur ihren Abglanz, sondern auch den größten Teil ihrer selbst zeigt.

[58] Talge [Tscheleken] im Kaspischen Meer ist auch ohne Anbau fruchtbar und hat Überfluß an jedweder Feld- und Baumfrucht, doch halten es die benachbarten Stämme für Frevel und ein Sakrileg, was dort entsteht anzutasten, denn sie meinen, was für die Götter bereitet werde, müsse auch den Göttern bewahrt bleiben. Es gibt auch einige Inseln, die den bereits (III 45) als wüst geschilderten Küsten ebenso wüst gegenüber liegen; man nennt sie nicht mit Einzelnamen, sondern (insgesamt) die Skythischen.

[59] Von diesen Inseln an biegt der Kurs zum Östlichen Meer ab und zur nach Osten blickenden Küste der Erde. Diese erstreckt sich vom Skythischen Kap bis zum Kap Colis [Comorin]; sie ist erstens wegen der Schneemassen unwegsam, zweitens wegen ihrer unbändigen Bevölkerung unzivilisiert. Zu den Skythen gehören die Stämme der Androphagen (griech.: Männeresser) und Sacen, voneinander getrennt durch eine Gegend, die von wilden Tieren wimmelt und deshalb unbewohnbar ist.

[60] Auch die darauffolgenden Wüsten machen wilde Tiere unsicher,

imminentem nomine Tabim. longe ab eo Taurus attollitur. Seres intersunt, genus plenum iustitiae, et commercio quod rebus in solitudine relictis absens peragit notissimum (notissima).

[61] India non Eo⟨o⟩ tantum apposita pelago, sed et ei quod ad meridiem spectans (spectat) Indicum diximus, et hinc Tauri iugis, ab occidente Indo (inde) finita tantum spatium (tanto spatio) litoris occupat, quantum per sexaginta dies noctesque velificantibus cursus est; ita multum a nostris abducta regionibus, ut in aliqua parte eius neuter septentrio appareat, aliterque quam in aliis oris umbrae rerum ad meridiem iace⟨a⟩nt.

[62] ceterum fertilis, et vario genere hominum aliorumque animalium scatet. alit formicas non minores (minus) maximis canibus, quas more gryp{h}orum aurum penitus egestum cum summa pernicie attingentium custodire commemorant; immanes et serpentes ali⟨t⟩, qui et (ut) elephantos morsu atque ambitu corporis afficiant; tam pinguis alicubi et tam feracis soli, ut in eo mella frondibus defluant, lanas silvae ferant, ⟨h⟩arundinum fissa internodia veluti navigia (navita) binos et quaedam ternos etiam vehant.

[63] cultorum habitus moresque dissimiles. lino alii vestiuntur aut lanis quas diximus, alii avium ferarumque pellibus; pars nudi agunt, pars tantum obscena velati; alii humiles parvique, alii ita proceri et corpore ingentes, ut elephantis etiam et ibi maximis sicut nos equis facile atque habiliter utantur.

[64] quidam nullum animal occidere, nulla carne vesci optimum existimant, quosdam tantum pisces alunt. quidam proximos (proximi) parentes priusquam annis aut aegritudine in maciem eant velut hostias caedunt, caesorumque visceribus epulari fas et maxime pium est.

[65] at ubi senectus aut morbus incessit, procul a ceteris abeunt mortemque in solitudine nihil anxii expectant. prudentiores et (ei) quibus ars

und zwar bis zu dem am Meer gelegenen Berg namens Tabis. Weit von diesem entfernt erhebt sich das Taurusgebirge. Dazwischen wohnen die Serer (s. I 11), ein Stamm voll Gerechtigkeit und weit bekannt durch seinen Warentausch, der in ihrer Abwesenheit vonstatten geht, nachdem sie in einsamen Gegenden ihre Waren zurückgelassen haben.

[61] Indien (Karte 17) liegt nicht nur am Östlichen Meer, sondern auch an dem, das wir (I 11) als nach Süden schauend das Indische genannt haben; von hier aus durch die Taurus-Kette, im Westen durch den Indus begrenzt, erstreckt es sich so weit über ein Küstengebiet, wie man es in sechzig Tag- und Nachtfahrten absegeln kann, doch ist es so weit von unseren Gegenden entfernt, daß in einem Teil Indiens keines der beiden Gestirne des Nordens mehr aufgeht und die Schatten, anders als an anderen Küsten, nach Süden fallen.

[62] Im übrigen fruchtbar, wimmelt Indien von unterschiedlichen Arten von Menschen und anderen Lebewesen. Es bringt Ameisen hervor, die nicht kleiner als die größten Hunde sind und – wie man erzählt – nach Art der Greife (s. II 1) das aus der Tiefe hervorgebrachte Gold sehr zum Verderben derer bewachen, die sich an ihm vergreifen wollen. Es bringt auch gewaltige Schlangen hervor, die sogar Elefanten durch Biß und Umschlingung mit ihrem Körper angreifen; an manchen Stellen ist der Boden so fett und fruchtbar, daß hier Honig von den Bäumen herabfließt, die Wälder Wolle tragen und vom Schilf die zwischen zwei Knoten in der Längsrichtung gespaltenen Teile wie Schiffe zwei, ja manchmal drei Personen tragen.

[63] Tracht und Sitten der Bewohner sind unterschiedlich. Mit Leinen kleiden sich die einen oder mit der eben genannten (Baum-)Wolle, andere in Vogelbälge und Tierfelle; ein Teil geht nackt, ein anderer verhüllt nur die Schamteile; die einen sind niedrig und klein, die anderen so hochgewachsen und von solcher Körpergröße, daß sie sogar Elefanten, die noch dazu dort besonders groß sind, leicht und bequem benutzen, so wie wir Pferde.

[64] Manche halten es für das beste, kein Tier zu töten und kein Fleisch zu essen, andere ernähren sich nur von Fischen. Manche schlachten ihre nächsten Vorfahren wie Opfertiere, bevor sie durch die Jahre oder eine Krankheit abmagern, und halten es für recht und besonders fromm, die Eingeweide der Geschlachteten beim Mahl zu verzehren.

[65] Doch sobald sie Alter oder Krankheit befällt, gehen sie weit von den übrigen fort und erwarten in der Einsamkeit ohne Zagen den Tod.

studiumque sapientiae contingit non expectant eam, sed ingerendo semet ignibus laeti et cum gloria arcessunt.

[66] urbium quas incolunt – sunt autem plurimae – Nysa est clarissima et maxima, montium Meros Iovi sacer. famam hinc praecipuam habent: in illa genitum, in huius specu Liberum arbitrantur esse nutritum, unde Graecis auctoribus ut femori Iovis insitum dicerent aut materia ingessit aut error.

[67] oras tenent a Tamo (ab imo) ad Gangen Palibot⟨h⟩ri, a Gange ad Colida (Solida), nisi (Nysi) ubi magis quam ut (ubi) habitetur exaestuat, atrae gentes et quodammodo Aethiopes. ab Colide (Iolide) ad Indum (Cudum) recta sunt litora, timidique populi et marinis opibus affatim dites.

[68] Tamus promunturium est, quod Taurus attollit, Col{l}is alter ⟨Eo⟩ae partis angulus initiumque lateris ad meridiem versi, Ganges et Indus amnes. ille multis fontibus in Haemo{meri}d{i}e monte conceptus, simul unum alveum fecit, fit omnium maximus et alicubi latius, qua angustissime fluit decem milia passuum patens, in septem ora dispergitur.

[69] Indus ex monte Propaniso (Caroparnaso) exortus et alia quidem flumina admittit, sed clarissima Cophen, Acesinum (Agasinum), Hydaspen, conceptamque pluribus alveis undam lato spatio trahit. hinc paene Gangen magnitudine exaequat. post ubi saepe aliquot magnis flexibus cinxit iugum ingens, iterum rectus solidusque descendit, donec ad laevam dextramque se diducens duobus ostiis longe distantibus exeat.

[70] ad Tamum insula est Chryse, ad Gangen Argyre; altera aurei soli – ita veteres tradidere – altera argentei, atque ut maxime videtur, aut ex re nomen aut ex vocabulo fabula est. Taprobane (Tabane prone) aut grandis admodum insula aut prima pars orbis alterius † ipparchius † di-

Die Klügeren und die, denen Kunst und Beschäftigung mit Weisheit gelingt, warten den Tod nicht ab, sondern beschleunigen ihn fröhlich und ruhmvoll, indem sie sich ins Feuer stürzen.

[66] Von den Städten, die sie bewohnen – und es sind derer sehr viele – ist Nysa [Nagarahara] die berühmteste und größte, von den Bergen der Meros [Mar-Koh], dem Zeus heilig. Deren Ruhm gründet sich vor allem auf folgendes: in Nysa soll Dionysos geboren sein, in einer Höhle des Mero aufgezogen. Daher kam es, daß die griechischen Gewährsmänner durch diese Angaben oder durch ein Versehen zu der Erklärung kamen, Dionysos sei dem Schenkel (griech.: Meros) des Zeus eingefügt worden.

[67] Die Küsten sind vom (Kap) Tamus [Negrais?] bis zum Ganges im Besitz der Palibothrer; vom Ganges bis (Kap) Colis [Kap Comorin], abgesehen von den Strecken, wo es zu heiß ist, als daß man dort verweilen könnte, wohnen schwarze Völker und gewissermaßen Äthiopen. Vom (Kap) Colis bis zum Indus ist die Küste gerade; die hier lebenden Völker sind furchtsam und durch die Schätze des Meeres ziemlich wohlhabend.

[68] Tamus ist das Kap, das der Taurus bildet, Colis die andere Spitze des östlichen Teils und der Anfang der nach Süden gerichteten Seite, Ganges und Indus sind Ströme. Der Ganges entspringt in zahlreichen Quellen auf dem Hämodes-Berg [Himalaja], bildet dann einen einzigen Lauf, wird der größte aller Ströme, an seinen engsten Stellen zehn Meilen breit, sonst noch breiter, und teilt sich schließlich in sieben Mündungsarme auf.

[69] Der Indus entspringt vom Propanisus-Berg [Hindukusch?]; neben andern Flüssen nimmt er als die bedeutendsten den Cophes, den Acesinus und den Hydaspes auf, und während sein Wasser vorher von mehreren Armen aufgenommen war, fließt er nun in mächtiger Breite dahin: von hier an erreicht er fast die Größe des Ganges. Nachdem er mehrmals in einigen großen Windungen das riesige Gebirge umflossen hat, flutet er wieder gerade und ungeteilt herab, bis er sich auf die linke und die rechte Seite entzweit und in zwei weit voneinander entfernten Armen mündet.

[70] Bei (Kap) Tamus liegt die Insel Chryse (griech.: die Goldene), am Ganges Argyre (griech.: die Silberne), die eine – so überliefern die Alten – aus goldenem Boden, die andere aus silbernem; entweder haben sich, was am wahrscheinlichsten ist, auf Grund dieser Tatsache die Namen gebildet oder es ist auf Grund der Namen diese Sage entstanden. Taprobane [Ceylon, Sri Lanka] (Karte 18) ist, wie man sagt, entweder eine recht bedeutende Insel oder der Anfang einer zweiten Welt; da es aber bewohnt

Karte 18: Taprobana.

citur, sed quia habitatur nec quisquam circum eam isse (esse) traditur, prope verum est.

[71] contra Indi (inde) ostia illa sunt quae vocant Solis adeo inhabitabilia, ut ingressos vis circumfusi aeris exanimet confestim, et inter ipsa ostia Patalene (rara tenet) regio, ob aestus intolerabilis alicubi cultoribus egens. ⟨Ariane⟩ inde ad principia Rubri maris pertinet ipsa invia atque deserta; humus cineri magis fit quam pulveri similis, ideoque per eam rara et non grandia flumina emanant, quorum Tuberonem et Arusacen notissima accipimus.

[72] Rubrum mare Graeci, sive quia eius coloris est sive quod ibi Erythras regnavit Erythran thalassan appellant; procellosum asperum mare,

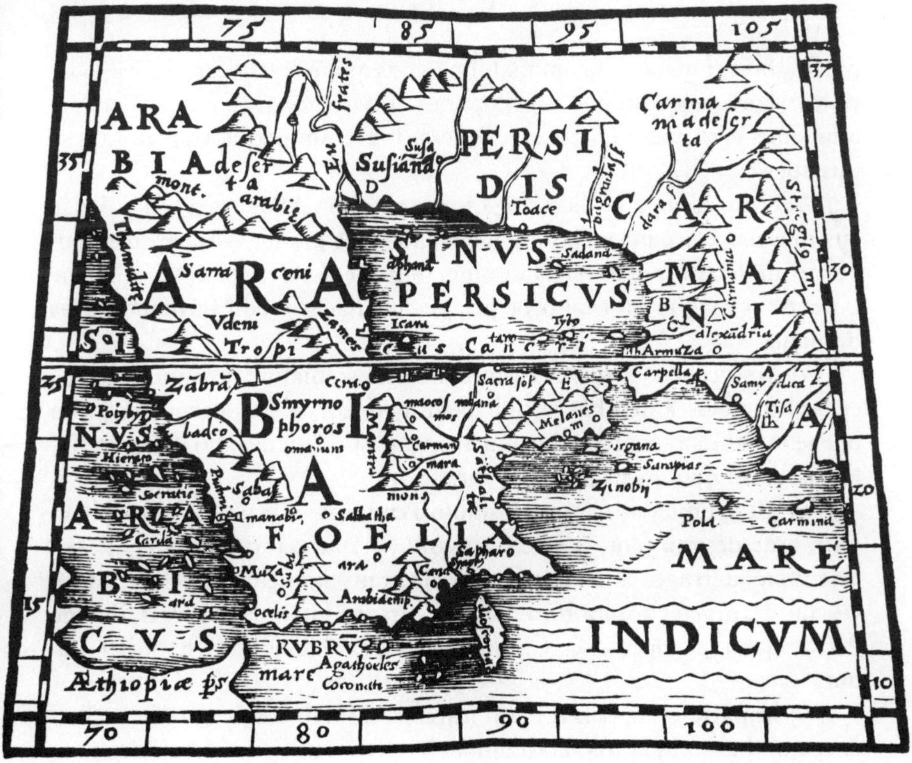

Karte 19: Sinus Persicus.

ist und von niemandem überliefert wird, daß er es umrundet habe, ist letzteres wahrscheinlich.

[71] Gegenüber den Mündungen des Indus liegen die sogenannten Inseln des Helios, die so unbewohnbar sind, daß jeden Eindringling die Macht der ihn umgebenden Luft sofort des Atems beraubt. Zwischen den beiden Mündungsarmen selbst liegt das Land Patalene, das infolge der unerträglichen Hitze an manchen Stellen unbewohnt ist. Ariane erstreckt sich von hier bis zum Beginn des Roten Meeres, ebenfalls unwegsam und verlassen. Der Erdboden ähnelt hier eher Asche als Staub, und deshalb fließen hier nur wenige und keineswegs große Flüsse, von denen durch die uns vorliegenden Berichte der Tubero und der Arusaces die bekanntesten sind.

[72] Das Rote Meer nennen die Griechen Erythra Thalassa (Rotes Meer) [Arabischer Golf], sei es, weil es diese Farbe hat, sei es weil dort

profundum et magnorum animalium magis quam cetera capax. primo recedentis oras aequabiliter impellit, et ut non iret interius, aliquantum patens sinus erat. sed quas ripas inflexerat bis irrumpit, duosque iterum sinus aperit:

[73] Persicus vocatur dictis regionibus propior, Arabicus ulterior. Persicus qua mare accipit utrimque rectis lateribus grande ostium quasi cervice complectitur, dein terris in omnem partem vaste et aequa portione cedentibus magno litorum orbe pelagus incingens reddit formam capitis humani.

[74] Arabici et os artius et latitudo minor est, maior aliquanto recessus et multo magis longa latera. init penitus introrsusque, dum Aegyptum paene et montem Arabiae Casium attingat, quodam fastigio minus ac minus latus, et quo magis penetrat angustior.

[75] ab his quae diximus ad sinum Persicum, nisi ubi Chelonophagi morantur, deserta sunt. in ipso Carmanii ⟨in⟩navigantium dextera positi sine veste ac fruge, sine pecore ac sedibus piscium cute se velant, carne vescuntur, praeter capita toto corpore hirsuti. interiora Cedrosi, dehinc Persae habitant. Saetis per Carmanios, supra Sandis et C{h}oros effluunt.

[76] in parte quae pelagi ostio adversa est Babyloniorum fines Chaldaeorumque sunt, et duo clari amnes Tigris Persidi propior, ulterior Euphrates.

[77] Tigris ut natus est ita descendens usque in litora permeat. Euphrates immani ore aperto non exit tantum unde oritur, sed et vaste quoque decidit, nec secat continuo agros, late diffusus in stagna, diu sedentibus aquis piger et sine alveo patulus, post ubi marginem rupit vere fluvius, ac-

Erythras König war. Es ist eine stürmische und rauhe See, tief und mehr mit Tieren gefüllt als die anderen. Zuerst bespülte es die zurücktretenden Küsten gleichmäßig, und würde es nicht tiefer ins Innere der Landmassen eindringen, wäre es ein ausgedehnter Golf. Doch in die Küsten, die es eingebuchtet hatte, dringt es heute zweimal ein und öffnet so noch einmal zwei Golfe:

[73] Persischer Golf heißt der eine, den bereits genannten Gegenden näher liegende, Arabischer [Rotes Meer] der weiter entfernte. Der Persische Golf (Karte 19) hat dort, wo er das Meer einläßt, auf beiden Seiten gerade Ufer und umfaßt so seine gewaltige Eingangsstelle mit einer Art Hals, danach treten die Landmassen auf allen Seiten weithin und gleichmäßig zurück, so daß der Golf das Meer im weiten Küstenbogen umfaßt und dabei die Form eines menschlichen Kopfes bildet.

[74] Die Mündung des Arabischen Golfes ist enger, seine Breite geringer, um einiges größer hingegen sein Einzug ins Land und viel länger seine Küsten. Er verläuft tief hinein ins Landesinnere, bis er fast Ägypten und den Casius-Berg (s. I 61) von Arabien erreicht, durch eine Abschrägung immer weniger breit und je weiter er vorstößt, um so schmaler.

[75] Von den besprochenen Gegenden bis zum Persischen Golf sind, vom Aufenthaltsort der Chelonophagen (griech.: Schildkrötenesser) abgesehen, alle Wüsten. Am Golf selbst wohnen zur Rechten der Einfahrenden die Carmanier; ohne Kleidung und Feldfrucht, ohne Vieh und Wohnstätten, hüllen sie sich in Fischhäute ein, essen Fischfleisch und sind außer am Kopf am ganzen Körper behaart. Weiter im Binnenland wohnen die Kedrosen, dahinter die Perser. Durch das Gebiet der Karmanen fließen der Sätis [Rud-Gez], oberhalb münden der Sandis [Minab] und der Koros [Kur].

[76] In dem Teil, der der Eintrittsstelle des Meeres gegenüberliegt, sind die Gebiete der Babylonier und Chaldäer und zwei berühmte Ströme, näher an Persis der Tigris, jenseits davon der Euphrates.

[77] Der Tigris fließt so, wie er an der Quelle war, bis zur Küste. Der Euphrates tritt nicht nur aus einer gewaltigen offenen Quelle, sondern strömt auch in großer Breite herab und durchschneidet dabei nicht ständig das Land, sondern verbreitet sich auch zu weiten Seen, wo seine Fluten lange stehen und er träge und ohne festes Bett weit wird; wo er danach den Rand dieser Seen durchbricht, wird er zu einem richtigen Fluß, wird von festen Ufern aufgenommen und strömt rasch und brausend

ceptusque (acceptisque) ripis celer et fremens per Armenios et Cappadocas occidentem petit, ni Taurus obstet in nostra maria venturus.

[78] inde ad meridiem avertitur, et primum Syros tunc Arabas ingressus non perdurat in pelagus, verum ingens modo et navigabilis, inde tenuis rivus despectus emoritur, et nusquam manifesto exitu effluit ut alii amnes sed deficit.

[79] alterum latus ambit plaga, quae inter utrumque pelagus excurrit. Arabia dicitur – cognomen Eud⟨a⟩emon –, angusta, verum cinnami et turis aliorumque odorum maxime ferax. maiorem Sabaei tenent partem, ostio proximam et Carmaniis contrariam Macae (magnae). frontem quae inter ostia ostenditur silvae cautesque exasperant. aliquot sunt in medio insulae sitae, ⟨O⟩gyris quod in ea Erythrae regis monimentum est magis clara quam ceterae.

[80] alterum sinum undique Arabes incingunt. ab ea parte quae introeuntibus dextra est urbes sunt Charra et Arabia et {g}Adanus, in altera ab intimo angulo prima Berenice inter H{i}ero⟨o⟩politicum et Strobilum, deinde inter promunturia Maenorenon et Coloba (Collaca) Philo{p}teris et Ptolemais (Piomalis), ultra Arsinoe et alia Berenice, tum silva quae hebenum odoresque generat, et manu factus amnis, ideoque referendus quod ex Nili alveo dioryge adductus.

[81] extra sinum, verum in flexu tamen etiamnum (etiam non) Rubri maris pars bestiis infesta ideoque deserta est, partem Panchai habitant, hi quos ex facto quia serpentibus vescuntur Ophiophagos vocant. fuere interius Pygmaei, minutum genus et quod pro satis frugibus contra grues dimicando defecit (deficit).

[82] sunt multa volucrum multa serpentium genera; de serpentibus memorandi{s} maxime, quos parvos admodum et veneni praesentis

durch das Land der Armenier und Kappadoker nach Westen; wäre ihm nicht der Taurus im Weg, würde er in Unser Meer münden.

[78] Am Taurus also wendet er sich nach Süden, kommt zuerst ins Gebiet der Syrer, dann das der Araber, behält aber sein bisheriges Aussehen nicht bis zum Meer bei; vielmehr wird er, eben noch ein bedeutender und schiffbarer Strom, hier zu einem armseligen, winzigen Bach und versiegt; nirgends gibt es eine deutlich erkennbare Mündung wie bei anderen Strömen, sondern er hört einfach auf zu bestehen.

[79] Auf der einen Seite des Euphrates zieht sich ein Landstrich hin, der zwischen den beiden Golfen ausläuft. Er heißt Arabia – sein Beiname ist Eudaimon (griech.: das Glückliche) –, hat eine schmale Form, ist aber an Zimt, Weihrauch und anderen Wohlgerüchen besonders ergiebig. Den größeren Teil bewohnen die Sabäer, den nahe der Mündung und gegenüber von den Karmaniern die Maken. Die Außenseite, die sich zwischen den Mündungen (der beiden Golfe) darbietet, machen ihre Wälder und Steinklippen unwirtlich. In der Mitte (des Persischen Golfs) liegen einige Inseln, davon ist Ogyris bekannter als die anderen, da sich auf ihr das Grab des Königs Erythras befindet (vgl. III 72).

[80] Rings um den anderen (den Arabischen) Golf wohnen überall Araber. Auf der Seite, die für die Einfahrenden rechts liegt, sind die Städte Charra [Darra], Arabia und Adanus [Aden], auf der anderen vom innersten Winkel an zuerst die Stadt Berenike zwischen den Kaps Heroopoliticum und Strobilum, dann zwischen den Kaps Mänorenon und Coloba die Städte Philoteris und Ptolemaïs, dahinter Arsinoë und das andere Berenike, dann ein Wald, der Ebenholz und Wohlgerüche hervorbringt, schließlich ein von Hand gegrabener Strom, der deshalb zu erwähnen ist, weil er aus dem Bett des Nils durch einen Durchstich abgeleitet ist.

[81] Außerhalb des Golfs, doch immer noch in der Ausbuchtung des Roten Meeres, wird ein Teil des Landes durch wilde Tiere unsicher gemacht und ist daher verlassen, einen anderen Teil bewohnen die Panchäer, die man Ophiophagen (griech.: Schlangenesser) nennt, weil sie sich von Schlangen ernähren. Weiter innen wohnten die Pygmäen (Däumlinge), ein winziges Völkchen, das im Kampf mit den Kranichen um ausgesäte Feldfrüchte untergegangen ist.

[82] Hier gibt es zahlreiche Arten von Vögeln und von Schlangen; von letzteren sind besonders die zu erwähnen, von denen man folgendes erzählt: Ganz klein und mit einem schnellwirkenden Gift ausgestattet,

certo anni tempore ex limo concretarum paludium emergere, {in} magno examine volantes Aegyptum tendere, atque in ipso introitu finium ab avibus quas Ibidas appellant adverso agmine excipi pugnaque confici traditum est.

[83] de volucribus praecipue referenda Phoenix, semper unica; non enim coitu concipitur partuve generatur, sed ubi quingentorum annorum aevo perpetua duravit, super exaggeratam variis odoribus struem sibi ipsa incubat solviturque;

[84] dein putrescentium membrorum tabe concrescens ipsa se concipit atque ex se rursus renascitur. cum adolevit, ossa pristini corporis inclusa murra Aegyptum exportat et in urbe quam Solis appellant flagrantibus arae (archio) bustis inferens memorando funere consecrat. ipsum promunturium quo id mare cluditur Aceraunis saltibus invium est.

[85] Aethiopes ultra sedent; Meroen habent terram, quam Nilus primo ambitu amplexus insulam facit; pars quia vitae spatium dimidio fere quam nos longius agunt Macrobii, pars quia ex Aegypto advenere dicti Automoles; pulchri forma atque (et qui) corporis viriumque (parumque) venerat{i}ores veluti optimarum alii virtut⟨i⟩um.

[86] {in} illis mos est cui potissimum pareant specie ac viribus legere. apud hos plus auri quam aeris (Persis) est; ideo quod minus est pretiosius censent. aere exor⟨n⟩antur, auro vincla sontium fabricant.

[87] est locus apparatis epulis semper refertus; quia ut libet vesci volentibus licet, Heliu trapezan appellant, et quae passim apposita sunt affirmant innasci subinde divinitus.

[88] est lacus quo perfusa corpora quasi uncta pernitent; bibitur idem; adeo est liquidus et ad sustinenda quae incidunt aut immittuntur infir-

tauchen sie zu einer bestimmten Zeit im Jahr aus dem Schlamm der erstarrten Sümpfe empor und suchen in gewaltigem Schwarm Ägypten zu erreichen, doch gleich beim Eingang zu diesem Gebiet werden sie von ihnen entgegenziehenden Vögeln, die man Ibisse nennt, abgefangen und in einer Schlacht vernichtet.

[83] Von den geflügelten Tieren ist besonders der Phönix zu erwähnen, von dem es stets nur einen einzigen gibt; er wird nämlich weder durch Paarung gezeugt, noch kommt er durch Geburt auf die Welt, vielmehr setzt er sich, nachdem er fünfhundert Jahre ununterbrochen gelebt hat, auf einen von ihm selbst aus verschiedenen wohlriechenden Stoffen errichteten Haufen und stirbt.

[84] Sodann zeugt er sich selbst aus der Fäulnismasse der verwesenden Glieder und gebiert sich erneut. Wenn er herangewachsen ist, hüllt er die Gebeine seines früheren Körpers in Myrrhe, bringt sie nach Ägypten, legt sie in der Stadt, welche man die des Helios nennt, auf die lodernden Scheiterhaufen des Altars und weiht sie so in einer bemerkenswerten Bestattung. Das Kap selbst, durch das jenes Meer abgeschlossen wird, ist durch die Aceraunischen Bergwälder unpassierbar.

[85] Jenseits wohnen die Äthiopen; sie besitzen das Land Meroë, das der Nil bei seiner ersten Biegung umflutet und so zu einer Insel macht. Ein Teil von ihnen führt, weil sie fast um die Hälfte länger als wir leben, den Namen Makrobioi (griech.: Langlebige), ein anderer Teil, weil sie aus Ägypten in dieses Land gekommen sind, den Namen Automoler (griech.: Überläufer). Sie sind schön von Gestalt und Verehrer von Körperkraft, so wie andere die edelsten Tugenden schätzen.

[86] Bei ihnen ist es Brauch, denjenigen, den sie am meisten gehorchen wollen, nach seinem Aussehen und seinen Kräften auszuwählen. Es gibt bei ihnen mehr Gold als Erz; sie halten dies deshalb, weil weniger vorhanden ist, für wertvoller. Mit Erz schmücken sie sich, aus Gold machen sie Ketten für die Übeltäter.

[87] Es gibt einen Ort, der immer voll von zubereiteten Speisen ist; da jeder davon essen darf, wie er will, nennen sie diese Stätte Heliu Trapeza (griech.: Tisch des Helios), und sie versichern, daß alles, was dort allenthalben aufgetischt werde, durch die Gottheit sogleich wieder nachwachse.

[88] Es gibt einen See, in dem der Körper nach einem Bad wie gesalbt glänzt; auch trinkt man das Wasser: es ist so dünnflüssig und daher so wenig imstande, Gegenstände, die hineinfallen oder hineingeworfen wer-

mus, ut folia etiam proximis decisa frondibus non innatantia ferat sed pessum et penitus accipiat. sunt et saevissimae ferae omni colore varii lycaones et quales accepimus sphinges. sunt mirae aves cornutae tragopanes (Tragappomenes) ⟨et⟩ equinis auribus {et} pegasi.

[89] ceterum oras ad eurum sequentibus nihil memorabile occurrit. vasta omnia vastis praecisa montibus ripae potius sunt quam litora. inde ingens et sine cultoribus ⟨tractus⟩. dubium aliquamdiu fuit, essetne ultra pelagus caperetne terra circuitum an exhausto fluctu (exhausta fractu) sine fine se Africa extenderet;

[90] verum et{si} Hanno Carthaginiensis exploratum missus a suis, cum per oceani ostium exisset magnam partem eius circumvectus, non se mari sed commeatu defecisse memoratu rettulerat, et Eudoxus quidam avorum nostrorum temporibus cum Lathyrum (Lathamin) regem Alexandriae profugeret, Arabico sinu egressus per hoc pelagus, ut Nepos affirmat, Gades usque pervectus est: ideo eius orae notae sunt aliqua.

[91] sunt autem trans ea quae deserta modo diximus muti populi et quibus pro eloquio nutus est, alii sine sono linguae, alii sine linguis, alii labris etiam cohaerentibus, nisi quod sub naribus etiam fistula est per quam bibere avenis (avent), et (sed) cum incessit libido vescendi, grana singula frugum passim nascentium absorbere dicuntur.

[92] sunt quibus ante adventum Eudoxi adeo ignotus ignis fuit adeoque visus mirum in modum placuit, ut amplecti etiam flammas et ardentia sinu abdere donec noceret (noceri) maxime libuerit (licuerit).

[93] super eos grandis litoris flexus grandem insulam includit, in qua tantum feminas esse narrant toto corpore hirsutas et sine coitu marum

den, zu tragen, daß es sogar Blätter, die vom ganz nahen Laubwerk abgeschnitten wurden, nicht schwimmend trägt, sondern tief auf den Grund sinken läßt. Hier gibt es auch äußerst wilde Tiere, die in allen Farben schimmernden Lykaonen und die, von welchen wir als Sphingen wissen. Es gibt auch wundersame Vögel, Tragopanen mit Hörnern und Pegasoi mit Pferdeohren.

[89] Sonst begegnet denen, die den Küsten nach Osten folgen, nichts Bemerkenswertes. Alles ist wüst, von öden Bergen begrenzt, eher Steilufer als Strände, danach ein riesiger Landstrich ohne Bewohner. Es war einige Zeit zweifelhaft, ob es jenseits davon Meer gäbe und das Festland dessen Umschlingung zulasse oder ob sich Afrika, da das Meer hier ende, bis ins Endlose weitererstrecke.

[90] Doch hatte der Karthager Hanno, den seine Landsleute auf eine Entdeckungsfahrt schickten, zu Bericht gegeben, daß nach seiner Ausfahrt (aus dem Mittelmeer) durch die Pforte des Ozeans (Straße von Gibraltar, s. I 6) in diesen und der Umschiffung eines großen Teils von Afrika sich nicht das Meer, sondern sein Proviant dem Ende genähert habe. Auch ist ein gewisser Eudoxus zur Zeit unserer Großväter, als er vor (Ptolemaios IX.) Lathyros, dem König von Alexandria, flüchtete, aus dem Arabischen Golf ausfahrend durch dieses Meer bis nach Gades gelangt, wie Nepos bestätigt: Darum sind uns dessen Küsten einigermaßen bekannt.

[91] Jenseits der eben genannten wüsten Gegenden leben stumme Völker, die sich statt der Sprache durch Gebärden verständigen; die einen von ihnen haben zwar Zungen, können aber keine Töne hervorbringen, die anderen auch keine Zungen, bei noch anderen sind sogar die Lippen zusammengewachsen, nur unter der Nase haben sie eine Röhre, durch die sie – wie es heißt – mit Strohhalmen trinken und, wenn sie Lust auf Essen haben, einzelne Körner der überall wachsenden Getreidearten verschlucken.

[92] Es gibt auch welche, denen vor der Ankunft des Eudoxus das Feuer so unbekannt war und denen sein Anblick in so wundersamer Weise gefiel, daß es sie besonders erfreute, die Flammen sogar zu umfassen und den Brand in ihrem Busen zu bergen – bis er ihnen Schaden zufügte.

[93] Oberhalb von ihnen umschließt eine riesige Biegung der Küste eine riesige Insel. Auf dieser soll es nur Frauen geben, die am ganzen Körper behaart sind und ohne Begattung mit Männern von selbst fruchtbar

sua sponte fecundas, adeo asperis efferisque moribus, ut quaedam contineri ne reluctentur vix vinculis possint. hoc Hanno ret⟨t⟩ulit et quia detracta occisis coria pertulerat, fides habita est.

[94] ultra hunc sinum mons altus, ut Graeci vocant Theon ⟨ochema⟩, perpetuis ignibus flagrat.

[95] ultra montem viret collis longo tractu longis litoribus obductus, unde visuntur patentes magis campi quam ut perspici possint ⟨Aegi⟩ panum Satyrorumque. hinc opinio causae fidem cepit, quod cum in his nihil culti sit, nullae habitantium sedes, nulla vestigia, solitudo in diem vasta et silentium vastius, nocte crebri ignes micant et veluti castra late iacentia ostenduntur, crepant cymbala et tympana, audiunturque tibiae sonantes maius humanis.

[96] tunc rursus Aethiopes, nec iam dites quos diximus, nec ita corporibus similes, sed minores incultique sunt et nomine Hesperio⟨e⟩. in horum finibus fons est quem Nili esse aliqua credibile est: Nuchul (nunc) ab incolis dicitur, et videri potest non alio nomine appellari sed a barbaro ore corruptus. alit et (aliter) ⟨pa⟩pyrum et minora quidem eiusdem tamen generis animalia.

[97] aliis amnibus in oceanum vergentibus solus in mediam regionem et ad orientem abit, et quonam exeat, incertum est. inde colligitur Nilum hoc fonte conceptum actumque aliquamdiu per invia et ideo ignotum, iterum se ubi adiri (ad ea) possit ostendere; ceterum spatio quo absconditur effici, ut hic alio cedere, ille aliunde videatur exurgere.

[98] catoblepas non grandis fera, verum grande et praegrave (praegrande) caput aegre sustinens, atque ob id in terram plurimum ore conversa apud hos gignitur, ob vim singularem magis etiam referenda, quod cum impetu morsuque nihil umquam (unquam) saeviat, oculos eius vidisse mortiferum.

[99] contra eosdem sunt insulae Gorgades (Dorcades), domus ut aiunt

sind; sie sind von so rauhen und verwilderten Sitten, daß manche kaum durch Fesselung dazu gebracht werden können, ihren Widerstand aufzugeben. Dies berichtet Hanno, dem man Glauben schenken muß, da er Häute mitgebracht hatte, die getöteten Frauen abgezogen waren.

[94] Jenseits dieser Biegung steht ein hoher Berg, den die Griechen Theon Ochema (griech.: Götterschemel) nennen, beständig in Flammen.

[95] Jenseits des Berges grünt eine Anhöhe, die sich in langer Linie an den weiten Ufern hinzieht; hier erblickt man die eher offenen als übersehbaren Gefilde der Ägipane und Satyrn. Die Ansicht, daß jene hier wohnen, hat ihre Bestätigung durch folgendes gefunden: Zwar gibt es in diesen Gegenden keinerlei Anbau, keinerlei Wohnsitze und keinerlei Spuren, und zwar gibt es tagsüber nur öde Wüste und noch öderes Schweigen, doch nachts flammen häufig Feuer auf, und es zeigt sich ein weit ausgedehntes Lager; auch erschallen Cymbeln und Trommeln und lassen Flöten sich hören, die lauter tönen als die von Menschen.

[96] Dann folgen wieder Äthiopen, nicht so reich wie die bereits (III 85) erwähnten und auch nicht im Körperbau ähnlich, sondern von kleinerer Gestalt und unzivilisiert; sie heißen Hesperioi (griech.: die Westlichen). In ihrem Land gibt es eine Quelle, die, was man recht gut glauben kann, die des Nils ist: Nuchul wird er von den Bewohnern genannt, und man kann sehen, daß er keinen anderen Namen (als Nil) trägt, sondern nur von Barbarenmund entstellt ist. Hier gedeihen ebenfalls (wie am Nil) Papyrus und kleinere, aber doch gleichartige Tiere.

[97] Während sich die anderen Ströme zum Ozean hin ausrichten, wendet sich allein der Nuchul dem Binnenland und dem Osten zu; wo er austritt, ist unsicher. Daraus schließt man, daß der Nil aus dieser Quelle entspringt, dann eine Zeitlang durch unwegsame Gegenden fließt und darum unbekannt ist, dann aber in zugänglichen Gegenden wieder zum Vorschein kommt. Im übrigen bewirkte der Raum, in dem der Nuchul verborgen ist, daß es scheint, als fließe er anderswohin, als von wo der Nil herkommt.

[98] Der Katoblepas (griech.: der nach unten Blickende), ein nicht sehr großes Tier, das aber seinen großen und allzu schweren Kopf kaum zu halten vermag und deshalb meist zur Erde senkt, lebt bei diesen Leuten; er ist wegen einer besonderen Stärke auch noch weiter erwähnenswert: Zwar wütet er nie durch Angriff oder Beißen gegen irgend etwas, doch ist der Blick in seine Augen todbringend.

[99] Gegenüber von diesen sind die Gorgaden-Inseln, die, wie man

aliquando Gorgonum. ipsae terrae promunturio cui Hesperu ceras nomen est finiuntur.

[100] inde incipit frons illa quae in occidentem vergens mari Atlantico alluitur (abluitur). prima eius Aethiopes tenent, media{m} nulli; nam aut exusta sunt aut ⟨h⟩arenis obducta aut infesta serpentibus. exustis insulae appositae sunt quas Hesperidas tenuisse memoratur.

[101] in ⟨h⟩arenis mons est Atlas (satis), de se consurgens, verum incisis undique rupibus praeceps, invius, et quo magis surgit exilior, qui quod altius quam conspici potest usque in nubila erigitur, caelum et sidera non tangere modo vertice sed sustinere quoque dictus est.

[102] contra Fortunatae insulae abundant sua sponte genitis, et subinde aliis super alia (alios) innascentibus nihil sollicitos alunt, beatius quam aliae urbes excultae. una singulari duorum fontium ingenio maxime insignis: alterum qui gustavere risu solvuntur in mortem; ita affectis remedium est ex altero bibere.

[103] ab eo tractu quem ferae infestant proximi sunt Himantopodes (Scimantopodes) inflexi lentis cruribus, quos serpere potius quam ingredi referunt, dein Pharusi⟨i⟩, aliquando tendente ad Hesperidas Hercule dites, nunc inculti, et nisi quod pecore aluntur admodum inopes.

[104] hinc iam laetiores agri amoenique saltus citro terebintho (terote berini) ebore abundant. Nigritarum (Zigritarum) Gaetulorumque passim vagantium ne litora quidem infecunda sunt, purpura et murice efficacissimis ad tinguendum, et ubique quod (quae) tinxere clarissimum (clarissima).

[105] reliqua est ora Mauretaniae exterior, et in finem sui fastigantis se Africae novissimus angulus, isdem opibus sed minus dives. ceterum solo

sagt, einst die Heimat der Gorgonen waren. Die Landmassen selbst enden bei dem Kap namens Hesperu Keras (griech.: Westhorn).

[100] Von dort an erstreckt sich die Außenseite (Afrikas) (s. o. Karte 1), die nach Westen gerichtet ist und vom Atlantischen Meer bespült wird. Den ersten Teil davon haben die Äthiopen inne (s. III 95), die Mitte niemand, denn das Land ist dort entweder verbrannt, vom Sand verschüttet oder durch Schlangen gefährdet. Dieser verbrannten Gegend sind Inseln vorgelagert, die den Berichten zufolge im Besitz der Hesperiden waren.

[101] Innerhalb der Sandmassen befindet sich der Atlas-Berg; er erhebt sich unvermittelt, ist aber durch seine allseits abgeschrägten Felsen steil und unzugänglich, und je höher er sich erhebt, um so schmaler; weil er höher, als man sehen kann, in die Wolken emporragt, sagt man, er berühre mit seinem Gipfel nicht nur Himmel und Sterne, sondern stütze sie auch ab.

[102] Gegenüber sind die Glücklichen Inseln [Kanaren] überreich an Früchten, die von selbst entstehen, und da diese immer hintereinander nachwachsen, so ernähren sich die Menschen, ohne sich um etwas kümmern zu müssen – glücklicher als anderswo, etwa in Städten, wo man sorgfältig Ackerbau treibt. Eine dieser Inseln ist hochberühmt wegen der einzigartigen Eigenschaft zweier Quellen: Wer aus der einen kostet, lacht sich zu Tode; für die davon betroffenen dient als Heilmittel, aus der anderen zu trinken.

[103] Nach dem Gebiet, das durch die wilden Tiere gefährlich ist (s. III 100), folgen zunächst die Himantopoden (griech.: Schlappfüßler), krumm mit biegsamen Beinen, von denen berichtet wird, sie kröchen eher als daß sie gingen. Dann kommen die Pharusier, einstmals reich, als Herakles zu den Hesperiden kam (s. III 100), heute unzivilisiert und abgesehen vom Vieh, das ihnen als Nahrung dient, ganz besitzlos.

[104] Von hier an bieten die Felder schon wieder einen erfreulicheren Anblick; liebliche Bergwälder sind überreich an Zitrusholz, Terebinthen (Terpentin-Bäumen) und Elfenbein. Bei den Nigriten und Gätulern, die allenthalben umherwandern, sind nicht einmal die Küsten unfruchtbar, sondern reich an Purpur und Schnecken, die zum Färben höchst wirksam sind; was mit ihrem Saft gefärbt wurde, ist überall hochberühmt.

[105] Es bleibt noch die äußere (dem Ozean zugewandte) Küste Mauretaniens und das letzte Ende der Spitze, in die Afrika schließlich ausläuft. Es birgt dieselben Schätze, ist aber nicht so reich. Im übrigen ist

etiam ditior et adeo est fertilis, ut frugum genera non cum serantur modo benignissime procreet, sed quaedam profundat etiam no⟨n sa⟩ta.

[106] hic Ant{h}⟨a⟩eus regnasse dicitur et signum quod fabulae clarum prorsus ostenditur collis modicus resupini hominis imagine iacentis, illius ut incolae ferunt tumulus: unde ubi aliqua pars eruta est sole⟨n⟩t imbres spargi, et donec effossa repleantur eveniunt.

[107] hominum pars silvas frequentant, minus quam quos modo diximus vagi, pars in urbibus agunt, quarum ut inter parvas opulentissimae habentur procul a mari Gilda, Volubilis, Banasa (Gildavo Dubritania), propius autem Sala et Lix{i}o⟨s⟩ flumini Lixo (Limo) proxima. ultra est colonia et fluvius Zilia (Gna) et unde initium fecimus Ampelusia (Anpelusia) in nostrum iam fretum vergens promunturium, operis huius atque Atlantici litoris terminus.

sein Boden sogar noch reicher und so fruchtbar, daß er die Getreidearten nicht nur, wenn sie ausgesät werden, bestens gedeihen läßt, sondern auch ohne Aussaat überreich trägt.

[106] Hier soll Antäus (vgl. I 26) König gewesen sein, und das Anzeichen, das als völlig deutliches für die (Glaubwürdigkeit der) Sage gezeigt wird, ist ein mäßig hoher Hügel in der Form eines auf dem Rücken liegenden Mannes, sein Grab, wie die Einwohner angeben: Sobald man irgendeinen Teil davon aufgräbt, pflegen sich Platzregen einzustellen und so lange anzuhalten, bis die Grube wieder gefüllt ist.

[107] Von den Menschen bevölkert der eine Teil die Wälder, doch weniger unstet als die eben (III 104) genannten, der andere lebt in Städten. Von diesen recht kleinen gelten als die blühendsten fern vom Meer Gilda, Volubilis und Banasa, näher (an der Küste) Sala und Lixos am Lixos-Fluß [Lukkus]. Jenseits davon liegen die Kolonie und der Fluß Zilia und das schon in Unsere Meerenge hineinragende Kap Ampelusia, mit dem wir (I 25) begonnen hatten. Es ist der Abschluß dieses Werks und der Atlantischen Küste Grenzmarke.

Literaturhinweise zur Einführung

Leben und Werk: F. Gisinger, Art. 'Pomponius 104', in: Real-Encyclopädie der classischen Altertumswissenschaft XXI 2, Stuttgart 1952, 2360–2411.

clausus/Claudius: E. Norden, Die antike Kunstprosa I, Leipzig 1898, 305 f.; der Einwand von J. Stroux, Die Zeit des Curtius, in: Philologus 84, 1929, 233–251: 242 f. überzeugt nicht.

Hanno: Griechische Version in Codex Palatinus graecus 398 (zur Geschichte dieser Handschrift zuletzt K. Brodersen, Philon von Byzanz: Reiseführer zu den Sieben Weltwundern, Insel-TB 1392, Frankfurt/Main, Leipzig 1992, 15 f.); Text und Übersetzung von K. Bayer in C. Plinius Secundus d. Ä., Naturkunde, Buch V, hg. v. G. Winkler und R. König, Sammlung Tusculum, Zürich, München 1993, 337–345.

Überlieferung und Nachleben Melas: C. W. Barlow, Codex Vaticanus latinus 4929, in: Memoirs of the American Academy in Rome 15, 1938, 87–124 und pl. 11–18; G. Billanovich, Dall'antica Ravenna alle biblioteche umanistiche, in: Università cattolica del Sacro Cuore, Annuario 1955–1957, Mailand 1958, 73–107; M. E. Milham, Art. 'Mela, Pomponius', in: F. E. Cranz, P. O. Kristeller (Hg.), Catalogus Translationum et Commentariorum V, Washington DC 1984, 257–285; C. M. Gormley, M. A. Rouse, R. H. Rouse, The Medieval Circulation of the 'De chorographia' of Pomponius Mela, in: Mediaeval Studies 46, 1984, 266–320.

Septem Mira: K. Brodersen (s. o. zu Hanno) 64 Abb. 3 und 124 f. Text 18.

Anonymus Leidensis: Codex Vossianus latinus F 113; Neuausgabe von R. Quadri, Anonymi Leidensis de situ orbis libri duo, Thesaurus Mundi 13, Padua 1974.

Petrarcas Codex: Abschrift in Mailand, Bibliotheca Ambrosiana H 14 inf.

Fillastres Codex: Reims, Bibliothèque Municipale Ms. 1321; vgl. M. Destombes, Mappemondes AD 1200–1500, Monumenta Cartographica Vetustioris Aevi 1, Amsterdam 1964, 185 f. zu 51.27 und Taf. 21; M. de Lemps, R. Laslier, Trésors de la bibliotheque municipale de Reims, Reims 1978, Nr. 46 *(hic cathenatus)*; U. Ruberg, Mappae Mundi des Mittelalters im Zusammenwirken von Text und Bild, in: Ch. Meier/U. Ruberg, Text und Bild, Wiesbaden 1980, 550–592: 559 f. und 589 (= Abb. 5 = Farbtaf. 3); A.-D. von den Brincken, Fines Terrae, MGH Schriften 36, Hannover 1992, 136 f. zu Nr. 74 und Abb. 42. – Abschrift in Vatikan, Arch. S. Pietro H 31; dazu Destombes a. O. 187 f. zu 51.34 und Taf. 22; von den Brincken a. O. 140 f. zu Nr. 72 und Abb. 44.

Erstausgabe Mailand (Antonius Zarotus) 1471: Nr. 11014 in L. Hain, Repertorium Bibliographicum II 1, Stuttgart/Paris 1831, 391.

Übersetzung des Faras: J. Barradas de Carvalho, La traduction espagnole du 'De situ orbis' de Pomponius Méla par Maître Joan Faras, Centro de estudos de cartografia antiga 15, Lissabon 1974.

Ausgabe in Cabrals Besitz: Huntington Library, San Marino, Kalifornien, acc. 87547 (Exemplar der Edition Salamanca 1498, Nr. 11021 in Hain a. O. 392).

Schulausgabe: Joannes Cocleus, Cosmographia Pomponij Mele Authoris nitidissimi Tribus Libris digesta ... ad profectum Iuventutis Laurentiane Norinbergensis imprimis, deinde ad ceterorum quoque in litterarum studio successus, Nürnberg 1512.

Großedition: K. H. Tzschucke, Pomponii Melae de Situ Orbis libri tres, 7 Bde., Leipzig 1806–1807.

Erkenntnis der Bedeutung des Vaticanus: C. Bursian, Zur Kritik des Pomponius Mela, in: Neue Jahrbücher für Philologie und Pädagogik 99, 1869, 629–655.

Neuere Ausgaben: K. Frick, Pomponii Melae de Chorographia libri tres, Bibliotheca Teubneriana, Leipzig 1880 (erw. Nachdr. Stuttgart 1967); G. Ranstrand, Pomponii Melae De Chorographia libri tres, Studia Graeca et Latina Gothoburgensia 28, Göteborg 1971; P. Parroni, Pomponii Melae de Chorographia libri tres, Storia e letteratura 160, Rom 1984; A. Silberman, Pomponius Mela Chorographie, Collection Budé, Paris 1988; C. Guzmán Arias, Pomponi Mela Corografia, Colección Maior 13, Murcia 1989 (nur spanische Übersetzung).

Alte deutsche Übersetzungen: J. Ch. Dietz, Pomponius Mela drey Bücher von der Lage der Welt, ins Teutsche übersetzt und mit einem vollständigen Geographischen Commentar zum Gebrauch in Schulen erläutert, Gießen 1774; H. Philipp, Geographie des Erdkreises von Pomponius Mela, 2 Bde., Voigtländers Quellenbücher 11 + 31, Leipzig o. J. [1912] (s. aber die Kritik von W. Capelle, in: Berliner Philologische Wochenschrift 39, 1919, 1012–1024).

Kartenrekonstruktionen: P. Bertius, Orbis Terrarum Pomponij Melae (1628), in: P. Bertius, Geographia Vetus ex antiquis et melioris notae scriptoribus nuper collecta, Paris 1645, Taf. 1; E. H. Bunbury, A History of Ancient Geography, 2 Bde., London 1879, Bd. 2, Taf. 4 (ggü. S. 360); W. Sieglin, Atlas antiquus (v. Spruner-Sieglin, Handatlas zur Geschichte des Altertums, des Mittelalters und der Neuzeit), 2. Lfg. Gotha 1893, Karte 1 IV; K. Miller, Mappaemundi VI, Stuttgart 1898, 102–107 und Taf. 7; H. Philipp (s. o. Übersetzungen) Taf. 1; die Faustskizze von A. Silberman, Le premier ouvrage latin de géographie, in: Klio 71, 1989, 571–581: 580, ist ein Rückschritt gegenüber diesen Rekonstruktionen.

Abbildungsnachweise

Abb. 1: Titel in Codex Vaticanus latinus 4929, fol. 149^{v}(nach Memoirs of the American Academy in Rome 15, 1938, pl. 14).

Abb. 2: Melas Umfahrung des Erdkreises (nach K. Miller, Mappaemundi VI, Stuttgart 1898, 103).

Abb. 3: Weltkarte in Codex Reims BM 1321, fol. 13^{r}.

Abb. 4: Weltkarte in Codex Vaticanus, Arch. S. Pietro H 31, fol. 8^{v}.

Abb. 5: Weltkarte in der Mela-Ausgabe Salamanca 1498 aus dem Besitz des Brasilien-Entdeckers Cabral (s. S. 190).

Abb. 6: Rekonstruktion von Melas Weltsicht durch P. Bertius, Orbis Terrarum Pomponij Melae (1628), in: P. Bertius, Geographia Vetus ex antiquis et melioris notae scriptoribus nuper collecta, Paris 1645, Taf. 1.

Abb. 7: Rekonstruktion von Melas Weltsicht durch H. Philipp, Geographie des Erdkreises von Pomponius Mela I, Voigtländers Quellenbücher 11, Leipzig o. J. [1912], Taf. 1.

Karten 1–19: Regionalkarten aus Pomponii Melae Philosophi Celeberrimi de Orbis Situ libri tres, tabulis (quas certo consilio in finem operis reiecimus) nunc primum illustrati: numeri autem tabulis adiecti, unus quidem paginam, alter uero paginae locum, quo reponenda fuerat, monstrat. Basileae per Henricum Petri o. J. [1564] (die Titel der Karten wurden beibehalten, ihre fehlerhafte Zuordnung zum Text jedoch korrigiert, Karte 20, die gleich Karte 1 ist, nicht doppelt abgedruckt).

Dank

Für die freundliche Überlassung von Abbildungsvorlagen danke ich der Bibliothèque Municipale in Reims (Abb. 3), der Biblioteca Apostolica Vaticana in Rom (Abb. 4), der Huntingdon Library in San Marino/USA (Abb. 5) sowie der Bayerischen Staatsbibliothek (Abb. 1, Karten 1–19) und der Universitätsbibliothek in München (Abb. 2, 6, 7).

Rat und Hilfe fand ich bei Dres. Johannes Dörflinger (Wien), Peter Heitmann (Darmstadt), Jürgen Malitz (Eichstätt), Mary Ella Milham (New Brunswick), Tanja Scheer und Jakob Seibert (München), ganz besonders aber bei Hans Gärtner (Regensburg), dessen Anregungen und Kritik dem Buch auf fast jeder Seite zugute gekommen sind.

Institut für Alte Geschichte,
Universität München

Kai Brodersen

Register

Pomponius Mela nennt in seinem Werk an die zweitausend Namen, die alle hier aufzunehmen wenig sinnvoll scheint; ein vollständiges Wort- und Namensverzeichnis mit über 600 Seiten Umfang haben überdies neuerdings C. Guzmán und M. E. Perez vorgelegt: Concordantia in libros Pomponii Melae de chorographia, Alpha-Omega A 56, Hildesheim, Zürich, New York 1989.

Welche Städte und Völker, Flüsse und Berge, Golfe und Meeresteile Mela erwähnt, kann man aber leicht ermitteln, wenn man nur weiß, wo er die betreffenden Regionen behandelt; nur diese werden deshalb hier mit ihren modernen Namen aufgeführt (auch Abb. 2 auf S. 4 kann die Suche unterstützen).

Außerdem erfaßt das Register die Abbildungen und Karten sowie die in der Einführung behandelten Themen und Personen; es will so das ganze Buch erschließen, indem es auf dessen Seitenzahlen verweist.

Actium 2. 111
Adriatisches Meer 5. 41. 113. 133
Afrika 31 Karte 1. 41 ff. 181 ff. u. ö.
– Binnenland 53 ff.
– Inseln 131
Ägäis 41. 99. 103 ff. 109
– Inseln 131 ff.
Ägipanen 43. 55. 183
Ägypten 39. 53 Karte 5. 55 ff. 179 u. ö.
– Inseln 131; s. auch Pharos
Alexander d. Gr. 63. 67. 77. 103
Alpen 113. 117 ff. 151
alter orbis s. Antichthonen
Amazonen IX. 8. 11. 39. 73 ff. 81 ff. 157
Antichthonen 17 ff. 33 ff. 59. 171
Antiochia 63 ff.
Äolis 39. 73 ff. 137
Arabien 37 ff. 61 ff. 175 ff.
Arabischer Golf 3. 35 ff. 173 ff. 177. 181
Argonauten-Mythos IX. 11
Asien 35 ff. 87 ff. u. ö.
– Mittelmeerseite 55 ff.
– Ozeanseite 155 ff.
– Inseln 171 ff.
Asowsches Meer 35 ff. 81 ff. 87. 129
Assyrien 39
Athen 107
Äthiopen 37 ff. 43. 171. 179 ff. 183 ff.
Äthiopisches Meer 41
Athos s. Chalkidike
Atlantik 39 ff. 125. 141 ff. 185 ff.
Augiler 43. 55
Avignon 16. 119

Babylonien 39. 63. 175
Balearen 137 ff.
Bertius, Petrus 23 Abb. 6. 26
Bithynien 39. 77. 129
Blemyer 43. 55
Boccaccio, Giovanni IX. 17
Bodensee IX. 151
Bosporus, Kimmerischer s. Kertsch
– Thrakischer 35 ff. 79 ff. 87. 99

Boulogne 2. 149
Britannien IX. 1 f. 163. 164 Karte 16
Byzanz 99

Cabral, Pedro Álvares 20. 21 Abb. 5. 190
Cádiz 127. 161. 181
Cassiterides 161
Ceylon 171. 172 Karte 18
Chalkidike 101 ff. 131
Chersonnes, Taurische s. Krim
– Thrakische s. Gallipoli
Chorographie 2. 29
Claudius (röm. Kaiser) 1 f. 189
Cornelius Nepos s. Nepos
Cyrenaica s. Kyrene

Dänemark 165
Dardanellen 35 ff. 75 ff. 99. 129
Däumlinge IX. 7. 177
Don 35 ff. 41. 81 ff. 87
Donau 5. 91. 95. 97. 111. 115. 121. 129. 153 ff.
Druiden IX. 2. 147

Elbe 153
Ems 153
England s. Britannien
Epirus 107. 111. 133
Euböa 131 ff.
Euphrat 63. 175
Europa 39 ff. 87 ff. 141 ff. u. ö.

Faras, Joan 20. 190
Fillastre, Guillaume 17 ff. 18 f. Abb. 3 f. 189

Gades s. Cádiz
Gallien 41. 119 ff. 120 Karte 12. 147 ff. u. ö.
– Inseln 137
Gallipoli 99. 109
Gamphasanten 43. 55
Ganges 171
Garamanten 43. 55
Gaza 63
Germanien IX. 41. 91. 117. 151 ff. 152 Karte 14. 161 ff.
Geschichte, antike 11 ff.
Gesoriacum s. Boulogne
Gibraltar, Straße von (Säulen des Herakles) 1. 4. 35. 39. 45 ff. 127. 161. 187
Griechenland 41. 75. 99. 103 ff.
– Inseln 131 ff.

Hannibal 13. 125. 135. 143
Hanno 5 f. 181 ff. 189
Heiric von Auxerre 3 Abb. 1. 15 f.
Hellespont s. Dardanellen
Herakles-Mythos 11; s. auch Gibraltar
Hispania s. Spanien
Homer 5 f. 61. 131. 161
Hyperboreer 39. 115
Hyrkanien 157 ff.

Ilion s. Troia
Illyrien 41. 95. 111 ff.
Indien 37. 161. 165 Karte 17. 169 ff.
Indischer Ozean 35. 169
Indus 171
Inseln s. das betreffende Meer oder nächstgelegene Festland
Ionien 39. 73. 129
Ionisches Meer 41. 105. 109. 113. 133 ff.
Irland 15. 165
Issos 13. 67
Istanbul s. Byzanz
Ister s. Donau
Italien 41. 105 Karte 11. 133 ff. u. ö.
– Inseln 137; s. auch Sizilien

Kanarische Inseln 185
Karien 39. 71 ff. 129
Karthago 13. 49 ff. 131
Kaspisches Meer 3. 5. 37 ff. 157
– Inseln 167
Kaukasus 71. 81
Kelten 145 ff. 161
Kertsch, Straße von 35. 87
Kilikien 39. 63. 67 ff. 129
Kimbern 155
Kleinasien s. die einzelnen Regionen
Korsika 137
Korykische Grotte 67 ff.
Kreta 71. 133
– Mythen 10
– Inseln 133 ff.
Krim 87 ff.
Kyrene 43. 51 ff. 52 Karte 4

Labyrinth 59
Libyen 43. 49 ff.
Libysches Meer 41 ff. 137
Liebespaare IX. 14. 73. 77. 99
Lippe 153
Lusitanien 125. 143 ff. 161
Lykien 39. 69 ff. 129

Main IX. 153
Makedonien 41. 103. 104 Karte 10
Mallorca s. Balearen
Mäotis s. Asowsches Meer
Marmarameer 35. 39. 77. 99. 129
Mauretanien 43 ff. 44 Karte 2. 185
Mela, Pomponius
– Aufbau des Werks 2 ff. 4 Abb. 2
– Bedeutung im Zeitalter der Entdeckungen 20
– Biographie 1
– Datierung des Werks 1 f.
– Druckausgaben 20 ff.
– Geschichtskenntnisse 11 ff.
– Interesse an Gegenwelten 7 ff.
– Interesse an Geschlechterrollen 8
– Interesse an Wunderdingen 6 f.
– Karten 22 ff.
– Mythologiekenntnisse 10 f.
– Nachleben 14 ff.
– Quellen und Vorlagen 5 f.
– Rekonstruktion des Textes 26 f.
– Textüberlieferung 15 ff.
– Übersetzungsprinzipien 27 f.
– Werktitel 2. 3 Abb. 1
Menschenfresser IX. 8. 91. 93. 167. 169
Miller, Konrad 4 Abb. 2. 26
Mittelmeer 3. 35 ff. passim
Münster, Sebastian 26
Mysien 75
Mythen 10 f.

Nepos 5 f. 161. 181
Nigriten 43. 185
Nil 6. 35 ff. 41 ff. 55 ff. 61. 91. 131. 177 ff. 183
Nordsee 39. 123. 153
– Inseln 161 ff.
Numidien 43. 45 Karte 3. 47 ff.
Nürnberg 22

Odysseus 11 f.
Orkney-Inseln 165
Ostsee 153. 165
Ozean 141 ff. passim
– Atlantischer s. Atlantik
– Britannischer s. Nordsee
– Indischer s. Indischer Ozean
– Östlicher 35 ff. 167
– Skythischer s. Skythischer Ozean

Palästina 63
Pamphylien 39. 65 Karte 7. 69
Paphlagonien 79
Parther 39. 155
Peloponnes 105. 109 ff.

Persien 37. 63. 67. 69. 77. 99. 175
Persischer Golf 3. 37 ff. 173 Karte 19. 175 ff.
Petrarca, Francesco IX. 16. 189
Phidias 107. 109
Philipp, Hans 24 f. Abb. 7. 26
Phönix 7. 179
Phönizien 49. 63. 69. 127. 131
Pomponius Mela s. Mela
Pontus s. Schwarzes Meer
Portugal s. Lusitanien
Propontis s. Marmarameer
Ptolemaios IX. 13. 181
Pygmäen s. Däumlinge
Pyramiden 59
Pyrenäen 119. 123 ff. 147. 149

Rhein 119 ff. 147 ff. 151 ff. 163
Rhône 119 ff. 153
Riphäen 81 ff. 87. 155
Rom 1. 113
Rotes Meer s. Arabisches Meer
Rusticius, Flavius 15 f.

Sardinien 137
Sarmatien 41. 151. 155. 167
Satyrn 43. 55. 183
Säulen des Herakles s. Gibraltar
Schwarzes Meer 35. 39. 79. 83 ff. 87. 97 ff. 109
– Inseln 129
Serer 37. 169
Sizilien 135 ff. 163
– Inseln 137
Skandinavien IX. 165
Skythien 37. 41. 87. 88 Karte 8. 91 ff. 153 Karte 15. 155 ff. 167
Skythischer Ozean 37. 157
Spanien 1. 41 ff. 121 Karte 13. 123 ff. 137. 145 ff.; s. auch Cádiz. Lusitanien
Sri Lanka s. Ceylon
Syrien 39. 63 ff. 64 Karte 6. 129. 135
Syrte, Große und Kleine 49. 131

Tanais s. Don
Taprobane s. Ceylon
Taunus IX. 153
Teutonen 155. 165
Theben 107
– Mythen 11
Thrakien 41. 89 Karte 9. 95 ff. 119. 131
Thule (Thyle) 167
Tigris 63. 175 ff.
Tingentera 1. 127
Trier IX. 149
Troas 39. 75. 129
Trogodyten 43. 55
Troia 75. 103. 109
– Troianischer Krieg 11 f.
Tyrrhenisches Meer 41. 113. 117. 135 ff.

Vegetarier IX. 8. 55. 169

Wattenmeer 167
Weichsel 155
Weltwunder 6 f. 71. 189
Werwolf IX. 7. 95
Weser 153

Zinn-Inseln s. Cassiterides
Zweistromland 175 ff.
Zypern 129 ff.